MARKETING E COMUNICAZIONE

MARKETING NON-CONVENZIONALE

**Bernard Cova, Alex Giordano,
Mirko Pallera**

MARKETING NON-CONVENZIONALE

**Viral, guerrilla, tribal
e i 10 principi fondamentali
del marketing postmoderno**

Prefazione di Maurizio Sala

GRUPPO 24 ORE

AVVERTENZA

Il logo bar code qui riprodotto, ShotCode (www.shotcode.com), permette di accedere con il cellulare ai video delle campagne pubblicitarie citate in questo libro. Le istruzioni sui vari *step* da seguire sono riportate in appendice.

Si ringrazia l'OP3 per aver gentilmente concesso l'uso della tecnologia ShotCode *www.shotcode.com*

ISBN 978-88-8363-981-4

GRUPPO 24 ORE

Sede legale e amministrazione: via Monte Rosa, 91 - 20149 Milano
Redazione: via G. Patecchio, 2 - 20141 Milano
Per informazioni: Servizio Clienti 02.3022.5680, 06.3022.5680
Fax 02.3022.5400 oppure 06.3022.5400
e-mail servizioclienti.libri@ilsole24ore.com

Fotocomposizione: Jo type di Nisticò F. snc, via Figino, 1/A - 20016 Pero (Mi)
Stampa: Rotolito Lombarda, via Roma 115/A - Pioltello (MI)

Seconda edizione aggiornata: ottobre 2008
Prima ristampa: ottobre 2009

Sommario

Parte seconda
I 10 principi fondamentali del marketing non-convenzionale

Prefazione

Abbiamo navigato per decenni nella stabile orbita del pianeta marketing. Nel corso di questo lungo lasso di tempo ci siamo abituati alla sua traiettoria, siamo arrivati al punto di percorrerla quasi a occhi chiusi, indenni da scosse o variazioni improvvise. Molti, moltissimi, hanno a un certo punto inserito il pilota automatico e si sono dedicati ad altro, certi di questa rassicurante routine.

Tutto tranquillo. Troppo tranquillo.

Così tranquillo che nessuno ha fatto caso ai microcambiamenti intervenuti un po' alla volta nell'atmosfera. Niente di eclatante, nessun segno forte capace di far suonare l'allarme generale sul ponte di comando. Segni deboli, viceversa, tanti negli ultimi anni.

L'altro ieri una impercettibile variazione della temperatura, ieri un minuscolo meteorite dalla corsa anomala, oggi un picco di radiazioni impreviste. Ma non è bastato per far drizzare le orecchie a sufficienza. Cosa vuoi che sia, ci si è detti tra un seminario e l'altro, tra una case history e quella successiva; ci vuole ben altro per modificare la salda realtà. Poi, in fondo, bastava guardare fuori dall'oblò per ritrovare ogni volta il pianeta con la sua rassicurante massa gravitazionale pronta a fugare ogni possibile dubbio.

È andata a finire che un giorno come tanti altri è partita l'accelerazione. Improvvisa, inarrestabile, esponenziale.

In una infinitesima frazione di tempo rispetto alla lunghezza del periodo precedente, l'orbita si è rapidamente alzata di chilometri portandoci in quota fino al punto di tangenza. Il punto in cui la forza di attrazione del pianeta marketing si assottiglia e cessa di avere effetto.

Ed eccoci qui, oggi, mentre il passato si allontana veloce lasciandoci nello spazio aperto a levitare, diretti verso future orbite tutte da scoprire.

A dire il vero, c'è ancora un discreto numero di persone che insistono con improbabili misurazioni volte a convincerci che l'attrazione è ancora in atto, che stiamo vivendo una variante eccentrica destinata a rientrare nei ranghi e a riportarci quanto prima verso il punto da cui veniamo. Ma sono sempre meno e sempre meno ascoltate, per fortuna.

Il passaggio è avvenuto, che ci piaccia o meno. Allora conviene smetterla di guardare indietro e dedicarci a chi, viceversa, discute di nuove rotte e di nuovi assetti di navigazione. Come gli autorevoli amici che hanno scritto questo libro.

Se fosse un romanzo d'amore, le pagine che seguono ci racconterebbero la storia di due amanti che, dopo anni di passione condivisa, si scoprono – all'improvviso – diversi.

Lei, la Marca, abituata a essere corteggiata e desiderata da lontano, si accorge che il suo Lui, il Consumatore, è diventato improvvisamente meno romantico e più intraprendente. Non più platonico e adorante come un tempo, oggi propone *avances* e chiede un rapporto più stretto, più coinvolgente dal punto di vista della relazione. L'*aplomb* di lei non basta più e per questo le è necessario un abbandono maggiore. Un concedersi più intenso e alla pari per tornare – in veste nuova – ai fasti afrodisiaci di una volta.

Ci sarà un lieto fine? Ovviamente sì, a patto però di riuscire a modificare le regole del rapporto.

In questo il Lui è già pronto, viceversa è la Lei che deve fare in fretta se non vuole assistere a un ulteriore allontanamento dell'amato.

Trama affascinante e niente affatto fantasiosa. Anzi, terribilmente concreta e facilmente verificabile: per farlo è sufficiente accendere il computer e navigare la rete, o più semplicemente camminare per strada ascoltando i commenti espressi dalla gente sulle pubblicità di oggi.

Fuor di metafora, ciò che sta accadendo è un cambio di modalità, non di ruoli.

La Marca è sempre la Marca, e lo stesso vale per il suo pubblico. Ciò che di questi tempi muta irrevocabilmente è il modo con cui questi si relazionano fra loro.

Il tempo dell'esposizione pura e semplice, del monologo unidirezionale da-marca-a-consumatore è *game over*. C'è bisogno di conversazione, di flusso bidirezionale. Di cooperazione tra i due poli, che hanno tanto da dirsi – e da darsi – a vicenda.

Il tutto fa sì che ci sia ricchezza nell'aria. La ricchezza che fiorisce sempre quando le cose cambiano. E ce n'è a sufficienza per tutti gli attori presenti sulla scena, nessuno escluso.

Davanti a chi comunica per mestiere vanno d'ora in poi ad aprirsi nuovi territori di linguaggio, di professionalità e competenze, di modelli operativi tutti da colonizzare.

Per chi fa azienda il presente e il futuro promettono a breve un legame più forte col pubblico, nuovi flussi di informazione utili per costruire messaggi ma anche prodotti o servizi. Si preannunciano nuove e più longeve fedeltà di consumo per tutte le marche che sapranno cogliere il momento.

Per gli acquirenti, infine, si conferma la fine di un ruolo subalterno nei confronti del sistema e nuove e più gratificanti esperienze di consumo.

Insomma, c'è da festeggiare più che preoccuparsi, a mio parere.

E a proposito dell'atteggiamento migliore da tenere per i tempi che corrono, ecco un interessante paradosso che vale la pena di annotare. La regola aurea per celebrare degnamente la fine del "Dear Old Marketing", per non temere la mutazione in atto ma, anzi, per affrettarsi ad andarle incontro e ad approfittarne il prima possibile, ci viene proprio dal marketing classico in uno dei suoi enunciati più tradizionali: quando afferma che è proprio dal cambiamento dei mercati che nascono le maggiori opportunità per il business.

Che dire di più? Una saggezza che rasenta la massima zen.

Un'uscita di scena da grande gentleman, che prima di andarsene per cedere il posto a un nuovo reggente – il Marketing Non-Convenzionale o qualunque altro possa essere – gli lascia in eredità uno dei suoi principi più cari.

Chapeau.

Maurizio Sala
Vicepresidente del Gruppo Armando Testa

Premessa

Quello che ci ha sempre accomunato, fin da prima di conoscerci, è stata la continua e spasmodica ricerca di buoni maestri. Forse perché, tramontate le grandi narrazioni ideologiche del secolo scorso, sentivamo di essere nati in un'epoca che iniziava a decadere e che preparava il campo a grandi mutamenti, o forse solo per il fatto di essere stati cresciuti nella consacrazione del dio Dubbio piuttosto che nell'adorazione del demone della Certezza.

Eravamo (e siamo) due freak, l'uno radicato nella scena cyberpunk e nelle prime esperienze di media-attivismo, l'altro agitatore culturale della scena hip-hop dell'underground milanese, talmente strambi da doverci incontrare nel meno probabile dei posti: un master in Marketing e Comunicazione.

Iniziava allora il nuovo secolo e, con tutti i nostri perché e le nostre visioni "non convenzionali", tentavamo di dare un senso nuovo al concetto di mercato che sembrava aver fagocitato ogni sfera delle relazioni possibili. Forse proprio per questo la stessa parola "marketing", riempiendosi ogni giorno di nuovi possibili significati e di improbabili abbinamenti, continuava a perdere di senso.

Entrambi, facendo leva anche sulle nostre esperienze, condividevamo la ricerca per quanto di serio e di interessante ci fosse dietro alle sempre più frequenti e annunciate rivoluzioni del marketing: molti spunti interessanti, molta sensibilità ai segnali deboli, molti – ahimè – pseudoguru, le cui uniche rivoluzioni che avevano messo in atto erano quelle ai loro conti in banca, che lievitavano grazie alla vendita, tra autogrill e bancarelle, di libri con titoli a effetto e con l'organizzazione di costose conferenze a pagamento!

Fortunatamente ci siamo imbattuti negli scritti di Bernard Cova sul marketing tribale ed è stato amore a prima vista. Finalmente un discorso serio sulla società contemporanea e, nella migliore tradizione europea, un forte legame con il meglio degli autori della sociologia contemporanea. Gli stessi che ci avevano "ispirato" fin da prima del master: Baudrillard, Cassano, Lyotard, Maffesoli, Zizek...

Iniziammo a seguire Bernard in tutti i suoi convegni e ad avvicinarlo timidamente, fin quando una sera non decidemmo di scrivergli una mail dove esponevamo le nostre visioni sul futuro della società e, quindi, del marketing. Con l'umiltà e la pazienza dei veri maestri, Bernard accolse l'invito a confrontarsi con noi e da allora siamo suoi inseparabili compagni in un percorso di ricerca che, soprattutto dopo la stesura di questo libro, ci ha portati a riflettere sul fatto che il *marketing non-convenzionale non esiste*. Esiste invece una società fatta di perenni mutamenti, repentini e discontinui, e pertanto il grosso del lavoro è quello di ricalibrare i linguaggi per riferirci a essa.

Di solito le premesse ai libri si chiudono con i ringraziamenti di rito. Per questo libro è impossibile: sono tantissime le persone che dovremmo nominare per aver contribuito, in maniera consapevole o meno, a questo percorso. Tuttavia, non possiamo non citare e ringraziare le persone che ci hanno aiutato a scrivere questo libro: Davide Basile, per il capitolo sull'evoluzione del marketing; Valentina Gentile, per la ricerca sul *cool hunting*; Giancarlo Catucci, per il capitolo sulla Long Tail; Gabriella Torre, per le traduzioni; Viola Guastafierro e Roberta Collina, per il glossario; Giovanna Montera, la forza femminile nel nostro Clan. Ma soprattutto le nostre Famiglie, anche quelle allargate, per l'amore e il supporto che ci danno da sempre. E infine, come ci propone Bernard, desideriamo chiudere proprio con un ringraziamento a tutti quelle e quelli che ci hanno spinti/aiutati a sentire/fiutare, almeno in campo di marketing, lo spirito del nostro tempo. La moltitudine dei consumatori e dei marketer.

Alex Giordano e *Mirko Pallera*
Fondatori di NinjaMarketing.it

Parte prima
Dal marketing classico al marketing non-convenzionale

1. Il consumo reincantato[1]

Alcuni anni fa, abbiamo fatto ricorso al metodo analitico postmoderno per proporre una lettura della nuova situazione socio-economica che potesse conferire un senso ai molteplici fattori in gioco nell'ambito del marketing occidentale (Cova, 2003). L'impostazione teorica è stata confermata nelle sue linee essenziali da un insieme di scritti (Fabris, 2003) come da un grande numero di prassi attuate da imprese manifatturiere e da aziende di distribuzione. L'uso crescente del metodo analitico postmoderno, da parte degli studiosi di marketing, ha portato ad affinarne il contenuto e a precisarne la portata operativa. Senza voler tornare sul problema di una interpretazione esaustiva della società postmoderna, è opportuno dare una definizione sintetica della postmodernità, così da chiarire numerosi elementi del consumo attuale, "reincantato" secondo la definizione di Firat e Venkatesh (1995). La postmodernità è la sinergia fra l'arcaismo e lo sviluppo tecnologico, fra il progresso e il primitivismo, come scrive Michel Maffesoli (2000a). Secondo questo autore, si starebbe costruendo una società postmoderna sulle rovine della fiducia nella libertà e nel progresso, che proprio in tal senso si definirebbe postmoderna. «Il mito del Progresso non è più il *non plus ultra*. Viene sfumato, integrato, corretto, quando non propriamente rinnegato» (Maffesoli, 2000a, p. 157).

I postmoderni credono sempre meno che il progresso sia in grado di cambiare la vita e il mondo, ma continuano a credere che si

---

1 Si ringrazia il professor Olivier Badot per l'aiuto nella redazione di questo capitolo.

debba "salvare il mondo" o ciò che ne rimane, se si è ancora in tempo per farlo, nonché "salvare la vita", che il progresso impazzito sta uccidendo. A un immaginario moderno fatto di sradicamento dell'individuo, i consumatori, per un fenomeno di disinvestimento sul futuro, opporrebbero un immaginario postmoderno fatto di ri-radicamento. È quanto propongono gli ecologisti e i movimenti no-global, o più ampiamente le "utopie dell'angolo della strada", in opposizione alle grandi esaltazioni universalistiche.

Si tratta solo di tentativi, poiché è impossibile tornare a un mondo premoderno (tranne che per qualche movimento definito settario), in cui la maggior parte delle persone sarebbe incapace di vivere.

Se si accetta l'interpretazione analitica postmoderna, l'immaginario delle società occidentali e quindi i valori che le strutturano sarebbero in procinto di attuare un'inversione dal "progresso" al "regresso" (*figura 1.1*), o, quanto meno, un riequilibrio dai valori di progresso mediante i valori di regresso, che porrebbe ogni individuo in tensione fra i due tipi di immaginario.

Trasferita nell'ambito dei consumi, questa tensione fra immaginari ha portato gli studiosi del comportamento dei consumatori a riequilibrare una visione funzionale e progressista del consumo mediante una visione esperienziale che conferisce più importanza del dovuto ai valori di regresso e alla soggettività dell'individuo.

La visione funzionale, che appartiene alla tradizione microeco-

Figura 1.1 **L'individuo in tensione fra progresso e regresso**

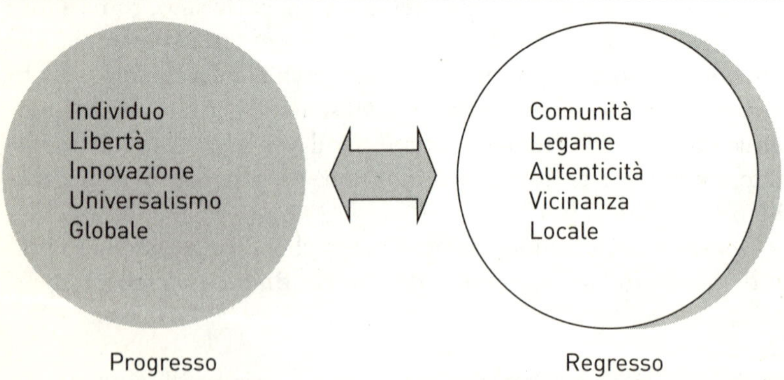

nomica e psicologica (sia behaviorista che cognitivista), pone l'accento sulla ricerca di informazione e sul processo d'influenza della scelta del consumatore al fine di ottimizzare le transazioni di individui considerati isolatamente. Nella prospettiva esperienziale, al contrario, l'acquirente si sforza più di rivendicare una gratificazione edonista in un contesto sociale che di ottimizzare un profitto; in tal modo il mercato depura, mediante un'offerta che si definisce "reincantata", emozioni che vengono da proiezioni immaginarie e olistiche, che non rispondono soltanto a dei bisogni, ma attengono alla ricerca identitaria del consumatore.

Il termine "reincanto" è stato usato dapprima dai sociologi (storicamente, da Max Weber) per indicare il ritorno inevitabilmente regressivo del fattore magico e mistico-religioso nelle società occidentali, in opposizione al moderno "disincanto" che ha razionalizzato le nostre esistenze e indotto a misurare ogni cosa secondo il principio dell'utilitarismo (Maffesoli, 2007). Il termine viene utilizzato oggi nell'ambito del marketing nella formula "reincanto del consumo" per indicare l'affrancamento dal giogo razionalistico (soddisfare le esigenze dei consumatori) e per affermare una rivendicazione sensistica.

Il reincanto del consumo si può leggere nel vissuto quotidiano dei nostri contemporanei.

Ci si può chiedere, per esempio, quale sia la prima meta turistica in Canada. Non si tratta, come potremmo pensare, delle cascate del Niagara, ma del più grande e stravagante centro commerciale del mondo, il West Edmonton Mall a Edmonton, nell'Alberta, che accoglie, in circa 500.000 metri quadrati, quasi mille negozi, sei grandi magazzini, la maggiore spiaggia artificiale e il più ampio luna park coperto del mondo, una pista da pattinaggio professionale, una Chinatown, un Marineland (un parco marino), sottomarini che esplorano un lago sotterraneo ecc. Similmente, in Francia, la quinta meta turistica più frequentata non è né la reggia di Versailles né il Musée d'Orsay, ma un vasto spazio informatico nel dodicesimo *arrondissement*, che ha l'aspetto di una fiera vinicola e vanta 150 milioni di euro in volume d'affari: Surcouf.

Questi esempi, come il successo dei *concept store* tipo Apache, Aveda, Bass Pro Shop, il Citymarché di Inno, Fao&Schwartz, L'Occitane, Nike Town, Origins, Paul, Résonances, dimostrano l'importanza crescente del reincanto del consumo.

Il reincanto si traduce commercialmente in abitudini e atti specifici, definiti come *fun shopping*, *retailtainment* o *shoptainment* (Codeluppi, 2001a). Non solo gli acquirenti/consumatori non cercherebbero più di minimizzare l'inutilità della frequentazione dei punti vendita, ma "fare shopping" starebbe diventando una fonte di gratificazione edonistica. In tale prospettiva, i consumatori possono, per esempio, testare i prodotti, intrecciare rapporti sociali con i venditori e gli altri clienti, avere forti emozioni o addirittura una iperstimolazione dei sensi (Carù e Cova, 2007). La distribuzione e il consumo perderebbero allora il loro statuto di funzioni economiche e arriverebbero a sostituirsi alle religioni, alle ideologie o allo Stato come produttore di miti e regolatore sociale (Miller, 1998).

Molti studi hanno consentito di circoscrivere i tratti salienti del consumo reincantato, sia a livello globale dell'insieme del consumo occidentale, sia a livello specifico di un'esperienza di consumo (Fabris, 2003; Ritzer, 1999). L'obiettivo, qui, consiste nel sintetizzare tali studi, proponendo quattro chiavi di lettura che delineano la struttura del consumo reincantato:

- diffidenza istituzionale e *powershift*;
- ridimensionamento microsociale e imprenditorialità tribale;
- rivincita del sacro e parte del diavolo;
- interpassività e potere infinito.

Diffidenza istituzionale e powershift

Diffidenza istituzionale

Se per molti manager di imprese di largo consumo, e soprattutto di grande distribuzione, le aziende produttrici (di cui essi fanno parte) sono più vicine ai consumatori delle "istituzioni" (Stato, esercito, servizi pubblici ecc.), aiutando i consumatori stessi a sopportare l'oppressione o gli abusi della posizione dominante, dal punto di vista dei consumatori le cose vanno diversamente (*figura 1.2*).

Figura 1.2 **Modello della diffidenza istituzionale**

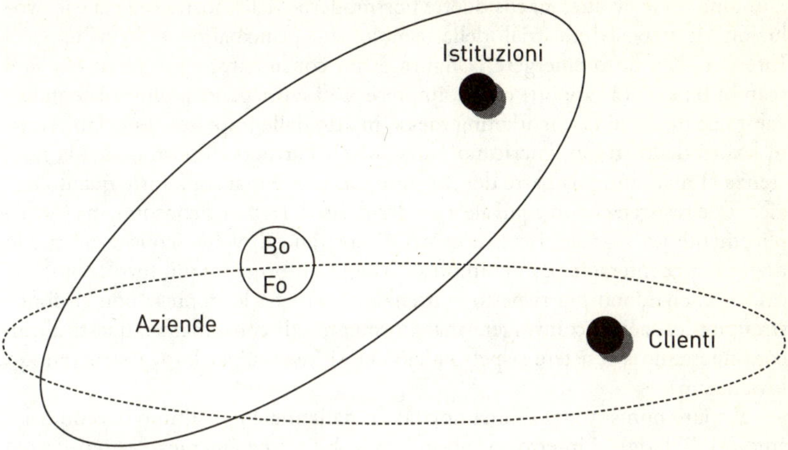

Legenda:
---------- Punto di vista delle aziende
——— Punto di vista dei clienti
Bo = Back office (personale amministrativo)
Fo = Front office (personale di contatto)

Fonte: Badot e Cova (2003).

In effetti, alcuni osservatori (Badot e Cova, 2003; Kozinets, 2002) rilevano, spesso contro ogni tipo di aspettativa, la situazione di consumatori che si mostrano soddisfatti ma che nascondono frustrazioni rispetto alle aziende; tali frustrazioni possono, per un nonnulla, trasformarsi in inciviltà, azioni diversive o altri gesti vendicativi, individuali o collettivi. Tutto ciò sembra segnalare un *powershift*, ovvero o una inversione dei rapporti di forza tra aziende e consumatori, una sorta di manifestazione, a livello del consumo, della diffidenza istituzionale espressa dalle "vendicative singolarità qualunque" quali sarebbero diventati i consumatori e, più in generale, i cittadini (*box 1.1*).

Tuttavia, osservando la questione più da vicino, si nota che esiste una disgiunzione inattesa tra l'offerta e il consumo; la linea di frattura non sembrerebbe passare per il personale di *front office*, con cui il cliente intesse una sorta di tacita connivenza antistituzionale (si

Box 1.1 **Le premesse del powershift**

L'unione fra le evoluzioni cosiddette postmoderne delle nostre società e le evoluzioni dette post-industriali della tecnologia – principalmente lo sviluppo di Internet – ha fatto emergere la figura di un consumatore più attivo nei suoi scambi e nei suoi rapporti con le imprese, e di conseguenza più resistente all'abituale modo di fare marketing messo in atto dalle imprese stesse. Un recente lavoro dello studio americano Yankelovich Partners dimostra che «la resistenza al marketing da parte dei consumatori non è mai stata forte quanto oggi... Tale resistenza non equivale a un desiderio di frenare i consumi, ma è semplicemente un segnale: i consumatori dimostrano di voler scoprire un modo migliore per interagire con le imprese. Meglio informati e più forti tecnologicamente, chiedono più rispetto e attenzione. Finché le imprese non si dimostreranno capaci di coinvolgere maggiormente tali consumatori, questi ultimi continueranno a resistere rispetto a ciò che si inventa per loro» (www.yan kelovich.com).

Eppure non si tratta di una novità: fin dalla metà dell'ultimo decennio, gli studiosi di design si interrogavano sulla possibilità che emergesse un co-design fra produttori e consumatori, in risposta all'avanzata dei *prosumers* (produttori-consumatori) annunciata da Alvin Toffler.

A ben guardare, tuttavia, il consumatore è sempre stato, almeno in parte, innovatore e portatore di idee nuove, sottraendosi silenziosamente alla conformazione usuale di prodotti e servizi definita dall'azienda, e inventando il quotidiano grazie alle arti del fare, ad astuzie sottili, a strategie di resistenza mediante le quali riesce ad aggirare codici e oggetti, si riappropria dello spazio e lo utilizza a suo piacimento. Da questo punto di vista, c'è sempre stata, dunque, la possibilità di collaborazione nel creare significati e concetti da parte del fruitore e del creatore/produttore. A sembrare nuovo, oggi, è il fatto che i consumatori abbandonino le posizioni tradizionali di dirottamento o di aggiramento del mercato e del sistema dei consumi legati alle tattiche di (ri)appropriazione, per adottare una posizione detta "di ribaltamento". Il *dirottamento* è una tattica silenziosa e poco visibile, attuata dal consumatore per riappropriarsi di prodotti, servizi o esperienze quotidiane secondo le sue regole personali; ciò dà luogo alla creazione di un utilizzo o di un significato deviante da parte del consumatore, che esprime spesso il rifiuto di lasciarsi confinare nel ruolo di comparsa nel sistema dei consumi. L'*aggiramento* è, al contrario, una posizione dichiaratamente ribelle al sistema stesso. Il consumatore aggira il sistema dei consumi cercando di costruire da sé il proprio quotidiano, insieme ai suoi simili, senza alcuna imposizione da parte dell'esterno. Il suo quotidiano e i suoi consumi vengono così autostrutturati, come nel caso dei LETS (Local Exchange Trading Systems, sistemi di scambi locali), o in scala minore del baratto, delle reti di scambio o anche della "semplicità volontaria".

Segue

Il *ribaltamento*, invece, è una tattica basata sul fatto che i consumi sono diventati oggi centrali nell'esistenza di un individuo, che si costruisce e fonda la sua identità attraverso e intorno al consumo. È normale, dunque, che il consumatore intenda svolgere un ruolo attivo e voglia interagire con il sistema dei consumi, nonché far sentire la propria voce: il consumatore desidera collaborare e partecipare alla definizione dei prodotti e dei servizi, tenta quindi una co-appropriazione, sia mediante la partecipazione diretta al concepimento e alla produzione, sia per differenziazione differita ma esibita allo sguardo dell'impresa e degli altri consumatori.

L'ascesa del *tuning* nell'industria automobilistica è rivelatrice circa l'importanza crescente di tale posizione: i fanatici del *tuning* hanno speso, durante il 2005, negli Stati Uniti, dodici volte più che nel 1997 per modificare le loro vetture secondo le loro idee – e tali modifiche vengono accuratamente osservate dai designer e dagli ingegneri di Detroit in occasione di ogni raduno di questi fanatici.

Per i sociologi, questo ribaltamento nelle attitidini si spiega in parte con il crollo dell'ideologia del lavoro e del ruolo del lavoro nella costruzione identitaria dell'individuo, ma anche con la sostituzione, al lavoro stesso, del "ritorno della passione creativa" (Maffesoli, 2007). Si tratta di creazioni quotidiane, che coinvolgono tutti quei parametri umani quali il ludico, l'onirico, l'immaginario collettivo, e che si applicano tanto ai prodotti e ai servizi, quanto alle esperienze vissute. Sono creazioni che acquistano significato nello scambio con altri consumatori, ma anche con le aziende. E Internet è un terreno fertilissimo e un campo d'addestramento per l'uomo contemporaneo in vena di creatività, che grazie alla rete può imparare a sviluppare un rapporto diverso con le imprese: un rapporto di eguaglianza, perché lo scambio con altri consumatori permette di creare qualcosa di nuovo, a cominciare dalla rielaborazione di un prodotto utilizzato come piattaforma, senza dover rendere conto all'azienda. La creazione del consumatore acquista dunque spesso una dimensione comunitaria, e il ribaltamento è di solito una tattica collettiva: una comunità di consumatori che, a partire dalle proprie creazioni, interpella l'impresa. Tale comunità di consumatori può essere una "comunità di marchio" quando le sue creazioni si fondano su un marchio di culto, come le iPod Battles ordite intorno all'iPod.

---

veda l'esempio dei megastore specializzati, in cui il personale commerciale, per quanto interessato all'acquisto, discute o critica la proposta a scaffale di prodotti che a suo avviso hanno un rapporto qualità/prezzo svantaggioso per gli acquirenti, considerati loro pari e sodali). La linea di frattura passerebbe invece fra cliente e management d'impresa (*back office*), come ha evidenziato la crisi della Danone nel 2002: di fronte ai discorsi di Frank Riboud, il direttore generale della Danone, che spiegava la necessità di licenziare del personale per far fronte alla concorrenza internazionale, i consumatori manifestarono il loro scontento mettendo in atto una vasta operazione di boicottaggio dei prodotti Danone (www.jeboycottedanone.com).

Powershift ed expertise

Questa analisi si riallaccia all'idea di superamento della barriera tra offerta e consumo (Firat e Venkatesh, 1995). Nell'ottica dominante del marketing circa i rapporti tra offerta e consumo, l'impresa sa produrre e/o distribuire ciò che corrisponde ai bisogni del consumatore, perché possiede l'*expertise* e il consumatore è considerato alla stregua di un ingenuo. Oggi, in molti ambiti (bricolage, informatica, sanità, giochi ecc.), tale cesura non esiste più, perché l'*expertise* si colloca tanto (se non di più!) dalla parte del consumatore quanto da quella dell'azienda. Il consumatore si ritiene più consapevole dell'offerente circa la conoscenza di ciò che è buono e di ciò che non lo è nel quadro di una situazione particolare, la situazione che vive personalmente. Alle competenze sviluppate nel corso di esperienze quotidiane a proposito di un prodotto o un servizio si assomma una serie di conoscenze pseudoteoriche, acquisibili grazie al moltiplicarsi delle tecnologie informatiche, prima fra tutte Internet. Quale esempio estremo citiamo il caso di quel *bricoleur* che, all'espressione spaventata di un esperto di fronte al pericoloso impianto elettrico che gli aveva presentato, esclamò: "Non è grave, l'ho fatto io!". Come Marx preferiva alla migliore delle api il peggiore architetto, il *bricoleur* preferiva l'installazione pericolosa uscita dalla sua personale (in)competenza a un'istallazione di qualità proposta dalla casa produttrice. Competenze e conoscenze formano così il supporto di contropotere dei consumatori di fronte al potere dell'offerta. I consumatori sembrano essere, infatti, i primi produttori della propria esperienza di consumo.

C'è un aumento, da parte del consumatore, di competenze percepite (obiettive o immaginarie che siano) e di costruzione di conoscenze; tutto ciò rinvia all'idea di *empowerment* dei consumatori. Questo è ancora più vero per quanto concerne le associazioni di consumatori appassionati di un prodotto, di un marchio, di un'esperienza ecc., che mettono in condivisione e arricchiscono vicendevolmente le loro competenze; tali comunità di appassionati costruiscono al loro interno, mediante scambi frequenti e molto caricati emozionalmente, un'*expertise* che le imprese dovrebbero riconoscere e utilizzare proficuamente. La passione condivisa di certi consumatori per un marchio, che si traduce in competenze collettive, apporta, in effetti, a questi ultimi, sempre più legittimità di marketing (Cova e Pace, 2006). La presenza di associazioni di appassionati e di esperti può così far passare il potere dalle mani delle aziende a quelle dei consumatori uniti, non per interesse ma per passione, e se l'impresa non fa niente, se non vuole riconoscere l'*expertise* (reale o no) di questi gruppi di appassionati e del loro punto di vista, non le rimane che meditare su questo adagio molto in voga: "Se voi non vi curate delle tribù di appassionati, saranno loro a occuparsi di voi!".

Trasformazione dei sistemi di legittimazione: verso gli "eroi underground"

Se i mutati rapporti di potere individuati attraverso le diverse situazioni evocate sembrano potersi spiegare con una crescente diffidenza istituzionale e un aumento delle competenze da parte dei consumatori, tali rapporti così mutati sono forse anche il frutto di una trasformazione dei sistemi di legittimazione in seno alla società occidentale. Uno dei più significativi fra questi indici è, secondo l'analisi di Umberto Eco (1978), il mutamento strutturale degli eroi nella cultura popolare.

Oggi, in effetti, gli eroi – pensiamo a Super Mario, Forrest Gump, Mr Bean, il Truman di *The Truman Show* e altri miti contemporanei creati dall'industria culturale – sembrano più "eroi underground" che supereroi dotati di poteri soprannaturali e incredibili. A questo proposito, Eco (1978), in una sintesi sul mito dell'eroe nell'Ottocento e nel Novecento, postula che sia stata la televisione a imporre l'*Everyman* contro il Superman, proponendo come modello l'uomo di tutti i giorni, con le sue fragilità e le sue imperfezioni, e con il quale tutti possono identificarsi. La tendenza sembra andare ora fino allo "scemo del villaggio", che non solo permette l'identificazione, ma concede anche un senso di superiorità. Uno degli eroi più sintonizzati con lo spirito dei tempi è il tenente Colombo, che ha un'estrazione piccolo-borghese e che, senza mettere in atto alcuna tecnica investigativa che richieda un corpo o un'intelligenza sovrumani (gli sceneggiatori, del resto, svelano subito l'identità dell'assassino, prima ancora che l'investigatore appaia in scena), va a naso, mettendo insieme qualche trucco psicologico per indurre il colpevole (sempre di livello sociale, economico e culturale elevato) a uscire allo scoperto, approfittando largamente, nel corso dell'indagine, della generosità dei sospettati (servendosi quindi di sigari, accettando posti ottimi ai concerti, inviti al ristorante ecc.). Colombo sembra del resto compiere i suoi arresti a malincuore, e se dipendesse soltanto da lui lascerebbe volentieri fuggire i criminali, di cui, segretamente, comprende le motivazioni.

Di fronte al declino delle religioni politiche, si assisterebbe, in Occidente, a un fenomeno correlato di "demolizione" degli eroi (compresi quelli fino a quel momento indiscutibili, come gli eroi della Resistenza) e della produzione di eroi da parte della "sfera dell'*entertainment*" (film, cartoni animati, sport, pop star, televisione). In questo mondo di libertà, di accessibilità o di "self-service simbolico", i nuovi eroi perdono quindi la loro funzione rappresentativa universale. Qualunque sia il suo destino, questo inedito tipo di eroe sveglio e malizioso sembra appartenere a quella che Agamben (1990) chiama "la comunità che viene", destinata a non lottare più per la conquista del potere o il controllo dello Stato ma per il non-Stato, e che rivendicherà l'inevitabile disgiunzione delle singolarità qualunque dall'organizzazione statale.

Ridimensionamento microsociale e valore di legame

L'implicazione a livello microsociale

Secondo il modello delle scale d'osservazione dei consumi stabilito da Dominique Desjeux (1996), l'osservazione sul consumo può svolgersi a tre livelli:

- il livello macrosociale, in cui gli attori sono aggregati strutturalmente (per nazione, classi sociali, generazioni, culture ecc.);
- il livello microsociale, in cui gli attori sono concreti e capaci di azioni collettive;
- il livello individuale, in cui l'attore è un soggetto cognitivo ed emotivo.

Tale quadro d'analisi permette di identificare il cambiamento del livello di implicazione quotidiana degli individui e, attraverso quello, di costruzione identitaria (*figura 1.3*). Poniamo la seguente osservazione come ipotesi: se il Ventesimo secolo ha consacrato il livello macrosociale (società moderna) e individuale (psicoanalisi), l'epoca attuale sembra riabilitare fortemente il livello microsociale.

L'implicazione a livello microsociale è costituita da una molteplicità di esperienze, rappresentazioni, emozioni quotidiane, azioni

Figura 1.3 **Modello dei livelli di implicazione quotidiana**

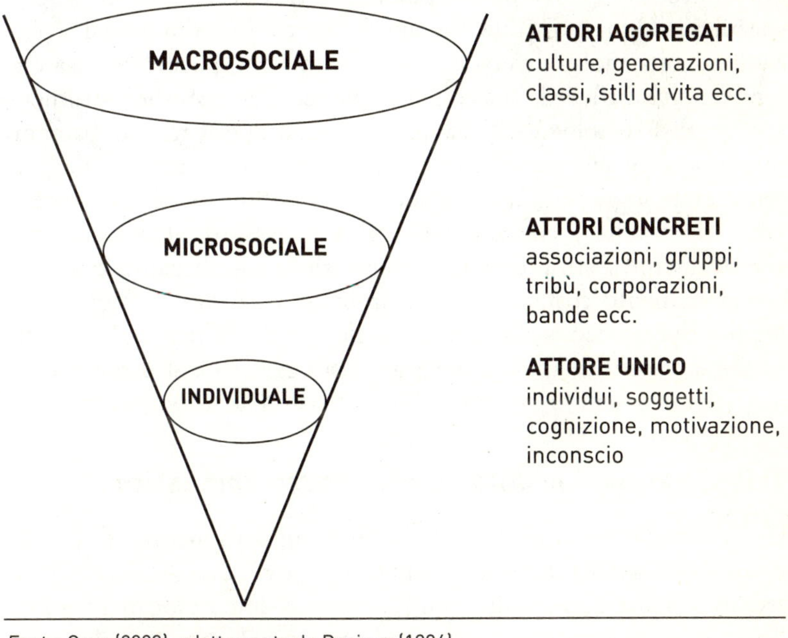

Fonte: Cova (2003), adattamento da Desjeux (1996).

"infra-ordinarie" molto spesso mal comprese e poco percettibili. Mentre nella maggioranza dei casi una simile dinamica si spiega con il ripiegamento sull'individualismo, in questo caso si tratta di una sorta di ritorno alla comunità e alle pratiche volatili ed effimere in cui ogni particella elementare mantiene la propria autonomia e la libera scelta di evaderne a suo piacimento. L'implicazione, in queste forme di raggruppamenti microsociali, è meno razionale e contrattuale di quanto non sia emotiva e passionale (si fanno esperienze insieme *per essere*, e non necessariamente *per fare*).

Il sociale appare allora più come una rete di microgruppi societari (in cui gli individui intessono al loro interno dei forti legami emotivi, esperienze similari, una sottocultura comune, un'identica visione del mondo ecc.), che come un insieme di gruppi sociali stabilizzati e strutturati (categorie socioprofessionali, classi ecc.). Cacciatori di colombe, skinhead, entomologi, abitanti di un'area inquinata, fanatici degli apparecchi fotografici russi Lomo, neogotici ecc. formano delle comunità più o meno stabili e visibili che possono intersecarsi e sovrapporsi pur conservando ciascuna la propria specificità. Ogni individuo può appartenere a più tribù in cui svolge ruoli talvolta molto diversi e indossa maschere specifiche, cosa che rende molto difficile la sua collocazione secondo i consueti strumenti di analisi sociologica. E l'appartenenza a questi raggruppamenti microsociali è diventata, per l'individuo, più importante della presenza nelle aggregazioni macrosociali. Lo statuto sociologico, cioè la posizione stabile di ciascuno nelle relative classi sociali, sembra progressivamente sostituito dalla configurazione socializzante, cioè il riposizionamento costante di ogni individuo nei diversi raggruppamenti. Questa declassificazione sociale si estende perfino a una diluizione dei criteri apparentemente così oggettivi e strutturanti come il sesso, divenuto "genere".

Tribù, passioni ordinarie e universo domestico

Una tribù, nel senso postmoderno del termine (o "neotribù", perché molto diversa dalla definizione antropologica; Cova, 2003), costituisce un insieme di individui non necessariamente omogenei fra loro (in termini di caratteristiche sociali oggettive), ma interrelati mediante un'identica soggettività, affettività o etica, e capaci di svolgere azioni microsociali vissute intensamente benché effimere. Questo tipo di raggruppamenti emozionali è sempre esistito (si pensi per esempio ai *mods*, ai *teddy boys* o agli *skinhead* degli anni Sessanta e Settanta), anche se in forma più stabilizzata, più limitata e più costrittiva rispetto a quanto accade nelle neotribù odierne. Ad apparire nuova è l'ampiezza del fenomeno e il tipo di persone (tutte?) coinvolte nella socialità neotribale.

In effetti, le neotribù non sono semplici raggruppamenti fra adolescenti in un contesto urbano, come vorrebbe un certo tipo di stampa (d'altra parte, le "tribù urbane", come quelle dei quartieri-ghetto più difficili, sono più simili alle tribù tradizionali che alle neotribù). Numerosi studi sui consumi concordano nel mostrare la crescente importanza della sfera parentale e amicale, come dei "gruppi di riferimento", nelle decisioni d'acquisto, cosa che d'altronde ha indotto le regie pubblicitarie a mettere a punto unità di misura dell'audience per cercare di comprendere le visioni condivise degli spot pubblicitari.

In più, come dimostrano gli studi recenti sulle "passioni ordinarie" (Bromberger, 1998), queste passioni, che attraversano tutte le età, quali le ricerche genealogiche, la meteorologia, gli sport estremi, le maratone, le collezioni di ogni tipo o il bricolage, sono massicciamente condivise, individualmente assunte, moralmente accolte, intensamente vissute (ma senza pericolosi abusi); vengono percepite come legittime aspirazioni alla realizzazione di sé e al reincanto del mondo. Tali passioni esigono un quadro collettivo relativamente flessibile ma emozionalmente forte per schiudersi ed esprimersi pienamente nello scambio, nella condivisione, nella complicità e nel confronto delle esperienze, mentre l'esercizio della passione non ha tecnicamente alcun bisogno di tali forme di socialità. È quel che si chiama "dotazione di significato dell'esperienza individuale", inseparabile, essa stessa, da un "poter dire" che richiede il confronto con l'altro e con gli altri di solito nel quadro neotribale, al di fuori del quale nessun linguaggio comune è possibile. Si pensi a tutti quei fanatici di un marchio, gli alfisti, i ducatisti, gli ipodisti, gli interisti ecc., sempre in cerca dell'altro per condividere le loro passioni sfrenate (*box 1.2*).

Box 1.2 **Le comunità di marchio**

I gruppi di consumatori molto coinvolti da un marchio sono sempre esistiti, quel che c'è di nuovo è l'interesse dichiarato delle aziende (e del marketing) per tali raggruppamenti, e l'intensità del fenomeno di raggruppamento intorno a una merce nella società postmoderna. Per le imprese, la comunità di marchio è un altro modo di fidelizzare il consumatore quando ogni altra possibilità individuata dal marketing relazionale e dalla fidelizzazione è stata esplorata. Per i consumatori, la partecipazione a una comunità di marchio è un modo piuttosto agevole di costruire e consolidare la propria identità, resa fragile dall'estrema mobilità delle nostre società; tali identità esistono nello sguardo (e attraverso lo sguardo) di altri individui che condividono gli identici interessi.

Uno studio recente sulle comunità di marchi automobilistici come BMW e Mercedes (Algesheimer, Dholakia e Hermann, 2005) dimostra che il fatto di essere membri della comunità influenza positivamente la fedeltà al marchio, e che la qualità (positiva) dell'interazione sociale fra membri della comunità influenza positivamente l'impegno comunitario, la diffusione capillare delle conoscenze sul marchio e la fedeltà al marchio. Si capisce quindi come mai le aziende si sforzino di mettere in atto simili approcci. In più, viene dimostrato che l'appartenenza alla comunità di marchio è dipendente dalla qualità della relazione anteriore del consumatore al marchio. Ovvero, risulta più facile sviluppare una comunità intorno a un nucleo di consumatori già legati al marchio che non crearne una con nuovi consumatori. Oggi, dunque, più che di creazione di nuove comunità intorno a un marchio, si parla di gestione e sviluppo delle comunità esistenti. Per contro, si è dimostrato anche che l'appartenenza alla comunità poteva avere un'influenza negativa sul comportamento del consumatore quando quest'ultimo percepiva un'eccessiva pressione della comunità sulla sua vita privata e/o l'intrusione troppo invadente dell'azienda che gestisce il marchio. Se i membri di una comunità di marchio «adorano acquistare, detestano invece che si forzi loro la mano; preferiscono credere di essere gli unici autentici conoscitori in grado di discernere ciò che si deve o non si deve comprare, e non degli stupidi facilmente raggirabili che comprano indifferentemente ogni cosa che le aziende gli propinano» (Brown, 2005, p. 145). Quest'ultimo risultato empirico conferma le intuizioni teoriche di questi ultimi anni, cioè che la comunità di marchio non è la panacea e presenta un inconveniente: crea un gruppo di consumatori fanatici che rischia di allarmare il consumatore medio. Inoltre, il gruppo della comunità di marchio nutre generalmente un desiderio esacerbato di marginalizzazione che lo spinge a rifiutare il consumatore medio, considerato indegno di appartenere alla comunità. Tale gruppo è in conflitto con la comunità di marchio concorrente (Apple contro IBM, per esempio, o Linux contro Windows) e, soprattutto, il gruppo esercita un contropotere sul marchio stesso. Infatti, «una delle domande più pressanti

Segue

suscitata dall'emergenza sempre più diffusa delle comunità di marchio è la seguente: chi possiede il marchio? Le comunità, in effetti, ne rivendicano il controllo. Hanno sempre più potere sulla distribuzione e possiedono competenze un tempo riservate ai marketer» (O'Guinn e Muniz, 2005, p. 268).

Tribes Inc.

Le passioni ordinarie e il tribalismo contemporaneo annunciato si ampliano in maniera inattesa. Dopo aver trasformato il consumo in un vasto teatro di maschere in cui s'incrociano le comunità di marchio, e dopo aver in questo modo obbligato il marketing a ridefinirsi (Cova, 2003), s'inseriscono ancora più lontano nel mondo economico, per riuscire a offrire un nuovo tipo di attore collettivo, prossimo a svolgere un ruolo produttivo sul mercato (Cova, Kozinets e Shankar, 2007). Oggi il tribalismo sembra, di fatto, essere riuscito a superare la barriera fra consumo e produzione. Sulla scia della comunità fondata intorno a Linux, sistema gratuito di navigazione in rete mediante open source, liberamente allestito e arricchito dai suoi stessi utenti, sono nate altre "comunità epistemiche" per mettere in luce l'esistenza di attori collettivi in grado di intervenire e agire sul mercato allo stesso titolo di un'impresa "classica". Si pensi, per esempio, al recente caso del Firefox di Mozilla, un progetto di browser open source (concorrente dell'Explorer Microsoft) cui hanno contribuito oltre mille utenti nella definizione dei codici e diecimila volontari nello sviluppo dell'approccio di marketing (il caso è descritto nel *box 2.2*, nel capitolo successivo). Si pensi inoltre a tutti i gruppi di appassionati che si riuniscono intorno a un'attività o un marchio che non si accontentano più di effettuare scambi ma che costruiscono conoscenza e producono azioni collettive sul mercato, come per esempio la vendita di singoli pezzi specifici per una comunità di appassionati motociclisti.

In questo approccio di imprenditorialità tribale, la tribù non agisce più contro gli attori economici e il mercato, ma diventa un attore economico legittimo sul mercato, senza perdere la propria natura né le proprie forme comunitarie (Cova, Kozinets e Shankar, 2007). In particolare, si può aggiungere che la tribù è forte di un vantaggio concorrenziale notevole in rapporto alle sue concorrenti-imprese: gli individui ne fanno parte non per clausole di contratto, ma per volontà personale e piacere di partecipazione, cosa che facilita molto il coordinamento delle azioni e la trasmissione delle informazioni.

La rivincita del sacro e la parte del diavolo

Sacrifici e rituali

La società in cui s'intrecciano la funzione microsociale e la figura mercantile permette di esperire ciò che si definisce come "valore di legame", dato da un servizio, da un marchio, da un luogo ecc. Non solo: l'individuo sembra cercare nel consumo un mezzo diretto per dare un senso alla propria esistenza, ma anche un mezzo per legarsi agli altri, per sviluppare rapporti interpersonali in modo effimero o immaginario. Prodotti e luoghi commerciali diventano così supporti della ricerca di legame e dell'aggregazione neotribale. Il sistema dei consumi non è più percepito, quindi, come primario e parassita del legame interpersonale, ma come secondario e al servizio del legame fra le persone: «il legame conta più del bene in sé». Il valore di legame relativo a un bene o a un servizio non è immediato: richiede tempo per esprimersi, ed è costruito collaborativamente nell'interazione, la quale permette un'appropriazione o riappropriazione del bene o del servizio da parte della collettività. Tale interazione richiede tempo, si fonda su rituali e altre minicerimonie societarie, per inscriversi e reinscriversi nell'oggetto in questione. «Il valore di legame è valore del tempo, sostituito dal mercato con un'immediatezza indefinitamente estensibile nello spazio, che estrae la cosa dalla rete temporale» (Godbout e Caillé, 1992, p. 246).

Dalli e Romani (2007), nella loro analisi sui valori di un cibo tipico come la pasta per un gruppo di giovani consumatori italiani, mettono in evidenza come la variabile "tempo" sia primaria nella (ri)costruzione del valore di legame relativo al prodotto: il tempo trascorso a cucinare insieme la pasta non è tempo perso, al contrario, è necessario alla riappropriazione collettiva del prodotto. Lo stesso accade per tutti i prodotti che suscitano la passione del consumatore, passione che richiede un sacrificio di tempo, e spesso di tempo collettivo, per essere soddisfatta e generare in tal modo valore di legame intorno al prodotto (Bromberger, 1998). Il valore di legame richiede un investimento di spesa, nel senso sacrificale individuato da Georges Bataille (1949), che rimanda più alla non-equivalenza dello scambio sociale che all'equivalenza dello scambio mercantile. Nelle tribù di appassionati che «si danno alla loro passione senza risparmiarsi», le passioni stesse devono essere considerate come «sacrifici che superano poco o tanto ciò che la sola ragione pratica imporrebbe. Questi gradevoli sacrifici, come li definiva il supporter di un club calcistico, non sono quantificabili solo in termini di denaro, ma anche – e soprattutto – in termini di tempo: la passione si prova, e consuma lunghe ore, prima e dopo il tempo della sua effettiva realizzazione» (Bromberger, 1998, p. 27). Moralità e ragione del calcolo contro immoralità e passione per il sacrificio. Il valore di legame porta a ragionare sul prezzo "autentico" pagato da un individuo per ottenere un'esperienza appassionante attraverso la consapevolezza dei sacrifici che ha dovuto accettare per ottenerla.

La riabilitazione del sacrificio come elemento positivo (Brown, 2001) va di pari passo con la re-introduzione dei rituali nel processo di ottenimento, di possesso e di vita con gli oggetti e i luoghi: il rituale è un potente mezzo di autenticazione. Una delle considerazioni attuali è la seguente: non esistono che rari momenti privilegiati in cui si possono mettere in gioco degli oggetti nelle nostre società, e molti tipi di rituali sono spariti, sottraendo così al prodotto quell'aura di mistero e di sacralità che lo distingueva talvolta, conferendogli un senso; per Mircea Eliade (1961), l'uomo moderno avrebbe privato il mondo di ogni senso e di ogni punto di riferimento, ostacolando una produzione collettiva di miti come sorgente di significato e mezzo per accettare la morte.

Secondo Eliade, solo una risacralizzazione del mondo salverà l'uomo contemporaneo dal suo attuale stato di derelitto. Tale analisi, che liquida forse troppo rapidamente la mitologia modernista, conferma comunque il bisogno di sacralizzazione proprio alla società occidentale, bisogno che si ritrova anche nell'ambito dei consumi. Infatti, con il rifiuto del materialismo e la ricerca di autenticità, la creazione di nuovi rituali e la loro integrazione nel prodotto possono fungere da memoria attiva di una società in cerca del sacro. Si può constatare che, riconosciuto come forma generale di espressione della società e della cultura, il rituale si emancipi dal contesto religioso in cui era collocato fino ad allora, per orientarsi verso una specie di bricolage mistico in cui ciascuno sceglie nel repertorio di risorse simboliche a lui fornite dalle diverse confessioni, dalle sette e dai movimenti religiosi o più ampiamente culturali (come la New Age).

Il funzionamento dei riti profani è da ricollegarsi alla loro utilità sociale: scopo dei riti è quello di riunire il passato al presente, l'individuo alla collettività. I riti associano fra loro elementi discontinui e colmano dei vuoti. Si può rammentare, a titolo di esempio, il rituale dei pasti in famiglia da McDonald's: la ripartizione dei ruoli, la disposizione meccanica dei cibi in tavola, l'apertura dell'Happy Meal, la sequenza delle portate (patatine fritte, sandwich, bibita), i rapporti e le dispute fra genitori e figli. Un'autentica rivoluzione momentanea nell'ambito dell'ordine domestico che, organizzando una trasgressione ai tradizionali pasti consumati tra le pareti domestiche, permette ai membri della famiglia di affrancarsi occasionalmente dalla routine quotidiana e dalla chiusura che in parte questa rappresenta – cosa che, alla fin fine, rinfresca e rinforza i rapporti intrafamiliari.

Collezioni e oggetti di culto

Nel mondo attuale, l'individuo che possiede e colleziona oggetti di culto come le figurine Warhammer (Cova, Pace e Park, 2007), per esempio, non è isolato, perché fa parte, realmente, virtualmente o nell'immaginario, di una comunità vasta e informale. Su tale immaginario, che condiziona sempre più le rappresentazioni degli attori (consumatori ma anche produttori e distributori), si basa il collezionismo, fra i due estremi del *continuum* comunitario:

- il legame affettivo tra due o più individui nel quadro dei gruppi affini di limitata ampiezza (microgruppi locali di possessori delle figurine Warhammer che si riuniscono per giocare o disegnare nei punti vendita Games Workshop);
- il legame immaginario che permette a ognuno di sentirsi parte di un tutto dall'aspetto comunitario relativo a un oggetto o a un

luogo (di culto) e perciò di partecipare all'immaginario globale della comunità (il collezionista isolato di figurine Warhammer che non gioca).

Ben lontane dall'essere trascurabili, le cifre relative al consumo di oggetti di collezionismo (a lungo considerato deviante in rapporto al consumo utilitaristico) formano un importante volume d'affari. La "collezionite" può interessare ogni tipo di oggetti (soldatini di piombo, automobiline anni Sessanta, figurine sull'antico Egitto, tazze, zuppiere, penne, case in campagna ecc.). Quindi, un collezionista può acquistare l'intera gamma delle calzature Weston, oppure moltiplicare all'infinito le visioni del suo film preferito (per esempio, alcuni hanno visto più di cento volte *The Rocky Horror Picture Show*, uscito nel 1975 e sempre in cartellone allo Studio Galande a Parigi o al Mexico a Milano). Una "vendita all'asta elettronica e globale" di oggetti di ordinaria passione come eBay può contare su 8 milioni di visitatori al giorno.

Se la si osserva con più attenzione, la "collezionite" (Belk, 2001) si rivela prossima a una forma derivata di religiosità (nel senso etimologico di "legame", *re-ligio*), sia cosmogonica sia sociale. Religiosità cosmogonica in quanto prevede l'accumulo, secondo un calendario acronico, della maggior quantità possibile di oggetti disparati (di ogni luogo e di ogni tempo) in un minimo di spazio spesso sacralizzato (tavolini, caminetti, vetrine d'esposizione, scaffali, ripiani, cassetti ecc.); il collezionista si colloca in una posizione sacerdotale profana e ordinaria, sistemando a suo piacimento gli oggetti del culto. Religiosità sociale nel senso che molti di questi oggetti da collezione contribuiscono a raggruppamenti neotribali fisici o virtuali (appassionati di Ferrari, per esempio) e a interazioni sociali (scambi, donazioni in occasione di kermesse, tombole e lotterie, regali ai familiari ecc.). Le pratiche della collezione, spesso di tipo regressivo, ricordano talvolta le abitudini della ricreazione: come nel caso del bambino, che vive il collezionismo come un fenomeno naturale che fa parte del suo processo di sviluppo, l'interesse per il fenomeno nell'adulto indicherebbe, una volta ancora, il bisogno di "ri-inizializzazione" della propria costruzione identitaria, ovvero l'esplorazione esitante e ininterrottamente rinnovata di identità di ricambio (*box 1.3*).

Secondo questa logica il vocabolario dei consumi si arricchisce progressivamente, perché, accanto alle denominazioni dal sapore microeconomico quali "consumatori", "clienti", "fruitori" o "acquirenti", si aggiungono le nozioni più sociologiche di "collezionisti", "habitué", "adepti" o anche "conoscitori", "esperti", "estimatori".

Box 1.3 **Autenticità e collezioni: il caso MG B**

I collezionisti sono i consumatori che insistono maggiormente sulla logica dell'autenticità: nelle loro esperienze di consumo cercano l'autenticità "al quadrato", non solo l'autenticità dell'oggetto, ma anche quella del vissuto. A partire dal lavoro realizzato da Leigh, Peters e Shelton (2006) sulle comunità dei collezionisti di vetture MG, si possono così definire tre livelli dell'autenticità per il collezionista. Il pezzo più importante di una collezione di MG è la MG B lanciata nel 1962, diventata l'archetipo della cabriolet sportiva prodotta nella migliore tradizione britannica. Vettura emblematica degli anni Sessanta, resisterà tuttavia senz'altro alle mode. Prodotta per diciotto anni in oltre mezzo milione di esemplari, rimane la più venduta delle "nane" inglesi. Ma la sua storia non è stata solo e completamente rosa. Dal 1966, la MG deve affrontare la necessità delle nuove misure di sicurezza e antinquinamento. La MG B deve subire profonde trasformazioni estetiche mentre la potenza del motore non smetterà di ridursi. Un lungo calvario inizia per la piccola cabriolet al di là dell'Atlantico, ma anche in patria, nell'ambito dei gruppi industriali. Nel 1968, la BMC si fonde con la British Leyland e, alla deriva in questo immenso gruppo, la MG perde ogni autonomia. Le nuove norme non cessano di imbruttire la MG B, con il pretesto di renderla più sicura, e nel 1980 il marchio MG viene affondato dal gruppo che lo possiede. Dopo 18 anni di carriera la MG si congeda dal mercato per diventare la più giovane delle vetture da collezione; comincia così la sua nuova esistenza, fra i gruppi di collezionisti per i quali l'autenticità è un criterio centrale di differenziazione degli individui e degli oggetti.

L'autenticità è fin dall'inizio insita nell'oggetto appartenente al collezionista. Così, il possessore di MG B cerca in ogni modo di restaurare la sua automobile in modo che corrisponda il più possibile al prodotto originale, sia in termini di dettagli sia per quanto riguarda alcuni pezzi di ricambio, nonché per tutto quanto concerne gli arredi interni e la verniciatura. Per certificare l'autenticità dell'oggetto, il collezionista partecipa spesso a concorsi in cui alcuni esperti giudicano il grado di autenticità del restauro o della ricostruzione, al fine di stabilire un prezzo.

L'autenticità si inscrive così nel vissuto individuale del consumatore con il suo prodotto. Per quanto riguarda il collezionista di MG B, il vissuto individuale è duplice: comprende il vissuto del restauro e il vissuto della guida; si con-

Segue

sidera generalmente autentico il vissuto del collezionista quando lui stesso ha partecipato al restauro del proprio veicolo, sacrificando il suo tempo e i suoi sforzi per rinnovarlo, mentre il vissuto è ritenuto inautentico quando il collezionista ha semplicemente delegato a un'officina le operazioni di restauro. Si considera inoltre autentico il vissuto del collezionista quando è lui stesso a guidare la sua vettura per portarla ai grandi raduni di appassionati, mentre è ritenuto inautentico il suo comportamento quando l'automobile è rimorchiata da un veicolo contemporaneo: i collezionisti che fanno rimorchiare le loro MG B sono stigmatizzati con il nomignolo di *trailers*.

Infine, l'autenticità è intrinseca anche nel vissuto collettivo intorno alle MG B. Il collezionista autentico è colui che svolge un ruolo nella comunità dei collezionisti di MG B, partecipa alla vita comunitaria fornendo consigli, aiutando altri collezionisti nel restauro, organizzando meeting ecc. Il collezionista è etichettato come tale anche in funzione della sua capacità di sviluppare la propria identità di membro della comunità MG B.

Barbarie e regressione

Un interessante corollario della nozione di tribù definita dal quadro di analisi postmoderna è che il tribalismo designa, in maniera peggiorativa, i comportamenti collettivi che si oppongono, nelle società tradizionali, alla formazione degli Stati moderni. Presuppone un rapporto fra parentela e organizzazione politica e quindi, più globalmente, fra legame di sangue, legame politico e legame sociale. La tribù e il tribalismo veicolano bene questa idea di ritorno a un'organizzazione sociale arcaica, caratteristica di uno stadio "barbarico" dell'evoluzione umana. Non è dunque semplicemente una unità sociale (la tribù) a emergere, ma è tutta una modalità di organizzazione sociale frammentata che procede di pari passo con il tribalismo, in cui l'ordine sociale è mantenuto senza che esista una potente autorità centrale. «Ciò non manca di fare paura, perché tutti noi eravamo abituati alla meccanica della società, che era stata messa in atto dall'inizio dei tempi moderni. Tale paura suscita il catastrofismo ambientale, e vede nel tribalismo il ritorno della barbarie» (Maffesoli, 2000a, p. XIX).

Ma si scopre anche questo: il male che si era cercato di eliminare dalla società moderna è strutturalmente invalicabile. «Lo spettacolo dell'infelicità, i rituali "espiatori", i pianti collettivi che si credevano scomparsi da tempo, e che tornano in forze nei media, possono anche essere compresi come il ritorno del rimosso, di un male insopprimibile, di una violenza essenziale e connaturata all'uomo, di fantasmi sempre presenti; bisogna piangere insieme, davanti alla morte di Lady D o a un incidente (il Concorde, il tunnel del Monte Bianco...). Per piangere, però, bisogna saper piangere. Così possiamo comprendere il successo di tutti i programmi di reality in televisione» (Maffesoli, 2002, p. 179).

La "barbarie" nel quotidiano sembra tradursi in comportamenti contraddittori e poco ragionevoli (nel senso moderno del termine): marcatura del corpo come territorio di espressione individuale e collettiva, piacere immediato, regressione psicologica (infantilizzazione) e sociale (nostalgia generalizzata).

Marcatura del corpo. La marcatura del corpo e la violenza che l'accompagna (dolore reale o simbolico), particolarmente attraverso il tatuaggio, il piercing e gli impianti (i corni, per esempio), sono emblematici di questo ritorno alla barbarie. Questo tipo di pratiche, fino a poco tempo fa limitate alle cosiddette "tribù primitive" (con le relative scarificazioni) o alle "persone della malavita" (simboleggiante il residuo di violenza ancestrale in seno al nostro mondo, ma in via di sparizione, come si immaginava), si sta propagando di nuovo, al punto da coinvolgere la maggior parte delle nuove generazioni. Questo tipo di regresso mette in luce una riappropriazione del corpo, non più affidato solo a infermieri e medici, ma riconquistato dall'individuo stesso, che ne fa un vero terreno di gioco/terreno dell'io – e da qui viene l'idea, più generale, che le esperienze di consumo sono prima di tutto esperienze incarnate. Come spiega Maffesoli (2002), il ritorno della naturalità in forme addolcite o esacerbate segnala il riaffiorare dell'animale nell'umano (una specie di celebrazione animalistica). Il tatuaggio, il piercing e altre operazioni sul corpo lo testimoniano.

Piacere immediato. Parallelamente al lavoro sul corpo, sembra svilupparsi una ricerca del piacere immediato nel quotidiano (emblematica è, in questo senso, la comunicazione dei gelati Magnum, tutta basata sui vizi, le tentazioni e il piacere sensuale). Se tale piacere passa per un'eccitazione dei cinque sensi – rafforzata e intensificata dal marketing sensoriale – passa ugualmente per microstimolazioni di ogni sorta che aprono le porte di mondi immaginari e incantatori (pensiamo tanto all'infatuazione collettiva per la New Age e le sue molteplici declinazioni, quanto alla possibilità di trovare, anche ai magazzini Wal-Mart, negli Stati Uniti, settori dedicati a linee di prodotti cosmetici dagli utilizzi e dal packaging particolarmente eloquenti). Il piacere *hic et nunc* (presentismo) ha quindi la meglio sulla promessa ipotetica di un futuro radioso (determinismo).

Regressione psicologica e sociale. La barbarie come ritorno a uno stadio premoderno dell'umanità si ritrova in tutti i movimenti di reinvestimento della storia, sia collettiva sia personale. Dalla moda rétro alle ricerche di autenticità, dal ritorno del religioso alla riscoperta delle culture nazionali o regionali – variabili che dipendono dai Paesi e dalle culture stesse –, il cambiamento di prospettiva è evidente da qualunque punto lo si guardi: l'attrattiva del passato e della vicinanza (fisica o culturale) sembra prevalere sempre più sul fascino di un futuro fastoso su un pianeta globalmente interconnesso. È la vertigine del passato in assenza di futuro prevedibile. Ciò si traduce in una ricerca di riferimenti nel quotidiano, una gerarchia di gusti e valori che si spostano dal futuro e dall'altrove verso il passato e il domestico. Mentre i riferimenti moderni erano tratti principalmente dall'esotico (l'altrove) e dal futuribile (il nuovo), la società attuale sarebbe più proiettata verso l'endotico (il "qui") e il nostalgico (il perduto o ciò che si sta perdendo). In maniera correlata, non c'è più alcuna vergogna nel "crogiolarsi" nel proprio passato, a regredire fino ai primi anni di vita, come quella parigina plurilaureata che, dopo una giornata di intenso lavoro nell'ufficio di uno studio di consulenza internazionale, rivendica il regressivo piacere di consumare prodotti Hello Kitty (usando perfino un vibromassaggiatore) e di correre a esaltarsi nel grande magazzino Walt Disney Store.

Ugualmente, il successo del sito inglese Friends Reunited ci ricorda che la prima preoccupazione di un numero crescente di nostri contemporanei è ritrovare "i loro vecchi compagni di scuola". Si comprende in tal modo come mai tante imprese puntino la loro differenziazione sul nostalgico e l'infantile, nonché sul giovanilismo, che rafforza la regressività dei target pubblicitari degli adulti (come i grandi magazzini Claire's Accessories, che puntano contemporaneamente sulla fascia dei 15-18enni e sugli ultra 45enni).

Interpassività e potere infinito

L'interpassività

L'interpassività è un concetto utilizzato da Zizek (2004) per analizzate un fenomeno piuttosto stupefacente nella vita contemporanea. Tale concetto di interpassività si oppone a quello, dominante nella nostra epoca e nel mondo virtuale, di interattività. L'interpassività può essere definita come uno stato dell'individuo passivo attraverso l'Altro; ovvero l'individuo cede all'Altro (persona oppure oggetto) la dimensione passiva del proprio essere rimanendo attivamente coinvolto, un po' come in quei riti espiatori in cui le prefiche professioniste si sciolgono in pianti e lamentazioni al posto della famiglia del defunto, che prosegue nelle sue attività quotidiane. Ma interattività e interpassività sono indissolubili, come nell'assioma ontologico della soggettività lacaniana: più sono attivo, più devo essere in altro modo passivo, cioè più diventa necessario che vi sia un Altro passivo al mio posto, a mio nome.

Spingendoci più lontano, possiamo definire l'interpassività come una formazione di difesa primordiale dell'individuo contemporaneo contro il piacere: «Attraverso di essa, riporto il piacere sull'Altro, che lo sopporta passivamente (ridendo, soffrendo, godendo...) al mio posto» (Zizek, 2004, p. 39). La nozione di piacere è dunque centrale nella costruzione del concetto di interpassività. Quest'ultima solleva, in effetti, il soggetto postmoderno dal «mostruoso dovere quotidiano di provare piacere». «Sono passivo attraverso l'altro, ossia cedo all'altro la dimensione passiva del mio essere (il piacere), restando attivamente coinvolto in altro modo: posso continuare a lavorare anche la sera, mentre il videoregistratore gode passivamente per me» (Zizek, 2004, p. 38). Ma il fatto che un oggetto ci sollevi dal bisogno di provare piacere non fa sì che si venga privati dal proprio piacere stesso? No, perché essere esonerati dal provare piacere comporta una dimensione liberatoria dall'imperativo di piacere, propria del Super Io, che porta al piacere stesso.

Potere infinito

Oggi si può notare uno scarto crescente fra il potere potenziale degli oggetti che i consumatori acquistano e quello di cui fanno veramente uso che si esplica attraverso l'interpassività. Si pensi, per esempio, ai 4×4 e altri megahardware caricati su computer le cui capacità sono sempre ben lontane dall'essere utilizzate; ma il caso più significativo è quello dell'iPod, «il cui fenomenale successo commerciale consiste precisamente nel fatto che esso offre molto di più rispetto a quanto una persona potrebbe mai utilizzare. L'attrattiva consiste nel legame fra potere materiale e il suo potenziale intrinseco... se l'iPod è potente, ma il suo utilizzatore non sa padroneggiarne la potenza, l'attrattiva diventa ancora più forte, come diceva senza alcuna vergogna il venditore che mi ha rifilato l'iPod: "non ha limiti". L'ho comprato» (Sennett, 2006, p. 126).

Rimarchiamo qui che l'iPod presenta tutti i tratti di un piccolo oggetto molto semplice a cui non si potrebbero attribuire facilmente simili infinite capacità; è proprio in questo che consiste la caratteristica più interessante del consumo postmoderno. Non si tratta di cercare un oggetto che presenti un'abbondanza di funzionalità apparenti sotto forma di pulsanti, tasti e altri elementi, quali i telecomandi di certi apparecchi video, cioè un oggetto che esibisca con ostentazione la propria tecnologia. Si tratta invece di scegliere un oggetto semplice che presenti una funzione quasi unica al primo colpo d'occhio, ma il cui uso potrebbe differenziarsi all'infinito.

La potenza infinita e inutilizzata dell'iPod permette di controbilanciare l'interattività di cui dà prova il consumatore con questo oggetto grazie a una dose equivalente di interpassività. È passivo (perché in gran parte non utilizzato) al posto del consumatore e in suo nome perché gli appartiene. Ma l'attrattiva dell'iPod consiste anche nella sua capacità di scaricare l'individuo postmoderno dell'imperativo di piacere. Come può farlo? Grazie al suo potere infinito e inutilizzato: "Non ho più bisogno di essere potente perché possiedo una macchina che lo è per me e che gode dunque al mio posto".

Il piacere del consumatore nelle nostre società postmoderne sembra dunque nutrirsi dello scarto identificato tra potere dell'oggetto e possibilità/capacità dell'individuo. Non è la profusione immediata che porta al piacere, ma la progressione all'infinito, sapendo che, per definizione, questo infinito non potrà essere utilizzato. Il piacere non consiste nell'uso ma nella sicura coscienza dell'incompletezza dell'uso stesso (*box 1.4*).

Box 1.4 **Potere e sicurezza**

Il consumo reincantato è il risvolto ottimistico e gioioso dei consumi contemporanei. Non può esplicarsi che mediante una preventiva assoluzione dei bisogni di sicurezza: il "tacito supporto di sicurezza" che rinvia alla dimensione pessimista e angosciata dei consumi. Così, secondo Bauman (2007), sarebbe lo sfruttamento commerciale dell'insicurezza e della paura che ci spingerebbe a cercare un potere infinito e inattivato negli oggetti. Le vendite dei SUV, mostri americani golosi di carburante che rappresentano già il 45 per cento del totale delle vendite di automobili statunitensi, si spiegherebbe così con il bisogno di rendere solido il supporto della vita quotidiana del consumatore.

In quelle "capsule difensive" che sono i SUV tutto è fuori misura, perché le paure e le ansie sono smisurate. Il loro potere inutilizzato non serve a niente, se non a far abbassare il nostro livello di paura esistenziale «di fronte agli innumerevoli pericoli che l'opacità del mondo e l'incertezza del futuro sembrano pronti a riservarci [...] quelli fra di noi che ne possiedono i mezzi, si rafforzano contro tutti i pericoli visibili e invisibili, presenti o futuri, familiari o ancora sconosciuti, diffusi ma onnipresenti, chiudendosi dietro dei muri, disseminando di videocamere i dintorni delle loro abitazioni, circondandosi di guardie giurate e armate, guidando veicoli blindati (come i famosi 4×4), portando addirittura indumenti rinforzati (come le "calzature a suole pesanti"), o seguendo corsi di arti marziali» (Bauman, 2007, p. 21).

La sicurezza è diventata il tema numero uno delle nostre ansie. Non si parla forse di "delirio della sicurezza" parlando dell'angoscia che alcuni provano di fronte alla recrudescenza immaginaria o reale della delinquenza, della droga ecc.? La sicurezza, o piuttosto l'insicurezza, costituisce una costruzione sociale ipermoderna, e la domanda dei consumatori che l'accompagna cresce allo stesso ritmo di tale costruzione. Sembra anche che la violenza conseguente a tutto il movimento di liberazione moderno si tramuti oggi in violenza contro il delirio di liberazione totale da tutto e da tutti, che accompagna una globalizzazione senza freni e senza pilota. Per Baudrillard (1997, p. 110), essi «allevano nuove forme di violenza, o meglio di virulenza anonima, anomala – veemenza reattiva, reaziona-

Segue

le, contro il movimento dominante di una società, contro tutto il sistema dominante – che non è più una violenza storica di liberazione, ma una violenza venuta dai confini di un destino sacrificato, dai confini di un ordine simbolico sacrificato, dai confini del crimine perfetto, cioè dall'integrazione totale (l'integralismo del sistema), e anche dagli aspetti democratici del sistema stesso (la liberazione forzata, l'interattività forzata in tutte le sue forme), cioè l'assenza di destino. Questo nuovo tipo di violenza non si erge più contro l'assenza di libertà e di oppressione ma contro l'assenza di destino e la leucemia democratica di tutte le sue cellule». Sembrano dunque essere la liberazione da tutto e lo sradicamento degli individui a provocare la violenza che, a sua volta, suscita il bisogno di sicurezza e attraverso questo accresce il senso di sradicamento.

Questa crescente domanda di sicurezza arriva così a mettere un freno ai movimenti di reincanto dei consumi, che, unendo autenticità, tribalismo e *powershift*, non offrono una risposta alla paura. È qui che interviene il potere come garanzia di sicurezza.

Creatività e interpassività

Per interessante che sia l'esplicazione interpassiva della ricerca di potere infinito del consumatore, essa pare comunque opporsi al precedente discorso sulla *powershift*, che, in prospettiva interattiva, considera l'individuo contemporaneo come un essere creativo che movimenta in questo senso le capacità degli oggetti. Maffesoli (2007) nota così «il ritorno della passione di creare» nella socialità postmoderna: creazioni quotidiane che mettono in gioco tutti quei parametri umani che sono il ludico, l'onirico, l'immaginario collettivo, e si applicano tanto ai prodotti e ai servizi quanto alle esperienze vissute. In tale prospettiva interattiva, il consumatore contemporaneo va ben oltre il semplice sfruttamento delle potenzialità degli oggetti. Mediante lo scambio di esperienze vissute crea in rete un contenuto – il celebre *user generated content* – e la partecipazione alla creazione di tale contenuto è un atto che gli dà l'impressione di vivere più intensamente. Il consumatore contemporaneo utilizza i consumi e gli oggetti come terreno su cui esercitare la propria creatività nello stesso modo in cui l'impiegato utilizzava un tempo il lavoro come palestra di espressione della propria abilità; ricordiamo, per esempio, ciò che alcuni consumatori hanno inventato, all'inizio del 2006, mischiando Diet Coke e Mentos. Hanno invaso Internet con dei video che mostravano un'esperienza inedita: inserire pastiglie Mentos nelle bottiglie di Diet Coke provocando così, istantaneamente, una sorta di geyser che poteva arrivare a cinque metri di altezza. Gli stessi consumatori creano la loro personale playlist di musiche preferite sugli iPod per scambiarle poi con altri consumatori sul sito iMix o durante le loro iPod Battles.

Come si può far coesistere questa dimensione creativa con la ricerca di potere infinito non attivato? Riaffermando l'assioma ontologico della soggettività lacaniana: più sono attivo, più devo essere in altro modo passivo. L'iPod è emblematico rispetto a questa indissolubile combinazione: permette contemporaneamente l'appropriazione del quotidiano mediante la creazione e il piacevolissimo esonero dal dovere giornaliero, attraverso la non-attivazione del potere infinito delle sue capacità: in più, questo tipo di oggetto alimenta la sua dimensione interpassiva mediante la sua dimensione interattiva. Così, su YouTube, 65.000 nuovi video vengono spediti quotidianamente da parte dei consumatori più creativi, e questo rende quotidianamente sempre più sterminate le capacità di tale sito e il suo utilizzo completo, già molto improbabile.

In una lettura d'insieme del consumo postmoderno, detto "reincantato", sembra difficile sostenere la perenne validità degli approcci convenzionali al marketing. Il marketing, infatti, nato negli anni della modernità trionfante (anni Cinquanta), non sembra più riconoscere i suoi consumatori, figli della postmodernità, e questi ultimi, di conseguenza, non sembrano più dare molto credito agli approcci convenzionali del marketing.

2. Il percorso evolutivo del marketing

Società postmoderna. Marketing postmoderno?

In un contesto sociale postmoderno e di consumo reincantato come quello descritto nel primo capitolo di questo libro, il sistema impresa sta incontrando sempre più difficoltà nell'attirare l'attenzione dei consumatori e conquistarne la stima. I mercati sono sempre più iperframmentati e i consumatori sempre più disinteressati e scettici nei confronti della comunicazione delle imprese. Tali motivi stanno portando sempre più imprese, agenzie di comunicazione e istituti di ricerca di mercato a ridefinire "creativamente" i propri metodi, allontanandosi dagli schemi rigidi del marketing di massa. «Se è vero che le società attuali stanno affrontando una evoluzione profonda delle strutture tipiche della società moderna, allora anche il marketing, come e forse più di tutte le scienze sociali, ha bisogno di ridisegnare i propri metodi e le proprie categorie interpretative» (Di Nallo, 1998).

La crisi che il marketing ha attraversato nell'ultimo ventennio si è dunque generata in primo luogo a partire dalle fratture provocate dal fallimento del progetto illuminista della modernità. Si constata soltanto oggi che il mito del progresso sociale continuo, attraverso il processo di liberazione individuale, ha fatto silenziosamente naufragio nel corso degli anni Ottanta con la conseguenza che il marketing si è trovato improvvisamente con strumenti metodologici e modelli analitici del tutto obsoleti e inadeguati a decodificare la nuova realtà postmoderna.

Quella che è stata definita la "mid-life crisis of marketing" ha fatto crollare tutte le sicurezze che i *marketer* si erano costruiti fino agli anni Ottanta, dando vita a centinaia di panacee di marketing, facendo sentire chiunque in diritto di dare la propria definizione di marketing e aspirare così a divenire il "nuovo Kotler". Tutto questo ha avuto il solo effetto di spingere il consumatore a una insofferenza nei confronti del marketing stesso.

Ma, come tutte le crisi che si rispettino, il fallimento della modernità, oltre ad aver prodotto ripercussioni traumatiche sulle pratiche di marketing, ha anche aperto, con il passaggio alla postmodernità, significative opportunità di crescita e di miglioramento. La caduta delle grandi ideologie, o "metanarrazioni", sta consentendo al marketing aziendale di diventare la nuova grande narrazione, «il nuovo grande racconto, la nuova ideologia di riferimento delle società odierne» (Codeluppi, 2001b).

Tutta la storia del marketing può essere letta come il suo graduale distaccarsi dalla specificità dei compartimenti aziendali a favore di un progressivo inserimento nei fenomeni culturali e nelle dinamiche della struttura sociale. Così, mentre alcuni autori propongono di riformare il marketing eliminando il suffisso "ing" e concentrarsi sul "market", altri autori – quelli che questo lavoro prende in considerazione – arrivano a concludere il contrario, e cioè che bisogna conservare il suffisso "ing" e sbarazzarsi della parola "market", poiché le sue logiche d'azione non vedono più il mercato come aspetto focale. Tali autori propongono il termine *societing* (Badot, Bucci e Cova, 2007).

Per riuscire a comprendere pienamente questo passaggio è necessario ripercorrere le tappe fondamentali del percorso evolutivo del marketing stesso: dall'orientamento alla produzione all'orientamento alla vendita e poi al mercato, passando per gli "anni gloriosi" in cui il marketing divenne importante fattore di modernizzazione per giungere fino alla "mid-life crisis" degli anni Ottanta e all'esplosione delle panacee di marketing; quindi cercheremo di fare un passo decisivo verso la nuova prospettiva offerta dal marketing non-convenzionale e dal *societing*.

L'evoluzione del ruolo del marketing nell'impresa

Individuare una data di nascita del marketing non è semplice. Se si accetta il parere di Philip Kotler (2004), per il quale «il marketing ha le sue origini nel fatto che gli uomini hanno bisogni e desideri», si finisce per individuare le origini del marketing nella preistoria. Ma anche se molte esperienze riconducibili al marketing sono riscontrabili nei secoli passati, il marketing come pratica autonoma nasce negli USA nei primi del Novecento come «strumento di regolazione dei rapporti tra imprese e mercato, quando il forte sviluppo economico cominciò a porre dei problemi alle imprese riguardo alla produzione e, soprattutto, alla distribuzione dei beni; e come disciplina pochi anni più tardi, quando iniziò cioè l'attenzione alla concettualizzazione del marketing» (Dall'Ara, 2002).

Ogni buon manuale accademico è solito periodizzare l'evoluzione del marketing articolandola in una serie di fasi caratterizzate dalla diversa importanza che, di volta in volta, hanno assunto le congiunture economiche, tecnologiche, sociali e culturali del momento nel determinare gli approcci operativi. Uno dei modelli più diffusi tra corsi accademici e manuali introduttivi alla disciplina, e quindi di indubbia attendibilità, è quello che distingue quattro fasi di evoluzione del marketing nell'impresa[1].

La fase dell'orientamento alla produzione viene individuata generalmente nel periodo 1920-30, in cui il mercato è caratterizzato da una predominanza della domanda sull'offerta dovuta al fatto che il cliente ha bisogno praticamente di tutto. Le decisioni relative agli attributi e alla varietà dei prodotti sono pesantemente influenzate da considerazioni di ordine produttivo. È infatti la tecnologia che, avendo come obiettivo la riduzione dei costi e l'aumento dei volumi, condiziona significativamente le caratteristiche dell'offerta. In questa fase il marketing viene, a ragione, definito passivo.

Il periodo successivo, dagli anni Trenta agli anni Cinquanta, si caratterizza per l'orientamento alle vendite. Le prime saturazioni del

---

[1] Si può leggere, al riguardo, Lambin (2000).

mercato indeboliscono la domanda, che si ritrova inferiore all'offerta, in particolare dopo la crisi del '29; ciò rende il ruolo delle vendite critico e fondamentale. Come spesso accade in situazioni di offerta eccedente la domanda, si finisce per considerare come variabile decisiva la scelta del consumatore. In particolare, in questo periodo si è propensi a ritenere che il consumatore possa essere indotto ad acquistare un prodotto dall'azione di stimolo e di persuasione esercitata dall'organizzazione di vendita. È il periodo in cui si affermano le attività pubblicitarie e promozionali, con la convinzione che esse possano persuadere e dirigere il consumatore. Il marketing si trasforma pian piano in un sistema meno passivo e più operativo volto alla ricerca di sbocchi commerciali per i prodotti; ciò che si propone è l'organizzazione dell'insieme dei compiti relativi all'organizzazione commerciale.

Nel momento in cui la crescita rallenta e il mercato si segmenta in gruppi, l'innovazione accelera e la conoscenza aumenta, per l'impresa è necessario spostare il suo campo di orientamento al mercato. L'obiettivo principale dell'analisi diviene quello di identificare nuovi segmenti dei quali conoscere anticipatamente i bisogni in modo da adeguarvi l'offerta con una produzione di massa.

Tutte queste condizioni iniziano a verificarsi a partire dagli anni Cinquanta, quando fanno la loro comparsa prodotti più specifici volti a soddisfare i bisogni di gruppi distinti di clienti. La frammentazione del mercato orienta le imprese a spostare il proprio campo di analisi sulla segmentazione dei mercati e conseguentemente sullo studio accurato orientato della figura del cliente. Nell'ottica dell'orientamento al cliente, l'obiettivo del marketing non è più quello di vendere ma quello di aiutare il cliente ad acquistare, e l'attività di vendita si basa essenzialmente sui bisogni del cliente. Sul piano dell'organizzazione di un'impresa orientata al "marketing operativo" o strategico, il mutamento fondamentale si manifesta a livello delle decisioni di prodotto che sono sotto la responsabilità della funzione marketing attraverso la figura di coordinamento del product manager. In concreto, questo significa che il marketing strategico orienta la politica del prodotto e decide riguardo alla redditività economica dello stesso.

L'ultima evoluzione del marketing tradizionale dovuta ai continui cambiamenti dell'ambiente di riferimento è il *market-driven management*. Questo tipo di orientamento al mercato comporta che tutte le funzioni dell'impresa tengano conto del cosiddetto ambiente, cioè di tutti gli attori del mercato che influenzano direttamente o indirettamente la decisione d'acquisto del cliente e dunque partecipano al mercato in senso ampio. Il principio alla base di questo approccio è il coordinamento interfunzionale; i vari settori e le varie funzioni dell'impresa, infatti, hanno diversi clienti, che, essendo diversi dai clienti diretti dell'impresa, possono ingenerare conflitti d'interesse o scelte controverse per le varie parti. Gli strumenti per coordinare le varie funzioni e orientarle al mercato sono la diffusione sia formale sia informale delle informazioni di mercato, la presa delle decisioni per gruppi interfunzionali, il coordinamento delle attività e i contatti regolari con i clienti, a ogni livello; tra l'altro, questi strumenti costituiscono anche gli indici di misurazione di orientamento al mercato. Con l'avanzamento dell'orientamento al mercato si mettono così in discussione due elementi del marketing tradizionale: l'organizzazione per responsabile di prodotto o di marca e il ruolo del marketing visto come funzione separata.

La "mid-life crisis of marketing" e l'esplosione di panacee di marketing

La parte interessante della storia del marketing inizia nel 1985 con un episodio significativo quanto negativo. Fino a quel punto il marketing era su una strada fantastica e si avviava a diventare, come già accennato, la funzione fondamentale in azienda.

Philip Kotler e Sidney J. Levy (1969) affermavano che il marketing poteva diventare una disciplina per ogni tipo di problema – commerciale, aziendale, religioso, politico, perfino personale –, in quanto il marketing poteva essere utilizzato anche per promuovere se stessi. Ed esisteva tutto un sistema di marketing, che ancora si studia nelle *business school*, fondato sulla ricerca accurata e approfondita tesa a comprendere i bisogni del consumatore e offrirgli il prodotto che più desiderava. Questo era il marketing vincente degli anni Settanta-Ottanta, che proseguì tranquillo per la sua strada fino al

1985, quando The Coca-Cola Company scrisse una delle pagine più nere nella carriera della bibita che ha vestito Santa Claus di rosso, che illustriamo nel *box 2.1.*

Box 2.1 **L'inizio della mid-life crisis of marketing: il caso New Coke**

Quello della Coca-Cola è stato per decenni il marchio più famoso del pianeta.

Conosciuta a livello di brevetti con il nome di Merchandise 7X, la Coca-Cola fu inventata nel 1885 dal farmacista John Pemberton e nel corso degli anni si è mantenuta fedele alla formula originale. L'unico cambiamento si rese necessario nel 1903, quando la bevanda pubblicizzata come "energetica e antifatica" fu costretta, per ovvi motivi, a sostituire l'estratto di foglie di coca con la caffeina.

Dominatrice assoluta del mercato nei primi anni Cinquanta, la Coca-Cola cominciò in seguito, pian piano ma inesorabilmente, a perdere posizione rispetto ai concorrenti, in particolare nei confronti della Pepsi, che a metà degli anni Settanta effettuò l'incredibile sorpasso. La più acerrima nemica della Coca non solo vendeva di più, ma soprattutto "piaceva" di più. Gli uomini in rosso iniziarono così a pensare a un cambiamento della formula originale.

Fu condotta perciò una delle più grandi ricerche di mercato della storia per comprendere cosa gli americani desideravano dalla Coca-Cola. Il progetto iniziò in gran segreto alla fine del 1983 e si concluse il 23 aprile 1985 quando, durante un'affollatissima conferenza stampa, venne presentata la New Coke, il cui gusto era stato reso più dolce, più aromatico, in una parola: più Pepsi.

La reazione dei consumatori, gli stessi che avevano risposto alla ricerca della compagnia, fu non solo negativa – "assomiglia a una Pepsi aperta da due giorni" fu il commento più gentile – ma anche isterica, visto che le ultime bottiglie della "vecchia" Coca divennero oggetto di violente dispute. Incurante del responso negativo, la società decise di andare avanti per la nuova strada, affermando che i suoi test dimostravano inequivocabilmente che i consumatori preferivano la "nuova" Coca.

Ma 79 giorni più tardi la rete televisiva ABC interruppe la trasmissione di *General Hospital* per annunciare la notizia del ritorno alla vecchia formula 7X. Immessa sul mercato con il nome di "Classic Coke", la storica bevanda fece subito registrare incredibili record di vendite e riportò il marchio al vertice, tanto da far venire il dubbio che tutta la faccenda non fosse stata altro che un'abile mossa di marketing. Come però disse uno dei dirigenti: «Il fallimento della New Coke una mossa pubblicitaria? Non siamo così furbi, ma neanche così stupidi».

Fonte: adattamento da www.dispenser.rai.it

L'episodio della New Coke ha segnato l'inizio della "mid-life crisis of marketing" e fatto crollare tutte le sicurezze che i marketer si erano costruiti con fatica e duro lavoro fino agli anni Ottanta.

Il grande flop commerciale della multinazionale a stelle e strisce ha evidenziato in maniera inequivocabile che il marketing aveva bisogno di ridefinirsi. Questo ha dato il via a una vera e propria esplosione di panacee di marketing spingendo ognuno a tentare di dare la propria definizione di marketing aspirando a divenire il "nuovo Kotler".

Una panoramica delle panacee del marketing

Negli ultimi vent'anni, quindi, all'interno della comunità scientifica del marketing si è generato un energico dibattito circa un possibile cambiamento di paradigma nell'ambito del quale la stragrande maggioranza degli autori che utilizzano un approccio relativamente *top-down* contestano le ragioni di un'evoluzione da una prospettiva all'altra. Questi autori individuano e argomentano un cambiamento di paradigma e i suoi conseguenti risvolti nello sviluppare determinate posizioni, facendo riferimento alla teoria e alla pratica del marketing, a volte descrivendone in dettaglio i modelli, le metodologie e gli strumenti.

Al fine di riconcepire/ripensare la nostra disciplina, e di rivisitare alcuni dei suoi principali paradigmi – quali, per esempio, il modello 4P – sono stati introdotti nuovi concetti e nuove linee guida. Alcuni dei cambiamenti riguardano concetti "nuovi", quali la relazione, l'esperienza e il valore. Ci proponiamo qui di alimentare questo dibattito adottando un approccio opposto, di tipo *bottom-up*, che, partendo dalla produzione delle "panacee del marketing" e degli approcci alternativi con cui i manager hanno a che fare, tenti di ricostruire gli svariati pilastri strutturali della moltitudine di panacee ed evidenziare, in ultima analisi, i maggiori cambiamenti derivanti da un mutamento di prospettiva. Questo approccio sembra più adatto a rendere conto di quella frammentazione del marketing, del suo pensiero, dei suoi oggetti di ricerca, comprese le implicazioni manageriali, che sono caratteristici di questa quarta era del marketing in cui ci siamo imbattuti a partire dagli anni Ottanta. Come messo in evidenza da Stephen Brown (1995), le panacee del marketing formano una vasta letteratura pratica intesa a fornire ai manager delle «soluzioni ai malanni del marketing».

Nel corso degli ultimi anni «il discorso su un "new marketing" ha raccolto considerevole interesse» (Palmer e Ponsonby, 2002) e numerosi autori si sono fatti avanti per annunciare la nascita di una nuova redenzione del marketing basata su un particolare punto di vista. A prescindere dal fatto che alcuni abbiano utilizzato il suffisso inglese *new* dove altri hanno preferito quello di origine greca *neo*, tutti hanno in comune il punto di partenza: la sfida al marketing tradizionale di stampo kotleriano dato ormai in crisi, se non addirittura per morto, non per proprie disfunzioni (fino ad allora, infatti, aveva funzionato egregiamente), ma perché non adatto alla società e al consumatore postmoderni.

Sono stati intrapresi alcuni lavori tesi a conteggiare e categorizzare queste nuove panacee del marketing, ma in maniera limitata e indirizzate verso una sola prospettiva paradigmatica. Brown (1993), per esempio, ha scelto otto panacee del marketing unite, a suo parere, dall'interesse per il postmodernismo. Morris, Schindehutte e LaForge (2002) hanno invece analizzato tredici panacee del marketing per determinare le loro comuni caratteristiche imprenditoriali: efficienza nelle spese di marketing attraverso l'approvvigionamento di risorse, approcci creativi e alternativi per la gestione di variabili di marketing e una capacità di produrre cambiamenti nell'ambiente. In entrambi i casi, le panacee del marketing scelte sono state accuratamente selezionate per promuovere la ri-concettualizzazione *a priori* da parte degli autori.

Al contrario, il nostro approccio è concepito in modo opposto al lavoro deduttivo dei precedenti autori. Utilizzando un processo induttivo, si sono esaminate le panacee di marketing esistenti maggiormente rappresentative al fine di individuarne le caratteristiche comuni e suddividerle in vari raggruppamenti. Per consentire la necessaria generalizzazione, si è effettuato un filtraggio delle panacee andando a considerare solo quelle trasversali ai vari settori e segmenti, escludendo quindi panacee relative a specifici settori, a tipi di offerte, a segmenti specifici, mercati geografici, o a specifiche organizzazioni raggruppate in funzione della dimensione. Inoltre, si sono prese in considerazione solo le panacee che includono nel nome la parola "marketing", eliminando così deliberatamente una vasta gamma di panacee B2B che si sono sviluppate e che per descrivere il loro ambito di pertinenza non utilizzano il termine "marketing" ma piuttosto termini come "selling" o "management".

Malgrado queste esclusioni, abbiamo tuttavia individuato ben oltre settanta panacee proposte da pubblicazioni, articoli, o siti web (*tabella 2.1*).

Tabella 2.1 **Elenco delle panacee di marketing 1985-2005**

Anti-marketing	Geo-marketing	Retro-marketing
Authenticity marketing	Grass roots marketing	Reverse marketing
Buzz marketing	Green marketing	Scarcity marketing
Cause related marketing	Guerrilla marketing	Sensory marketing
Chrono-marketing	Holistic marketing	Situational marketing
Co-marketing	Interactive marketing	Slow marketing
Community marketing	Knowledge marketing	Social marketing
Convergence marketing	Life event marketing	Societal marketing
Contextual marketing	Loyalty marketing	Solution marketing
Counter marketing	Macro marketing	Stakeholder marketing
Creative marketing	Maxi marketing	Stealth marketing
Cult marketing	Mega marketing	Street marketing
Customer centric marketing	Micromarketing	Sustainable marketing
Database marketing	Multilevel marketing	Symbiotic marketing
Eco-marketing	Multi-sensory marketing	Time based marketing
Emotion marketing	Network marketing	Total relationship marketing
Empowerment marketing	Neural marketing	Trade marketing
Environmental marketing	Niche marketing	Trend marketing
Ethnic marketing	Non business marketing	Tribal marketing
Ethno-marketing	Nostalgia marketing	Turbo marketing
Entrepreneurial marketing	Olfactory marketing	Undercover marketing
Event marketing	One-to-one marketing	Value marketing
Expeditionary marketing	Permission marketing	Viral marketing
Experience marketing	Radical marketing	Yield marketing
Exponential marketing	Real time marketing	
Family marketing	Relationship marketing	

Fonte: Badot, Bucci e Cova (2007).

Leggendo questo lungo elenco di panacee anche un addetto ai lavori potrebbe inizialmente restare colpito dagli strani accoppiamenti che esse propongono; si può quindi comprendere la confusione del profano del marketing nella ricerca di un valido e attuale approccio che sostituisca o implementi il marketing kotleriano tradizionale. A questo punto si delinea uno scenario, visto come un novero di panacee mutevoli e dai confini non ben definiti, nel quale tutti proclamano il "nuovo marketing" enfatizzando un "nuovo paradigma" dello stesso.

Un tentativo di sistematizzazione delle panacee di marketing

Nel tentativo di ridurre la confusione, abbiamo tentato di interpretare – da specialisti, piuttosto che da profani – questo gruppo di panacee sistematizzandole in categorie individuate in base alle logiche sottostanti. Ogni panacea è stata inizialmente analizzata con riferimento a varie caratteristiche: storia e ragion d'essere della panacea secondo i suoi autori, concetti principali, processi e/o strumenti principali, prerequisiti di implementazione, tipo di strategia di offerta, tipo di strategia di relazione, punti di forza e di debolezza. Successivamente, in maniera induttiva, si è cercato di mettere in rilievo la classe di logiche sottostanti più pertinenti nel categorizzare tutte le panacee.

Dopo aver tentato un vasto numero di approcci tra le panacee e i test di categorizzazione, ci è sembrato che il sistema più rigoroso di organizzare le panacee fosse di considerare il modo in cui i loro autori vedono o non vedono l'oggetto sostanziale del marketing: *il mercato*. Il marketing, infatti, a partire già dalla sua etimologia, si fonda sul mercato e, più precisamente, sulle sue azioni sul mercato. Il marketing kotleriano non sfugge a questo stato di cose: il primo concetto chiave del marketing, come descritto nel testo *Marketing Management*, è il mercato, più precisamente il suo *target* di mercato, cioè i segmenti sui quali l'impresa andrà ad agire. In larga misura, la maggior parte delle panacee di marketing cerca di operare una distinzione rispetto alla visione kotleriana del mercato come gruppo di segmenti, per poggiare su prospettive alternative del mercato che si collocano al di sopra o al di sotto di questa visione (*figura 2.1*).

Figura 2.1 **Prospettive alternative del mercato introdotte dalle panacee di marketing**

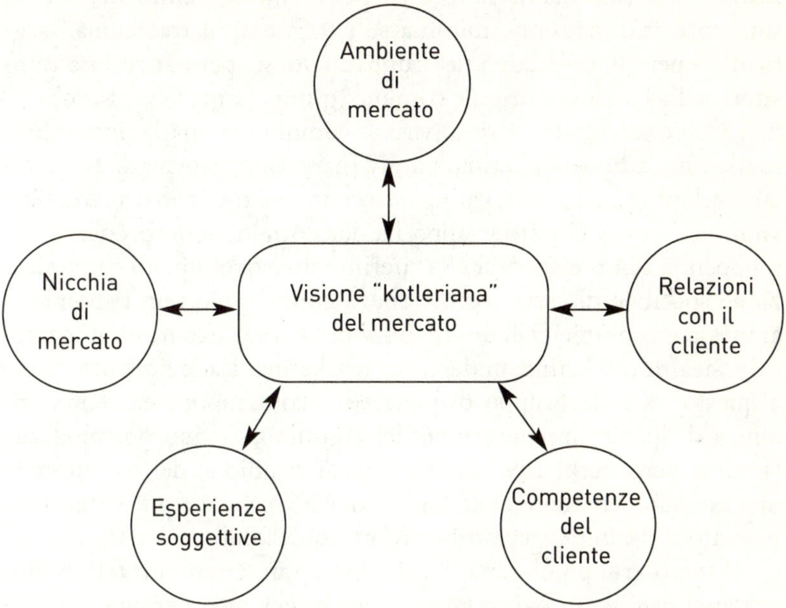

Fonte: Badot, Bucci e Cova (2007).

Il primo gruppo di panacee si differenzia dal marketing kotleriano in quanto fondato sul *market environment* (ambiente di mercato), per esempio sulle strutture culturali, naturali, politiche e sociali che circondano il mercato, nonché sugli attori esterni al mercato che agiscono su di esso: cause related marketing, eco-marketing, environmental marketing, green marketing, holistic marketing, macro marketing, maxi marketing, mega marketing, network marketing, non business marketing, social marketing, societal marketing, stakeholder marketing, sustainable marketing, symbiotic marketing, trend marketing. La logica mobilitata da questo primo gruppo di panacee è una logica di inclusione del mercato in un'unità più ampia che lo condiziona e lo rende possibile allo stesso tempo (Hadjikhani e Thilenius, 2005).

Un secondo gruppo di panacee si pone in maniera differente rispetto al marketing kotleriano in quanto adotta la prospettiva del *market niche* (nicchia di mercato) – per esempio, frammenti di consumatori di dimensione minima se paragonati ai tradizionali segmenti – per poi unificare i raggruppamenti, sia permanenti sia transitori, sulla base di un'origine comune (gruppo etnico, territorio) o di una passione comune (tribù, virus): community marketing, ethnic marketing, ethno-marketing, family marketing, geo-marketing, micromarketing, niche marketing, street marketing, tribal marketing, viral marketing. Questo gruppo ha dato origine a un peculiare sviluppo, non sempre etico, che fa riferimento a quel tipo di comunicazione specifico di certe nicchie che si considerano non rispondenti ai messaggi commerciali diretti: buzz marketing, exponential marketing, stealth marketing, undercover marketing. La logica sottostante a questo secondo gruppo di panacee è, contemporaneamente, una logica di iper-frammentazione del consumo, di tipo postmoderno (Firat e Venkatesh, 1995), ma anche di ri-unione del consumo, in una modalità ereditata dalle forme sociali arcaiche e preesistenti del mercato: comunità, terra, tribù (Maffesoli, 2000b).

Il terzo gruppo di panacee, che ha rappresentato un fattore dominante negli anni Novanta, ha spianato la strada per una ridefinizione del mercato tramite la creazione di *client relationship* (relazioni con il cliente), per esempio di relazioni tra l'impresa e i suoi clienti (diretti o indiretti) progettate per aumentare e riconoscere fedeltà all'impresa, al suo marchio, ai suoi prodotti e servizi: co-marketing, customer centric marketing, database marketing, interactive marketing, loyalty marketing, multilevel marketing, one-to-one marketing, relationship marketing, total relationship marketing, trade marketing. La logica di questo gruppo di panacee è di spostarsi da un mercato di massa (e segmenti) a una massa di mercati: ogni specifica relazione con il cliente configura, infatti, un mercato a sé stante.

Un quarto gruppo di panacee, impostesi fortemente a partire dall'inizio del 2000, riguarda le *subjective experiences* (esperienze soggettive) del cliente, ossia ciò di cui il cliente fa esperienza (emozioni, sensazioni) quando entra in contatto con le offerte provenienti dal mercato: cult marketing, emotion marketing, event marketing, experience marketing, life event marketing, multi-sensory marketing, neural marketing, olfactory marketing, sensory marketing, situational marketing. Oggi questo gruppo ha assunto un rilievo tale da poter pensare che esso abbia dato origine ai seguenti sottogruppi:

- panacee organizzate intorno alla dimensione temporale delle esperienze soggettive dei clienti: chrono-marketing, convergence marketing, contextual marketing, real time marketing, slow marketing, time based marketing, turbo marketing, yield marketing;
- panacee organizzate intorno all'autenticità dell'esperienze soggettive dei clienti: authenticity marketing, nostalgia marketing, retro-marketing, scarcity marketing.

La logica sottostante a questo quarto gruppo di panacee è di trasformare il singolo consumatore, il cui ruolo tradizionale è quello di acquirente e di distruttore di beni, in un attore attivo nella propria vita quotidiana che integra il consumo e il mercato (Arnould e Thompson, 2005).

Un quinto gruppo di panacee, per il momento il meno significativo, adotta come prospettiva le *competences of the customer* (competenze del cliente); nell'individuare gli elementi del mercato target, esso non si concentra né su una fetta di mercato, né sulla relazione con il cliente, né sulla sua esperienza, ma piuttosto sulle competenze del cliente come base per l'interazione, il dialogo e, soprattutto, il riequilibrio: anti-marketing, counter marketing, empowerment marketing, grass roots marketing, knowledge marketing, permission marketing, reverse marketing, solution marketing, value marketing. La logica implicita in questo gruppo di panacee riguarda una rottura del confine tra produttore e consumatore che, in questo modo, diventano co-creatori di soluzioni, significati e valori, sia per la vita del consumatore sia per l'attività dell'impresa (Prahalad e Ramaswamy, 2004).

Infine, un ristretto gruppo di panacee non riguarda una prospettiva del mercato in particolare, ma assume come punto di partenza l'impresa, le sue risorse e i suoi mezzi: creative marketing, entrepreneurial marketing, expeditionary marketing, guerrilla marketing, radical marketing.

L'effetto sui consumatori del moltiplicarsi delle panacee di marketing

Il principale risultato del proliferare delle panacee di marketing è stato quello di spingere il consumatore a una saturazione ancora più grande nei confronti del marketing stesso. «Più aumentano le panacee di marketing, più i consumatori si arrabbiano e diventano anti-marketing» (Johansson, 2004, p. 41). Gli uomini di marketing stanno sempre più invadendo con i loro messaggi gli spazi dei consumatori proprio nel momento in cui, grazie alle opportunità offerte dal Web 2.0, questi si sentono più padroni della loro vita. Un recente studio della società di ricerche di mercato Yankelovich Partners dimostra che il 60% dei consumatori ha un'opinione molto più negativa del marketing e della pubblicità rispetto a pochi anni fa, il 61% ha la percezione che la quantità odierna di marketing sia fuori controllo, mentre il 65% si sente costantemente bombardato da un eccesso di marketing e pubblicità. Verrebbe da dire che sarebbe il caso di smettere di fare marketing, ma ciò è una provocazione. Secondo J. Walker Smith, CEO di Yankelovich: «La resistenza al marketing non è un desiderio improvviso di smettere di comprare. I consumatori vogliono interagire con le marche. Sono intelligenti, tecnologicamente avanzati e con poco tempo a disposizione. Vogliono un marketing che mostri maggior rispetto e attenzione per il loro tempo. Finché non miglioreremo il nostro approccio con i consumatori, essi continueranno a resistere e a chiudersi ai messaggi pubblicitari delle aziende» (www.yankelovich.com, 26 aprile 2004).

«I nuovi anti-marketer non sono contro il libero mercato in sé [...] Gli anti-marketer di oggi, piuttosto, ritengono che il processo sia andato troppo lontano, che il sistema abbia raggiunto i suoi limiti e che il paradiso del consumatore si sia trasformato in una palude di commercialismo, consumo e materialismo. Per loro il marketing è uno dei maggiori colpevoli di ciò» (Johansson, 2004, p. 41). Non si tratta di un attacco al mercato quindi, bensì di un rifiuto del marketing e della pubblicità invadente; e questo rigetto è aggravato dal fatto che questi consumatori "anti-marketing" sono allenati alla resistenza dalla palestra offerta dal Web partecipativo. Il consumatore è oggi abituato a creare contenuti, a dialogare, a partecipare, non può più accettare che l'azienda lo consideri un semplice ricettore e tenti di imporre il proprio messaggio senza ascoltare la sua opinione in merito al prodotto o alla marca. Tutti i tipi di nuovi marketing, quindi, non sono validi quando partono dalle imprese: devono avere come base i consumatori. E i consumatori sono "anti-marketer" ma sono anche "pro-marca", perché le marche sono fondamentali nella definizione della nostra vita. Le marche sono diventate risorse simboliche importantissime: i consumatori possono definire una parte della loro identità, del loro *multiple self*, affermando "Io sono un ipodista, un ducatista, un nutellaro, un mac-dipendente..." e così via. Nell'epoca postmoderna ognuno di noi si definisce molto meno per il proprio lavoro o status, ma molto più per le proprie passioni, che sono poi molto legate alle marche.

Così i consumatori si dimostrano oggi: più attivi, più partecipativi, più resistenti, più attivisti, più ludici, più sociali e comunitari di quanto siano mai stati in passato. La passione condivisa da alcuni consumatori per un marchio viene tradotta attraverso sistemi di apprendimento collettivo, applicando capacità e competenze; per questo motivo il marketing legittimo valorizza sempre di più il consumatore. L'esistenza, quindi, di consumatori appassionati, uniti ed esperti, implica un nuovo bilanciamento della capacità di relazione tra impresa e consumatore, cosa che il marketing deve prendere in considerazione. Esiste, cioè, una vita delle marche tra i consumatori che sfugge al controllo delle imprese. Piuttosto che inventare mille tipi diversi di marketing, è necessario capire cosa desiderano i consumatori dal nuovo marketing.

Kathy Sierra, che non è una marketer, bensì istruttrice java per la Sun Microsystem, ha scritto un interessantissimo post nel suo blog il 21 agosto 2005 (*tabella 2.2*), senza ergersi a nuova guru di marketing, bensì esprimendo le sue esigenze di consumatrice stufa del marketing *old-school*.

Questa tabella ha fatto il giro dei siti web mondiali e dei blog dedicati al marketing e al consumo; si è diffusa rapidamente e viene difesa alla stregua di una causa sociale da molti attori presenti nella rete, non solo addetti ai lavori ma anche consumatori e figure quali programmatori e sviluppatori. Ciò che è importante comprendere è

Tabella 2.2 **Neo-marketing contro Marketing vecchia scuola secondo Kathy Sierra**

Marketing vecchia scuola	*Neo-marketing*
lo fanno gli uomini di marketing e i pubblicitari	lo fanno tutti
focus su come l'azienda agisce	focus su come l'utente agisce
gli uomini di marketing hanno il potere	gli utenti hanno il potere
pubblicizzare	evangelizzare
marca controllata dall'azienda	marca interpretata dai clienti
messaggio univoco	conversazione biunivoca
contenuto creato dall'azienda	contenuto creato dall'utente
mercato di massa	utenza selezionata, focalizzata
un'unica taglia per tutte le misure	personalizzato su misura del cliente
focus group	feedback degli utenti
inganno	trasparenza
chiacchiere	autenticità
sviluppo indipendente dal marketing	sviluppo inseparabile dal marketing
la storia deve essere avvincente, ma può essere una finzione	la storia deve essere avvincente e deve essere reale
uno spot da 30 secondi è vincente	il passaparola è vincente
focus sul branding	focus sugli utenti appassionati
fa che il cliente ci creda	tu ci credi

Fonte: adattamento dal post di Kathy Sierra dell'agosto 2005, reperibile online all'indirizzo http://headrush.typepad.com/creating_passionate_users

che a fare il marketing, secondo questa consumatrice, dovrebbero essere le persone appassionate di una marca e non i "mercenari" del marketing. Tutto ciò spinge a pensare che bisogna lavorare a livello di piccoli gruppi concreti, comunità, tribù. Non la grande massa né il singolo consumatore, ma il gruppo sociale. Come abbiamo già detto nel primo capitolo, bisogna porsi a un livello di osservazione della società che può definirsi "microsociale" (si veda, nel capitolo precedente, la *figura 1.3*) in cui l'esperienza della vita quotidiana, il vissuto soggettivo in rapporto con altri individui e dunque i contatti sociali riemergono con un'importanza accentuata. E non bisogna guardare a queste tribù come a dei target da colpire ma come a dei partner con cui interagire, dialogare, collaborare.

Se si vuole fare un marketing adatto ai nostri tempi bisogna:

- riconoscere e mettere a frutto le competenze collettive della comunità in termini di design, tecnica e comunicazione;
- cooperare con la comunità tramite sistemi di scambi individuali o collettivi;
- aiutare la comunità ad appropriarsi di nuovi prodotti e servizi tramite questi stessi scambi.

I consumatori hanno delle competenze specifiche e, quando sono appassionati al brand, le mettono in gioco nelle comunità, nei forum e nei blog facendo anche proposte concrete che le imprese devo tenere presente.

Box 2.2 **Community generated marketing: il caso Mozilla Firefox**

Un esempio lampante di *community generated marketing* (marketing fatto dai consumatori e "accettato" dalle imprese) è il caso di Mozilla Firefox, il browser che ultimamente sta insidiando il più famoso Internet Explorer di Microsoft. Il successo di Firefox deriva, infatti, da 63.000 persone che volontariamente hanno diffuso la voce inserendo nei propri siti un link al sito in cui si effettuano i download, discutendo di Firefox nei blog, inserendo l'icona di Firefox nei siti personali, raccogliendo esperienze e testimonianze, votando il loro browser preferito in siti specializzati. Inoltre, oltre 10.000 volontari hanno donato 30 dollari ciascuno per contribuire a un'inserzione pubblicitaria per Firefox a tutta pagina sul *New York Times*.

Usando le regole dettate da Alex Wipperfürth (2005) si può iniziare a muoversi nella direzione di un approccio più misurato al marketing:

- le imprese non devono essere spaventate dai consumatori, che oggi non sono più "soggetti passivi" che svolgono il "lavoro" di consumatore, bensì veri e propri "co-produttori" (*prosumer*);
- le imprese non devono aver paura delle eventuali controversie create dai consumatori sul prodotto o sulla marca. Le storie lisce e senza controversie non sono interessanti, non fanno parlare, non comunicano, non generano *buzz*;
- bisogna resistere alla tentazione di "fare" marketing e cominciare a pensare in termini di co-costruzione di valore, prodotto, comunicazione, marketing.

Ed è proprio in questa direzione che procedono movimenti come la cosiddetta S-D logic (Service-Dominant Logic; Lusch e Vargo, 2006), che cercano di rinnovare il marketing rivolgendo la loro attenzione alle prospettive tanto dei marketer quanto dei consumatori e degli altri agenti operativi. In questa direzione, si offre ai consumatori un ruolo maggiore nel gioco, che si affianca a quello delle imprese: alla stregua di imprese o altri agenti, essi possono introdurre nel mercato un significato, un'idea. È ciò che propongono alcuni consumatori e altri agenti come Kathy Sierra quando parlano di "neo-marketing" dei loro desideri.

Oltre il marketing: elogio del societing

Ciò che nella riorganizzazione del panorama delle panacee di marketing in cinque logiche diverse (si veda la *figura 2.1*) appare incredibile è che il marketing – la cui etimologia, ricordiamo, è legata alla parola "mercato" – tenta sostanzialmente di porsi oltre (ambiente, gruppi sociali, relazioni sociali) e a lato (esperienze personali e competenze degli individui) del mercato per rinnovare se stesso. Se si guarda a tutto ciò da un punto di vista esterno alla disciplina, si può persino trovare indecente il voler unire a tutti i costi alla parola marketing termini che sono completamente esterni al mercato: quasi una serie di tentativi per sostentare il marketing con una trasfusione di sangue fresco proveniente da ambiti esterni al mercato. L'accostare il marketing a un'idea, un bene, un valore che però proviene dal di fuori del mercato getta un'ombra di dubbio sulla panacea di marketing che ne deriva.

Per questo, non solo rimane il problema del cambiamento della logica dominante nella disciplina, ma anche quello del suo campo di applicazione. Una prima riflessione può condurre i ricercatori a eliminare il suffisso "ing" e a riconcentrarsi sullo studio dei mercati. Venkatesh e Penaloza (2006, p. 137), infatti, sottolineano «il bisogno di spostare l'enfasi disciplinare, non disconoscendo il ruolo del marketing, ma allargando il suo ambito al mercato e inserendo a loro volta tali mercati all'interno del contesto sociale e storico. Negli ultimi quarant'anni la disciplina di marketing si è basata su azioni *firm-level* e prospettive manageriali; in un siffatto approccio, il più ampio contesto di mercato era sia considerato come dato, sia assunto come immutato o immutabile. Questo approccio piuttosto limitato ha servito il suo scopo, ma ha esaurito la sua utilità, e continuare ad applicarlo avrà come inevitabile effetto l'ignorare il ruolo critico giocato dal più vasto contesto istituzionale chiamato mercato, sia esso locale o globale». Il mercato deve quindi comporsi come «un insieme di istituzioni e attori collocati in uno spazio fisico o virtuale all'interno del quale si verificano transazioni e attività legate al marketing» (*Ibid.*, p. 136).

Una seconda riflessione, al contrario, può portare a eliminare la parola "market" mantenendo solo il suffisso "ing". Possiamo effettivamente parlare sempre di marketing quando l'azione richiesta (*-ing*) continua nella società e non solo nel mercato? Forse il neologismo "societing" proposto diversi anni fa (Badot, Bucci e Cova, 1993) sembra più adatto. Si tratta di un termine introdotto da ricercatori della scuola latina del marketing tramite l'incrocio di marketing e sociologia che scompare e ricompare regolarmente nella letteratura europea (si veda anche Morace e al., 2002) relativa al marketing e alla sociologia e che significa, secondo gli autori, sia "immettere in società" che "fare società". Nel societing «l'impresa non è un semplice attore che si adatta al mercato, ma un attore sociale inserito nel contesto sociale» (Badot, Bucci e Cova, 1993).

Piuttosto che il cambiamento di un paradigma in un altro tipo di transizione, dalla transazione alla relazione, dal prodotto al servizio, dal prodotto/servizio all'esperienza, dal prodotto/servizio alla soluzione, dalla creazione alla co-creazione, dal singolo alla "tribù", dal mercato alla rete, dal cliente allo stakeholder, ciò che l'adozione del termine societing renderà possibile è la presa in considerazione di tutte queste oscillazioni in maniera responsabile: la nostra sfera d'azione non è più il mercato ma la società, con tutte le conseguenze che ciò implica. Il societing cambia verso al marketing: da una filosofia *verso il mercato*, in cui i consumatori vengono individuati, mirati e colpiti, a una filosofia *con il mercato*, in cui consumatori e fornitori collaborano all'intero processo.

Noi crediamo fermamente che il futuro di tale filosofia "con il mercato" sia promettente, ricco di significativi sviluppi in virtù del suo approccio, che riconosce le competenze dei consumatori per coinvolgerli in un processo di co-creazione di valore (Lusch e Vargo, 2006). Andare verso la co-creazione richiederà un'autentica rivoluzione nel marketing. Speriamo, per una volta, di non abusare del termine, troppo spesso utilizzato per descrivere cambiamenti assolutamente trascurabili in fatto di marketing.

Malgrado l'idea della conoscenza del consumatore sia centrale nel marketing, essa è spesso utilizzata in modo limitato e manipolatorio, per conoscere cioè tutto dei consumatori al fine di soddisfarli e di assicurarsi, quindi, la loro fedeltà. Raramente nell'ambito del marketing è stata proposta l'idea che il consumatore possieda una conoscenza che può risultare interessante per l'impresa. Al contrario, noi crediamo che il societing possa spingere l'impresa a tenere in considerazione "l'Altro", il consumatore, non per influenzarlo ma per imparare da lui, dalle sue capacità, dalle sue esperienze.

Il concetto di co-creazione potrebbe fungere da catalizzatore affinché le società abbandonino l'approccio fondamentalista, spesso adottato dai marketing manager. La visione fondamentalista è sovente fin troppo semplicistica e carica di sottintesi di natura religiosa (Cassano, 2006). In realtà, il fondamentalismo è la migliore descrizione dell'atteggiamento di quanti si ritengono depositari della verità, anche di essere essi stessi la verità, convinti che tutti gli altri siano invece nel torto. Ci si trova in presenza di fondamentalismo quando un comportamento è considerato la giusta soluzione e mai un problema, e il marketing management può essere considerato una forma di fondamentalismo, che è una delle principali ragioni della sua miopia. Gli approcci societing sono invece anti-fondamentalisti, perché si mostrano tolleranti nei confronti delle differenze altrui e, cosa forse più importante, perché sostengono l'idea che si possa imparare dagli Altri, siano essi il consumatore medio, il consumatore leader, o le community di utenti.

Ed è proprio sullo sfondo della prospettiva offerta dal societing che la nascente "scuola" del marketing "non-convenzionale", come si vedrà nella seconda parte di questo libro, sta muovendo a fatica i suoi passi nel tentativo di rinnovare il modo di interagire delle imprese.

Parte seconda

I 10 principi fondamentali del marketing non-convenzionale

3. Introduzione

Il marketing non-convenzionale: una storia italiana

La definizione *marketing non-convenzionale* appare per la prima volta nella rete nel novembre 2004, diffondendosi nel giro di pochi mesi all'interno della comunità dei marketer italiani come un meme virale, potente e contagioso, e soppiantandone altri nati in precedenza per definire il nuovo ed emergente approccio al marketing, tra cui *marketing alternativo* o *edge marketing*.

In linea con lo stile tipico della vecchia scuola, la definizione marketing non-convenzionale riprende volutamente terminologie militari: *guerra* e *armi non convenzionali* identificano infatti tutta una serie di tecniche di attacco (guerriglia, sabotaggio, sovversione, attività di intelligence) e di armamenti (chimici, batteriologici, nucleari) non regolamentati dai codici di condotta delle convenzioni internazionali.

Non è un caso che la selezione naturale nella lotta semantica per la sopravvivenza abbia visto prevalere questa definizione sulle altre; essa viene appositamente inoculata nel sistema simbolico della comunicazione italiana in seguito a un'attenta progettazione e con uno scopo ben preciso: svecchiare il modo di fare comunicazione delle aziende italiane, ancora eccessivamente legate ad approcci e mezzi tradizionali, e aggregare sotto una nuova bandiera le forze dell'emergente comunità di nuovi marketer. Una sorta di *Sturm und Drang* della comunicazione italiana, attivato attraverso l'impollinazione nei gangli del sistema di un concetto memetico, *che rivendica la rottura dei vecchi schemi annunciando l'avvento di una nuova stagione creativa.*

Il termine "non-convenzionale" possiede infatti un agente mutageno che obbliga il termine a cui è associato – nel nostro caso marketing – al continuo cambiamento. Un gene della mutazione che impone la non replicabilità del modello e che, attraverso una costante negazione di ciò che è divenuto prassi, conduce necessariamente alla ricerca di nuove strade, alla continua sperimentazione. Ciò che oggi è non-convenzionale, domani non lo sarà più.

Quando la definizione inizia a diffondersi – inizialmente sulla rete –, i blog, nati in America molti anni prima, in Italia non si sono ancora affermati come fenomeno di massa e come fonte d'informazione alternativa ai media tradizionali. All'estero esistevano già autorevoli blog di marketing e pubblicità, per lo più in lingua inglese (Adrants, MarketingVox, Agenda Inc. ecc.), che davano risalto a tutta una serie di campagne pubblicitarie innovative e di approcci non convenzionali alla comunicazione.

Al contrario di molte testate specializzate, i blog di settore hanno un taglio innovativo, un linguaggio semplice e contengono informazione non-omologata. Questi siti underground, slegati dagli interessi lobbistici e dalle pressioni degli inserzionisti pubblicitari, sono letti e rispettati soprattutto da un pubblico di professionisti curiosi e critici, un gruppo di opinion leader e trendsetter alla ricerca di novità e di soluzioni alternative alle tradizionali forme di pubblicità tabellare (tv, stampa, affissioni, radio e Internet) e attuabili con budget ridotti. È proprio nell'ambito dei blog tematici – i quali permettono di far emergere una libera conoscenza creata in maniera collaborativa dai lettori, finalmente parte attiva grazie a segnalazioni e commenti – che viene data visibilità ad ogni innovazione nel campo della comunicazione, sia in termini teorici, sia nelle *best practice*. Quello che conta per essere recensiti dai blog è davvero l'idea, non più la sigla d'agenzia prestigiosa o la holding di appartenenza.

Il passaparola tra blogger si dimostra di una forza spaventosa in mercati saturi e ipercompetitivi: il tam-tam generato da un blog all'altro (effetto *buzz*) è in grado di diffondere informazioni su innovazioni tecnologiche e nuovi prodotti, facendole rimbalzare in tempi strettissimi da un capo all'altro del pianeta, dando la possibilità a idee nuove e a nuovi talenti di emergere dal nulla.

Così accade nel mercato della pubblicità: sono stati i blog a rendere visibile il fermento creativo che ribolliva all'interno di un corpo statico e apparentemente irremovibile, quello del mercato italiano della pubblicità, ingessato da vecchi schematismi ed eccessivamente vincolato a investimenti su media classici, soprattutto quello televisivo.

Aggregando informazioni da campi variegati, e spesso sottovalutati, della cultura della comunicazione che spaziano dai best seller dell'ultimo marketing guru d'Oltreoceano ad azioni dimostrative dei movimenti di contestazione, e dando visibilità ai lavori di agenzie dinamiche in grado di sperimentare nuove strade (fra cui Crispin Porter + Bogusky, Strawberry Frog, Wieden & Kennedy, DDB Brasil), i primi blog tematici rendono visibile una nuova generazione di marketer e di pubblicitari che utilizzano tecniche poco conosciute, a volte non ancora codificate e in continua evoluzione, tecniche appunto "non-convenzionali". Appartengono a un sottobosco di guerriglieri della comunicazione che, per poter affrontare nuovi e insidiosi campi di battaglia in mercati ormai saturi di comunicazione e di prodotti, hanno dovuto abbandonare i vecchi codici della tradizione e seguire la via del nuovo marketing: *tribale*, *ambientale*, *virale*, *di guerriglia*.

In linea con questa tendenza, anche in Italia appaiono le prime realtà dedicate a esplorare le forme di comunicazione non convenzionali, fra cui: GuerrigliaMarketing, collettivo politico legato alle pratiche di *communication guerrilla*; Chuco, fanzine elettronica realizzata dai cool hunter di JWT; Ebolaindustries, che si definiva il primo *viral engine* italiano.

Tra i pionieri del movimento, Alex Giordano e Mirko Pallera danno vita al primo blog italiano sul marketing non-convenzionale, NinjaMarketing.it, ispirandosi nel nome e nella filosofia ai misteriosi guerrieri che padroneggiavano l'arte dell'invisibilità, i Ninja. Rispetto ai Samurai, soldati contro cui erano in lotta, fedeli all'imperatore del Giappone e quindi con molti mezzi a disposizione e un codice etico da rispettare, i Ninja riuscivano comunque a raggiungere i loro obiettivi strategici contro un nemico preponderante avvalendosi della conoscenza del territorio, della creatività e dell'intelligenza. E questo è un po' quello che fa chi si affida al marketing non-convenzionale: anziché investire grosse somme in spot televisivi, si fa forte della creatività per riuscire a entrare nel sistema mediatico.

Diretto e spontaneo nell'approccio, il sito si presenta sotto forma di blog e rappresenta per l'Italia una vera e propria rivoluzione nel fare informazione sul marketing. NinjaMarketing.it è infatti uno strumento di informazione utile e allo stesso tempo divertente, spesso scanzonato e provocatorio, fruibile anche solo per gioco e curiosità, dedicato a consulenti, marketing manager, account d'agenzia, media planner, ricercatori, studenti e cool hunter per comprendere le potenzialità degli approcci alternativi al marketing e alla comunicazione.

Box 3.1 **Il "Manifesto" dei Ninja**

Per centinaia di anni i Ninja vissero sulle montagne, praticando arti esoteriche e dedicandosi allo studio delle leggi fondamentali della natura. Furono così in grado di perfezionare un sistema di arti marziali che gli ha fatto guadagnare la reputazione di guerrieri invincibili.

Al contrario dei Samurai, che servivano il rigido codice del Bushido, i Ninja utilizzavano tecniche non convenzionali come quelle utilizzate dai guerriglieri, che in battaglia non cercano lo scontro frontale, non avendo alcuna possibilità contro formazioni "regolari".

Allo stesso modo, noi del Clan NinjaMarketing ci dedicheremo allo studio delle "tecniche segrete" del marketing.

Come i Ninja, ci addentreremo nell'arte della guerriglia, del mimetismo e dell'attacco improvviso, con l'obiettivo di ottenere il massimo dei risultati con il minimo di risorse.

Come i Ninja, grandi osservatori della natura, il nostro approccio al marketing si baserà su una profonda conoscenza del territorio: sullo studio "dal basso" della psicologia del target, dello spazio in cui si muove, dei codici che ne regolano il comportamento.

Come i Ninja, guerrieri spirituali che accrescevano la propria forza attraverso l'utilizzo di formule e simboli magici, riscopriremo il potere e la magia di ciò che è sconosciuto ai più, agendo sempre nel rispetto della Legge Universale.

Fonte: NinjaMarketing.it

Mentre i blog rompono il "velo di maya" alimentando il dibattito fra gli addetti ai lavori, che inizia a svilupparsi anche sulle più autorevoli testate di settore (da *ItaliaOggi* a *Panorama Economy* a *Mark Up*), gli headquarter delle aziende internazionali chiedono ai dipartimenti italiani di iniziare a guardare al marketing non-convenzionale. Alcune agenzie, flessibili e innovative, decidono quindi di puntare sui nuovi approcci per posizionarsi per prime sul mercato emergente: dalla stessa Ebolaindustries a Ogilvy Interactive, da Testa Web a outsider come Veryweb, G-Com ecc. Anche i ninja si affrancano dalle rispettive agenzie e fondano una società per sperimentare sul campo le teorie e mettere in pratica processi, metodologie e tecniche del marketing non-convenzionale.

Il decalogo del marketing non-convenzionale

Come ogni arte marziale che si rispetti, anche il marketing non-convenzionale ha i suoi "principi fondamentali", riassunti in 10 punti e inscritti – nel rispetto della metafora orientale e dello stile che deve contraddistinguere dei ninja del marketing postmoderno – in un mandala multimediale diffuso su Internet e presentato a diverse conferenze italiane e internazionali.

Scritti su richiesta di clienti, editori e studenti, che chiedevano uno strumento pratico per rendere più facile il lavoro di chi è chiamato a confrontarsi con queste tematiche, i 10 punti evidenziano i passaggi epocali dal vecchio al nuovo marketing, sintetizzando in pochi e chiari principi il frutto delle osservazioni, delle ricerche e delle sperimentazioni effettuate dal laboratorio NinjaMarketing. Eccoli:

1. Dal brand-DNA al viral-DNA
2. Dai target alle persone
3. Dagli stili ai momenti di vita
4. Dalla brand awareness alla brand affinity
5. Dalla brand image alla brand reputation
6. Dall'advertising all'advertainment
7. Dal media planning al media hunting
8. Dal broadcasting al narrowcasting
9. Dal fare comunicazione all'essere comunicazione
10. Dal market position al sense providing.

Se da un lato i 10 punti rappresentano la sintesi del pensiero dei ninja, fornendo anche alcune definizioni e termini originali, dall'altro vogliono lanciare una provocazione, che potrebbe essere inclusa in un 11° principio, ovvero: *Il marketing non-convenzionale non esiste. Esiste solo un marketing, quello che funziona.* Questo significa che il movimento del marketing non-convenzionale, così come la proliferazione delle cosiddette panacee del marketing (Badot, Bucci e Cova, 2007), non farebbe altro che evidenziare la necessità del marketing di riposizionarsi, di riallinearsi a una società e a un consumatore in rapido e continuo mutamento, in cui metodologie e linguaggi devono per forza di cose essere rivisti alla luce di logiche nuove.

L'intenzione degli autori non è quella di ergersi a maestri, cosa inopportuna nell'era della co-generazione del sapere, ostentando la sapienza degli intellettuali o lo charme degli artisti: i 10 principi vogliono per lo più stimolare alla riflessione sulle nuove frontiere del marketing. La filosofia alla base è quella di cercare di mantenere vigile un indomito spirito critico, guardando le cose con occhi sgombri da pregiudizi e non dando nulla per scontato. «L'importante è farsi delle buone domande, non avere delle risposte», diceva il sociologo Alberto Melucci, animato dal desiderio di forgiare la capacità critica dei suoi studenti. Senza buone domande non inizia nemmeno il processo di ricerca che permette una continua verifica delle metodologie utilizzate.

Se il marketing sembra essere improvvisamente cambiato nel giro di pochi anni, è perché si sono rese visibili problematiche che già esistevano, ma che non venivano seriamente affrontate dalla maggior parte degli addetti ai lavori. Un cambio di paradigma, come ci ha insegnato Thomas Kuhn (1962), non avviene in tempi brevi. Ma senza una costante capacità critica, nelle organizzazioni si innescano meccanismi autoreferenziali, che spesso nascondono processi di conservazione del potere che si oppongono al cambiamento.

Il merito di Internet e dei blog è stato quello di svelare "l'altra faccia della Luna", palesando e amplificando il fermento creativo e i dibattiti fra i professionisti che avvenivano nel mondo, in mercati diversi dal nostro – come quello anglo-americano, che continua a fare scuola nel marketing – ma anche in quelli emergenti e incredibilmente dinamici dal punto di vista delle nuove forme di comunicazione – come quello dell'America Latina e dell'Asia.

4. Dal brand-DNA al viral-DNA

Progetta la natura virale del tuo brand prima di ogni cosa

Il primo principio del marketing non-convenzionale è il più importante. Evidenzia infatti il necessario cambiamento di approccio ai processi di branding, essendo passati da una società basata su mezzi di comunicazione di massa unidirezionali a una società in cui lo scambio di informazioni fra utenti diviene pratica dominante grazie alla diffusione di Internet; da un'era in cui il brand era il re assoluto, a un'era in cui il cliente è in una posizione di potere rispetto alla marca, grazie alla possibilità di ri-codificare il senso dei messaggi a lui indirizzati e di produrre messaggi egli stesso.

Non ci soffermeremo sulle molte analisi che hanno annunciato il "passaggio d'epoca" alla società postmoderna, evidenziando le discontinuità rispetto a quella moderna e descrivendo le caratteristiche socio-economiche di quella attuale. Tuttavia, per meglio argomentare le nostre tesi, possiamo riassumere da un punto di vista sociologico i principali cambiamenti della società postmoderna, altrimenti definita "società dell'informazione", specificando che su tali discontinuità numerose analisi empiriche hanno raccolto dati creando un certo consenso fra i diversi analisti. I fattori che caratterizzano la "società postmoderna" sono riassumibili in:

– *informazione come risorsa principale*: in tal modo si sono accentuati gli aspetti riflessivi[1], artificiali e costruiti della vita sociale; la realtà è divenuta prevalentemente "costruita" e "mediata";

---

[1] Con il termine "riflessività" s'intende un revisione cronica che riguarda tutti gli

- *globalizzazione del sistema*: questo ha provocato una sorta di annullamento spazio-temporale in cui la localizzazione territoriale di un fenomeno diventa un aspetto secondario rispetto al suo impatto simbolico planetario;
- *postmaterializzazione della società*: affinché l'informazione sia una risorsa, è necessario un certo grado di indipendenza dai bisogni primari; la ricerca dell'identità e della realizzazione personale diventano predominanti rispetto a desideri più materialisti;
- *capacità umana di ricevere, processare e trasmettere informazioni*: l'essere umano è diventato "ricettore" ed "emittente" di informazioni; queste capacità, necessarie in un sistema che si basa sull'informazione, sono amplificate dalle nuove tecnologie.

Il paradosso del marketing stra-ordinario

In una società così mutevole, postmaterialista, basata sul continuo scambio di informazioni, in cui le persone sono anche evoluti produttori di contenuti e simboli, il marketing non può più basarsi sui classici modelli di branding, incentrati prevalentemente sul sistema industriale-televisivo, un sistema che in passato ha permesso la nascita dei grandi brand globali, un sistema che funzionava in una società che non esiste più: quella in cui i consumatori "erano come tanti bambini in un negozio di caramelle".

Pertanto, le aziende sono oggi chiamate a fare un passo oltre la semplice definizione dei *core values* del brand. La costruzione a tavolino del DNA di marca – con la sua personalità e le sue caratteristiche intrinseche da imporre al target attraverso un bombardamento a tappeto, sostenuto da una considerevole pressione pubblicitaria e con l'obiettivo di diventare *top of mind* nella mente del consumatore – deve essere affiancata dalla consapevolezza che senza un DNA virale, contagioso, che stimoli il passaparola, *il brand non entrerà a far parte delle conversazioni delle persone.* Rimarrà, per dirla alla Seth Godin,

---

aspetti della vita umana, resa possibile dal continuo confronto permesso dalla società immersa in un sistema di comunicazione globale. Pertanto, l'informazione che si aggiunge non lascia mai la situazione com'era.

autore del celebre *La mucca viola*: una mucca marrone in un mondo di mucche marroni. Tale consapevolezza permetterà al dipartimento marketing di concentrarsi nella creazione di un prodotto e di un brand stra-ordinari, in grado di ispirare le persone e di attecchire nel sistema culturale. Consigliamo di tenere a mente un paradosso: *il prodotto migliore è quello che non ha bisogno di marketing*. Prodotti straordinari come Google, Skype, ma anche l'iPod o i computer Apple non hanno basato il loro successo su ingenti investimenti in pubblicità, ma su prodotti straordinari in partenza, in grado di entusiasmare le persone e di stimolare il passaparola. In questo modo tutti gli attori coinvolti nel processo di creazione del prodotto e della sua comunicazione, dal dipartimento marketing alle agenzie, alzeranno il livello a cui puntare, imponendosi performance eccellenti.

Nel caso in cui il prodotto sia una commodity è comunque pos-

Figura 4.1 **Il prodotto (o la comunicazione) è "straordinario"?**

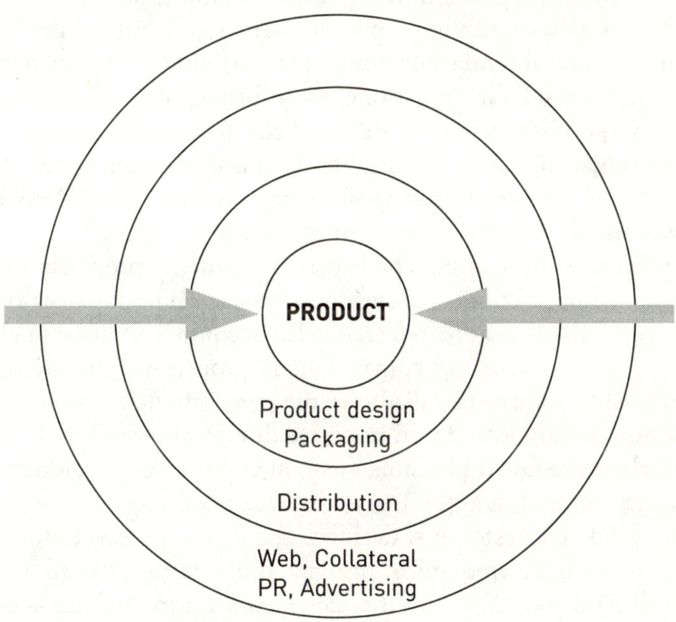

Fonte: Crispin Porter + Bogusky.

sibile lavorare sulla comunicazione, come ha fatto Dove (è disponibile il video, vedi "ShotCode" in appendice), celebre marchio di Unilever che dimostra come un posizionamento basato sulla ricerca di un senso profondo possa contribuire al successo di un prodotto non necessariamente innovativo dal punto di vista delle caratteristiche funzionali.

Come insegna Michel Mafessoli, la postmodernità, intesa come sinergia tra "arcaismo" e sviluppo tecnologico, proprio sulla scia della diffusione di massa delle tecnologie ha riportato in auge dinamiche ataviche. È così che il *marketing virale* deve la sua ragion d'essere al principale e più ancestrale meccanismo di diffusione delle idee: il passaparola (*word-of-mouth*), da sempre riconosciuto come la forma più potente di pubblicità.

Il passaggio di informazioni che avviene spontaneamente da una persona all'altra – come per esempio il consiglio di un amico sul miglior ristorante della città o sull'ultimo telefonino di nuova generazione – è infatti in grado di influenzare il comportamento di acquisto più di qualsiasi annuncio pubblicitario. Oggi tutto il marketing contemporaneo si fonda sul ritorno alla centralità del valore del passaparola, cioè sulla trasmissione di informazioni, considerazioni, opinioni su un prodotto o su un brand che avviene da persona a persona in modo informale. Tipicamente considerata una forma di comunicazione verbale, il passaparola è oggi potenziato dal Web (blog, forum, e-mail), diventando sempre più *word-of-mouse*.

Le ricerche dimostrano che le persone sono più propense a fidarsi di una comunicazione che avviene attraverso il passaparola rispetto a forme di persuasione più tradizionali, come la pubblicità classica o azioni di marketing convenzionali, proprio perché esiste una forte credibilità derivata dall'alto valore percepito della fonte, ritenuta attendibile non avendo un interesse diretto alla vendita. Il passaparola che avviene ad altissima frequenza produce il cosiddetto *effetto buzz* (ronzio). Da qui il termine *buzz marketing*.

In un tale contesto, se si desidera che il proprio prodotto si diffonda in maniera epidemica, bisogna progettarne la natura virale prima di ogni cosa. È necessario cioè lavorare a monte su quelle caratteristiche "genetiche" del prodotto che lo rendono per natura virale, cool, culturalmente attuale, rilevante per il sistema culturale in cui viene inserito. Da queste considerazioni nascono il concetto di *viral-DNA* e la definizione di marketing virale che qui proponiamo:

Il marketing virale è finalizzato alla realizzazione di prodotti, servizi o comunicazioni commerciali che abbiano in sé la propensione a diffondersi spontaneamente fra le persone come virus.

Il marketing virale:

- progetta il viral-DNA del prodotto/servizio/comunicazione;
- identifica le persone potenzialmente interessate a esso;
- lo inserisce nei network sociali di riferimento (*seeding*);
- ne agevola la diffusione incoraggiandone la condivisione con altre persone.

La progettazione del viral-DNA del prodotto/servizio/comunicazione è la prima fase da affrontare nella stesura di un progetto di marketing virale. In questa fase è fondamentale concentrarsi sulla viralità del contenuto tenendo ben presente che non si può realizzare uno spot e poi pensare di renderlo virale semplicemente caricandolo su YouTube o su qualche sito di video divertenti.

Sebbene si possa stabilire solamente *ex post* se un contenuto sia virale, e nonostante la progettazione non sia ancora una scienza esatta, è tuttavia possibile ricondurre ad alcuni principi l'ideazione di un'operazione da cui ci si possa ragionevolmente attendere una dinamica di diffusione epidemica[2].

Un'operazione di marketing virale deve veicolare il messaggio in una maniera rilevante per le persone, rendendolo "meaningful" o "valuable"; vale a dire deve essere pregnante dal punto di vista simbolico oppure deve apportare valore economico.

Su cosa sia realmente *pregnante*[3] (spesso confuso con divertente) ed *economicamente utile* per lo smaliziato consumatore postmoderno, or-

---

[2] Per cosa si intende per diffusione virale si veda il capitolo 10 sul media hunting.

[3] Abbiamo sostituito la parola enjoyable, comunemente usata, con meaningful, vale a dire pregnante, denso di significato, poiché alcuni veicoli virali non sono pret-

mai abituato ai contenuti senza censure di Internet e alla filosofia del gratuito, vi è spesso disaccordo, con il rischio di cercare di fare marketing virale basandosi su creatività carine, simpatiche (spesso solo per il brand manager) ma sempre troppo edulcorate. Inoltre, è opinione comune che per fare marketing virale sia necessario utilizzare un trattamento divertente, grottesco, da macchietta. In questo senso, l'analisi di contenuti che hanno avuto una diffusione contagiosa ha permesso di elaborare un'estetica del viral che alcuni hanno sintetizzato nello slogan *sex, pets and absurd.*

I contenuti virali presenti in rete sono infatti bizzarri, irriverenti, spesso cinici e politicamente scorretti, oppure sono a base di sesso, trattano tabù o argomenti proibiti o censurati dai media, affrontano temi di critica politico-sociale, oppure sono teneri, romantici e a base di buoni sentimenti. Tuttavia, crediamo che il segreto della viralità non sia da cercarsi semplicemente nel trattamento estetico-creativo. Piuttosto è necessario, come spiegheremo più avanti, andare oltre.

Un altro ostacolo è rappresentato dai principi classici della comunicazione a cui siamo abituati, così come dai modelli di brief utilizzati nelle agenzie, non più d'aiuto per progettare campagne virali. Le caselle di *benefit*, *reason why*, *insight* che l'account manager d'agenzia compila quando presenta un brief ai creativi e che vengono utilizzate come metro di misura per valutare la pertinenza di una buona campagna, così come i linguaggi tipicamente pubblicitari a cui sono abituati gli addetti ai lavori, portano facilmente il team fuori strada e spingono il marketing manager a scartare creatività apparentemente fuori tema.

Non che la comunicazione non debba più esprimere i *brand values*, ma la difficoltà più grande per cliente e agenzia quando decidono di puntare sul virale è quella di far rientrare valori di marca e *selling proposition* in un contenuto davvero rilevante per il pubblico e non smaccatamente pubblicitario. Il rischio è ancora una volta di fare della pubblicità divertente.

---

tamente divertenti, per esempio quando veicolano questioni sociali o giocano sulla paura.

L'agenzia GoViral[4], una delle più grandi viral marketing agency del mondo, ha elaborato un *viral score* utilizzato per valutare preventivamente la qualità del contenuto virale. Si tratta di dare un voto compreso tra 1 e 5 a sette criteri di valutazione del contenuto così identificati:

- *outstanding story* (la storia deve essere divertente, provocatoria, irriverente, sovversiva, "fuori di testa" per catturare l'attenzione);
- *stickiness* (il contenuto deve essere fresco, qualcosa che l'utente non ha visto prima o comunque migliore di quello che ha già visto);
- *relevance* (l'associazione con la marca deve essere sottile, deve intrattenere con leggerezza senza riferimenti troppo diretti alla marca);
- *portability* (l'esecuzione necessita di un *format* che si possa condividere online con la propria rete sociale);
- *shareability* (gli esseri umani hanno una tendenza innata a raccontare storie, e quindi condivideranno e creeranno conversazioni quando il materiale offre i giusti spunti);
- *timing/actuality* (i riferimenti devono essere ad avvenimenti attuali: dato che la vita media di una notizia è breve, questi devono essere utilizzati con la massima tempestività per evitare di essere respinti);
- *seeding hook* (il pay-off deve avvenire rapidamente; il tempo è denaro e i consumatori non vogliono far sprecare tempo alle altre persone).

Se il risultato finale, dato dalla somma dei singoli punteggi attribuiti ai sette criteri, è inferiore a 15, ciò indica che il contenuto non ha viral-DNA e dovrebbe essere scartato, perché probabilmente non sarà virale. Un risultato tra 15 e 25 indica che il materiale ha delle potenzialità, ma ha bisogno di essere investigato ulteriormente perché non è un pezzo virale forte. Un risultato superiore a 25 indica che il contenuto è davvero buono e che ha l'opportunità di essere "davvero" virale.

Andando oltre la semplice estetica dei contenuti virali – che rischia facilmente di portare sulla strada della volgarità e dell'eccesso

---

[4] www.goviral.com

fine a se stesso –, in questa sede vogliamo dare un ulteriore insight estremamente utile per progettare una campagna virale, proponendo di focalizzare l'attenzione sul concetto di "empatia"[5].

L'aspetto relazionale e la condivisione di emozioni sono infatti il principale incentivo ai comportamenti virali.

Le campagne virali di successo sono in grado di dare voce a fantasie e idee censurate, offrendo una soluzione inedita a frustrazioni, routine, sogni, manie, insicurezze, paure e tabù. Le storie virali si diffondono perché sono in grado di rinforzare il legame emozionale fra le persone, quasi fossero un dono che il mittente fa al ricevente, che dice qualcosa di loro, che rinforza i loro legami sulla base di un'emozione condivisa. Le persone useranno il messaggio virale (*advergame*, video, testo, power point o quant'altro) al fine di rafforzare le loro relazioni. Il "riconoscimento" è la principale remunerazione di chi invia un materiale virale a un amico. A tal fine è necessario promuovere l'uso sociale dei concetti virali attraverso strategie di *seeding*, ossia di inseminazione dei contenuti virali nei social network in modo che ne agevolino la condivisione, identificando i cosiddetti *focus virali* e suggerendo opportunità di conversazioni nel modo in cui il contenuto è presentato, per esempio studiando attentamente il titolo e la descrizione di un video su YouTube.

A questo proposito, l'agenzia Viral Beat, specializzata nel seeding e tracking di campagne virali, basa le proprie strategie sulla natura psicologica dei comportamenti virali suggerendo una metodologia di seeding. Secondo Viral Beat, quando si insemina una campagna è necessario concentrarsi sulle seguenti domande:

Perché la storia è virale? Qual è il focus emotivo capace di generare condivisione ed empatia?

La risposta è rilevante per:

– selezionare i social network più reattivi al focus emotivo del messaggio;

---

[5] Si ringrazia Luca Giorcelli per il contributo alla riflessione su questi concetti.

- suggerire i comportamenti virali e le conversazioni (per esempio attraverso una copy strategy incentivante);
- generare nuovo potenziale virale attraverso iniziative di *creative seeding*.

Secondo Viral Beat, per realizzare una campagna virale è necessario andare oltre la semplice esposizione del messaggio e fare quello che definisce *seeding creativo*, che ha l'obiettivo di generare relazioni fondate sull'entusiasmo per il contenuto virale. Il metodo proposto, in contrapposizione al bombardamento tabellare del target, produrrebbe risultati più efficienti, rinforzati da conversazioni genuine e re-inseminazioni spontanee.

Un punto di forza di un progetto di marketing virale è dato infatti dalla natura volontaria della propagazione del messaggio. Le campagne virali sono storie che vale la pena di raccontare, ed è per questo che quando si progetta un'attività di marketing virale è necessario focalizzare la propria attenzione sulle seguenti domande:

Chi dovrebbe mandare questo contenuto? A chi dovrebbe mandarlo? Perché dovrebbe mandarlo?

La risposta consente di progettare contenuti rilevanti e di posizionarli solo laddove possono essere apprezzati, raccolti e inviati ad amici. Individuare i canali di seeding più reattivi e sensibili alla propria storia non significa colpire un target, ma cercare di stimolare l'entusiasmo rispetto ai contenuti virali, con l'obiettivo che la campagna possa trovare supporter entusiasti che generino conversazioni sincere e siano loro stessi autori di *re-seeding* spontaneo (seeding effettuato spontaneamente dalle persone in nuovi canali).

Nel caso di un'operazione di marketing virale ben progettata i mittenti ottengono la propria ricompensa generando conversazioni e utilizzando la storia "inseminata" dall'azienda per rafforzare le proprie relazioni. Per esempio, i brevi commenti scritti dai mittenti per personalizzare i tipici messaggi di "invia a un amico" sono il modo in cui ottengono la loro ricompensa e rafforzano i legami con gli altri. È questa la ragione per cui le azioni di seeding non devono limitarsi alla pubblicazione di materiale virale ma devono andare oltre, stimolando l'utilizzo sociale dei *concept* virali.

Box 4.1 **Gli errori comuni del marketing virale secondo ViralManager.com**

1. *Essere spaventati dal virale e non usarlo*: se siete spaventati dall'utilizzo del virale allora probabilmente non avete capito del tutto il mezzo o avete sentito storie di brand horror, come il bombardiere suicida di Polo e il gatto decapitato della Ka. Continuate a leggere...
2. *Pensare che il virale parli solo di sesso*: il marketing virale può essere molto più sofisticato del semplice shock. Certo, è facile superare l'aspettativa scioccando il pubblico, ma comunque ci sono modi più sofisticati e più intelligenti di fare una campagna.
3. *Non sapere perché si vuole un virale*: non fate semplicemente un virale perché è alla moda, o perché i vostri concorrenti lo stanno facendo. Accertatevi che le misure virali si inseriscano bene nella vostra più larga strategia di marketing.
4. *Non sapere che cosa un virale può e non può fare per voi*: le campagne virali possono essere usate per una varietà di differenti obiettivi di marketing, fra cui:
   - buzz: creare buzz per lanciare un prodotto, dare lo slancio iniziale a una campagna o creare *brand awareness*;
   - PR: costruire l'evento centrale attorno al quale poter vendere storie alla stampa online/offline attraverso le PR;
   - data-capture: incrementare il proprio database di mail o scoprire qualcosa sull'audience attraverso un sondaggio online;
   - direct sales: indirizzare il traffico verso un sito di e-commerce e generare vendite dirette;
   - advertainment: usare il virale semplicemente per intrattenere il pubblico, con costanti rimandi al vostro brand;
   - brand participation: utilizzare la natura interattiva del virale per portare le persone a interagire con il vostro brand.
5. *Fraintendere il processo della campagna virale*: le campagne virali possono essere riassunte in 4 attività strategiche:
   - strategy: identificare gli obiettivi, come il marketing virale si inserisce nella più larga attività di marca e come realizzarli restando all'interno del budget;
   - creative: sviluppare idee creative attraverso i differenti media format (per esempio giochi, film, applicazioni);
   - production: trasformare le idee in realtà (i diversi media hanno tempi di produzione differenti e comportano costi differenti);
   - seeding e tracking: lanciare la campagna, seminarla nei network influenti più rilevanti e misurare il relativo successo.

   La maggior parte delle campagne richiede fra le 4 e le 8 settimane per il lancio. Le campagne virali basate sui giochi hanno in genere costi più bassi di quelle basate sui film.

Segue

6. *Scegliere di usare il virale all'ultimo minuto*: otterrete il meglio da un virale soltanto se lo avrete pianificato nella fase iniziale come componente della campagna più vasta.
7. *Non usare web hosting esperti di marketing virale*: certo, potete ottenere un qualche buon ritorno in termini di PR poiché "il progetto ha avuto così tanto successo che ha mandato in crash il server", ma non preferireste piuttosto che la gente veda la creatività per cui è stato speso il vostro preventivo? I progetti virali hanno bisogno di un robusto web hosting per fare fronte al traffico.
8. *Pensare che il virale riguardi solo Internet*: nel progettare la vostra campagna dovreste pensare quali altri media il virale può utilizzare: per esempio il mobile (attraverso bluetooth) e la stampa/tv offline. I concetti virali migliori dovrebbero essere capaci di generare un buzz attraverso tutti i media.
9. *Pensare che il virale sia globale e non locale*: qui non stiamo parlando di "glocal", ma della capacità del virale di lavorare su una base sia globale sia locale. Il virality localizzato è molto più difficile da realizzare (cioè creare una campagna in lingua gallese o walser), ma con la giusta strategia e creatività è comunque possibile.
10. *Realizzare una creatività mediocre*: il successo o la caduta dei viral dipendono dalla loro creatività. Nel valutare la creatività, dovete pensare "perché qualcuno passerebbe questo agli amici?". Creare semplicemente un "giochino animato" che coinvolge la vostra mascotte di marca non sarà virale. Ricordate che una campagna di marketing virale deve essere un argomento di discussione e produrre un effetto sorpresa.
11. *Usare gli spot televisivi*: a meno che il vostro annuncio televisivo non sia eccezionale (come "Whassup" di Budweiser o "1984" di Apple), una riproposizione della campagna in tv non sarà virale. Fondamentalmente, il contenuto del virale necessita di essere in qualche modo speciale. Un modo per trarre profitto dal vostro spot è quello di fare un'anteprima speciale che includa contenuti tagliati o extra; oppure, se desiderate sollevare polemiche, potete convincere il garante per le comunicazioni a vietare il vostro spot in tv e autorizzarne la diffusione solo per Internet in mezzo a un fior di PR.
12. *Commissionare una campagna dicendo "voglio un gioco" o "voglio un film"*: l'esecuzione e la creatività dovrebbero essere determinati dagli obiettivi di campagna e, realisticamente, dal vostro preventivo.
13. *Provare a fare troppo all'interno di una singola campagna*: assicuratevi che i vostri obiettivi all'inizio del processo siano realistici. Ci sarà sempre un compromesso da fare fra i diversi obiettivi, per esempio scegliendo fra il livello di controllo sul brand e la raccolta di dati oppure l'incremento dell'awareness generato da una forte e libera creatività.
14. *Non pensare a lungo termine*: è importante considerare il fatto che i viral non sono solo per Natale. Mentre le forme di pubblicità tradizionali (per esem-

Segue

pio tv e stampa) sono limitate dai costi dei singoli spazi pubblicitari, una volta che avete lanciato una campagna virale questa potrà funzionare per voi in modo crescente. Basandosi su questa premessa, potreste sviluppare un intero microsito di advertainment che contenga le vostre differenti esecuzioni virali.

15. *Ignorare la semplicità*: il marketing virale non deve essere eccessivamente complicato. Pensate di usare semplice tecniche di marketing come i concorsi.
16. *Riferirsi alla parola "virale" nel contenuto creativo*: la maggior parte della gente non sa che cosa sia "un virale", e usare questo termine può realmente condurre le persone a rifiutare la vostra campagna.
17. *Numeri – ottenendo una metrica di ROI errata*: le campagne virali riuscite non sono semplicemente quelle che attraggono milioni di utenti – spesso il 95% di questi utenti saranno adolescenti russi e non il vostro target obiettivo. Siate chiari su ciò che state cercando di realizzare all'inizio della campagna e giudicate il successo della campagna rispetto a questa metrica.
18. *Sotto-stanziare*: i committenti devono assegnare un budget a tutte le fasi di una campagna virale, dalla strategia di sviluppo iniziale al seeding e al tracking della campagna. Il seeding è una fase che viene spesso trascurata, con campagne che contano sulla generosità dell'agenzia per seminare la campagna e renderla visibile. Così come non commissionereste uno spot televisivo senza prevedere il costo dello spazio pubblicitario, non dovreste commissionare un virale senza considerare il costo del seeding.
19. *Capire come funziona il seeding*: il seeding riguarda l'inserimento del vostro contenuto virale fra gli influencer chiave all'interno dei vostri network obiettivo. Se il contenuto creativo è correttamente posizionato, allora il vostro virale si diffonderà fra la gente all'interno di queste reti. Le reti più influenti spesso si faranno pagare per inserire la vostra campagna sul loro sito, ma ci sono migliaia di altri siti che non si faranno pagare. Una cosa importante da considerare nella vostra strategia di seeding è il fattore "teenager russo" accennato al punto 17, perché la maggior parte dei più popolari siti di seeding è un porto per adolescenti esperti di pc e non di molto altro.
20. *Comprare una mailing list*: virale non è lo stesso di campagna diretta di e-mail. Una campagna virale è concepita per funzionare attraverso meccanismi di word-of-mouth/peer-to-peer referral. Le mailing list possono essere efficaci come componente della miscela di seeding, ma dovrebbero essere giustificate sempre chiaramente (cioè in termini di ottimizzazione su target specifici).
21. *Non lavorare con un'agenzia specializzata*: il marketing virale è un'arte e richiede un set completo di conoscenze specialistiche. Potreste convincere la vostra agenzia full-service a suggerirvi su un gioco o un film e credere di fa-

Segue

re virale. Tuttavia, anche se si tratta di un'agenzia digitale è probabile che il budget non sarà abbastanza grande da far meritare molto interesse al virale, in confronto ai budget di una campagna tv o della costruzione di un sito web. È altrettanto valido considerare di utilizzare un'agenzia virale che collabora con la vostra agenzia full-service.

Fonte: ViralManager.com

Dal "brand building" al "brand momentum"

Il concetto di viral-DNA cerca di esprimere una dinamicità volutamente in contrasto con la staticità del vecchio *brand building*, teso a costruire nel tempo, pietra su pietra, l'edificio del brand e imponendo a suon di spot televisivi un'immagine monolitica della marca, che si evidenziava in slogan e in trattamenti creativi portati avanti per anni ("Dove c'è Barilla c'è casa", "Dash, più bianco non si può" ecc.).

Non che il brand non debba più avere basi solide, ma una comunicazione di marca statica, che non è in grado di co-evolvere con i rapidi mutamenti della società, e quindi di cambiare forme e approcci alla comunicazione, spaziando fra diversi media e linguaggi, difficilmente riuscirà a permeare i sistemi culturali di riferimento.

A rimarcare la necessità di rendere il brand dinamico e partecipe dei mutamenti di una società liquida, una delle più interessanti agenzie creative al mondo, la statunitense Crispin Porter + Bogusky, propone la contrapposizione tra "brand building" e "brand momentum" (*tabella 4.1*). La quantità di moto, detta anche momento linea-

Tabella 4.1 **Brand building vs brand momentum**

Brand building		*Brand momentum*
Investimenti come moneta	→	Idee come moneta
Il *medium* determina l'idea	→	Le idee trovano il *medium*
Idea *extension*	→	Idea *obsolescence*
Pubblicità	→	Conversazioni
Ripetizione	→	Sorpresa
Branding e Retail	→	Tutto è branding

Fonte: Crispin Porter + Bogusky.

re o semplicemente momento, è un concetto mutuato dalla fisica che misura la capacità di un corpo di modificare il movimento di altri corpi con cui interagisce dinamicamente.

Quanto il nostro prodotto o il nostro brand è in grado di creare movimento nella società, di interagire con altri concetti, valori, prodotti, di influenzare la cultura, di generare spontaneo entusiasmo?

Il brand building alla vecchia maniera considera gli investimenti in comunicazione come la moneta prioritaria. Solo grandi budget da investire in pubblicità possono garantire a un brand di farsi conoscere, portando dalla notorietà alla vendita e permettendo così di reinvestire moneta in pressione pubblicitaria. Oggi questo non basta più, anzi, a volte risulta addirittura controproducente esporre il proprio brand in maniera eccessiva, annoiando i consumatori con una sovraesposizione mediatica. In un mercato saturo di pubblicità e di prodotti, in cui il ritorno sugli investimenti in pubblicità tradizionale è sempre minore, è necessario investire energie più che danaro: *la moneta di oggi sono le idee e la creatività.*

È quanto mai necessario trovare la *big idea* in grado di ottimizzare il ritorno degli acquisti di spazi su media diversificati. È il ritorno alla centralità della creatività, della predominanza del talento sulla potenza dei grandi investimenti.

E se prima era "il mezzo a determinare l'idea", con le agenzie pubblicitarie che declinavano un unico trattamento creativo su tutti i media classici a disposizione (tv, stampa, affissioni, radio), dovendo attenersi a codici e formati, oggi sono invece le idee a trovare il *medium* attraverso cui esprimersi: che si tratti della fronte di giovani universitari – come ha fatto Toyota a Londra – o di toilettes pubbliche – utilizzate per una campagna sociale contro l'abuso di alcol in Nuova Zelanda – la comunicazione pubblicitaria, così come già ha fatto l'arte con il situazionismo, esce dalla cornice dello schermo e s'intrufola in spazi nuovi, dove l'affollamento dei messaggi è basso, e quando il target meno se lo aspetta.

Tuttavia "un bel gioco dura poco". Così l'ultima trovata di guerrilla marketing diventa subito obsoleta, senza poter essere più replicata se non a costo di perder l'effetto sorpresa. Il processo di *idea ob-*

solescence è rapido e inarrestabile, richiedendo al brand nuove capacità camaleontiche, alle agenzie di concepire sempre nuovi *stunt* (trovate pubblicitarie), ai centri media di sperimentare nuovi mezzi e formati.

In una società dinamica e frenetica come quella in cui viviamo, dove le idee hanno vita brevissima e l'effetto sorpresa svanisce dopo poco tempo, si afferma la necessità di menti brillanti che forniscano sempre idee fresche, nuovi linguaggi e spunti culturali attraverso cui attivare le conversazioni intorno al prodotto o al brand.

Box 4.2 **Un brand sempre in movimento: il caso Burger King**

Nell'aprile 2004 comparve su Internet uno strano sito, www.Subservient Chicken.com (è disponibile il video, vedi "ShotCode" in appendice), che all'apparenza poteva sembrare la creazione di un qualche no-global intenzionato ad attaccare una catena di fast food. Dal minisito della campagna, un ridicolo uomo vestito da pennuto rispondeva prontamente agli ordini impartiti dall'utente attraverso delle parole chiave. Un primo elemento balzava subito all'occhio: il pollo, la sua guisa, le movenze, erano quanto di più trash si potesse immaginare, così come la serie di comandi improbabili a cui rispondeva. Avrebbe potuto essere benissimo l'amico del bar mascherato, per quanto fosse *low-fi*. Insomma, faceva davvero ridere. In realtà si trattava di una campagna di Burger King sotto forma di advergame. L'obiettivo: lanciare i nuovi Tender Crisp Sandwich a base di pollo. Crispin Porter + Bogusky, l'agenzia che aveva sviluppato il progetto, era riuscita a mettere l'utente nelle condizioni di ghignare davvero, senza propinare la solita minestra finta che non faceva ridere nessuno. La gente aveva la possibilità di partecipare attivamente. Si divertiva, cominciava a parlarne, a scambiarsi le parole chiave. E il risultato fu da eldorado dell'advertising: dopo 18 giorni, avevano visitato il sito tre milioni e mezzo di utenti (a oggi oltre diciassette milioni); 7 minuti e 35 secondi di permanenza media sul sito. Un mese dopo il debutto del sito, le vendite del Tender Crisp Sandwich si erano incrementate costantemente del 9% a settimana e l'*awareness* del prodotto era raddoppiata.

Nemmeno il tempo di godere dei risultati di questa campagna ed ecco che dal Pollo servizievole si passò prima ai Chicken Fight, che non ebbero lo stesso successo, e poi alla Metal Pollo Band.

Nell'estate del 2005, Burger King introdusse le Chicken Fries nel suo menu. La campagna pubblicitaria rappresentava una vera e propria metal band, la Coq Roq (è disponibile il video, vedi "ShotCode" in appendice), in una pubblicità chiamata "Bob Your Head". I membri della band portavano grosse maschere da pollo parodiando lo stile di una famosa metal band americana: gli

Segue

Slipknot. Il sito web dei Coq Roq includeva video musicali, suonerie scaricabili per cellulari, e uno store per il materiale di merchandising della band. Venne creata una pagina di MySpace dedicata alla band che offriva biografie, foto e canzoni dei Coq Roq.

Dopo il Pollo servizievole e i Coq Roq, Burger King continuò sulla strada dell'evoluzione dinamica del brand introducendo il Dott. Angus (è disponibile il video, vedi "ShotCode" in appendice), creazione di Crispin Porter + Bogusky lanciata nel 2004 per promuovere la nuova linea di panini Angus. Interpretato dall'attore comico britannico Harry Enfield, Angus era un "particolare dottore" con denti bianchi brillanti e un tupè inamidato che incoraggiava i "mangiatori" a sedersi e godersi i grandi hamburger di Angus di Burger King.

Nel 2006 il personaggio fu usato di nuovo per reclamizzare i panini Cheesy Bacon Angus e Tender Crisp. In più, Crispin Porter + Bogusky pensò di creare una pagina web intitolata "La Dieta di Angus". L'idea alla base? Semplice: "Goditi la vita, fai quello che vuoi, mangia quello che vuoi purché tu sia felice".

Quando i fast food (*in primis* McDonald's) furono colpiti dallo scandalo del film-documentario "Super Size Me", che mostrava i risultati devastanti di un'alimentazione basata esclusivamente su menù di McDonald's, Burger King decise di rispondere in maniera ironica e intelligente pubblicando un libro del Dott. Angus che illustrava nei dettagli la sua dieta.

Svanito l'effetto Dott. Angus, ecco che la comunicazione punta su un altro personaggio di culto, il Re Giocherellone. La prima apparizione del Re Giocherellone fu in "Fight Night Round 3", un videogame di boxe della EA Sports. All'inizio il Re si limitava a portare i cartelli dei round, ma successivamente poteva essere scelto come manager del proprio pugile. L'operazione fu vista da alcuni fan come un eccessivo utilizzo di *product placement*.

Ma Burger King non si arrese. Annunciò il lancio di versioni "speciali" di videogame per X-Box e X-Box 360 (è disponibile il video, vedi "ShotCode" in appendice), in vendita solo dal 19 novembre al 24 dicembre 2006 nei punti Burger King al prezzo di 3,99 dollari anziché 10,99. I giochi erano praticamente uguali agli originali, con l'unica differenza che in quelli "versione Burger King" ogni tanto appariva il Re Giocherellone tentando di venderti un hamburger. L'operazione questa volta fu molto apprezzata, tanto che Burger King decise di continuare la vendita dei videogame sul suo online store anche dopo il 24 dicembre.

Fonte: elaborazione degli autori.

Il ruolo del "buzz" all'interno del media mix

Come abbiamo detto il buzz è una forma altamente intensa di passaparola, l'effetto auspicato di ogni operazione di marketing non-convenzionale ben riuscita. Man mano che concetti e tecniche del marketing non-convenzionale, come quelli di *viral* e di *guerrilla marketing*, iniziano ad affermarsi all'interno delle aziende, i dipartimenti marketing – alcuni con entusiasmo, altri loro malgrado ma pungolati dagli headquarter internazionali – iniziano timidamente a effettuare dei test, aprendosi alle sperimentazioni e alla verifica dei risultati su progetti minori, oppure assegnando piccoli budget a campagne ancora incentrate prevalentemente su strategie e media convenzionali. Tuttavia, la maggior parte delle aziende sembra essere ancora lontana dal comprendere pienamente quale dovrebbe essere *il vero ruolo del buzz all'interno del media mix.*

Il rischio è di considerare quello che in realtà è un "effetto" delle azioni non convenzionali come uno degli elementi che compongono la strategia di comunicazione, alla stregua degli investimenti allocati in advertising o in eventi, concorrendo quindi all'assegnazione di un piccolissima parte del budget, invece di diventare il *telos* verso cui far tender ogni attività pianificata. Al contrario, come propone l'agenzia spagnola di marketing non-convenzionale Seisgrados, concetti e contenuti virali dovrebbero essere inseriti nel DNA di tutte le dinamiche di marketing e comunicazione aziendali. Tutto può essere ripensato in un'ottica virale: dalla progettazione del prodotto al suo packaging, alla distribuzione, alle media relation, fino ad arrivare, naturalmente, alla comunicazione pubblicitaria e istituzionale (*figura 4.2*).

Figura 4.2 **Dal buzz come parte del media mix al buzz come DNA di tutte le attività di marketing**

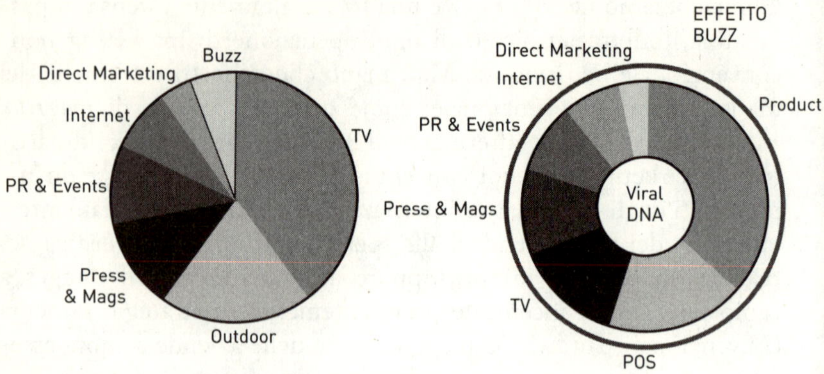

5. Dai target alle persone

Non ci sono target da colpire, ma persone con cui risuonare

Il secondo principio che illustreremo intende far riflettere su uno dei concetti chiave delle attività del marketing manager, quello di target, ponendo l'attenzione su un cambiamento di prospettiva oltremodo necessario in una società globalizzata, in cui aziende e persone si trovano a essere nodi di network sempre più interdipendenti.

Target, termine inglese che sta per "bersaglio, obiettivo", sembra derivare da *targe*, termine di origine germanica che identificava gli scudi leggeri portati dagli arcieri. Come altre parole usate nell'ambito del marketing – tra cui *campagna*, *impatto*, *slogan* – anche *target* si rifà a un linguaggio di stampo militare. Un lessico, quindi, che rivela l'atteggiamento aggressivo e assolutista tipico del marketing, che impone di "colpire il target", "aggredire il mercato", "conquistare quote" ecc. Un approccio, questo, da superare, anche utilizzando nuovi termini in grado di trasferire un atteggiamento più umano dell'azienda nei confronti del mercato e dei propri pubblici, *decretando definitivamente il passaggio dalla guerra alla collaborazione.*

Negli ultimi anni il marketing sembra sempre più indirizzato a seguire la via della "non violenza", sublimando la lotta per l'affermazione dell'azienda in termini quasi spirituali. Si sono infatti affermate terminologie addirittura religiose: "fidelizzare", "senso di appartenenza", "evangelizzazione", "rituale" ecc.

Come afferma Bruno Ballardini, autore di *Gesù lava più bianco*, dalla marca divinizzata e top-down ("non avrai altro brand al di fuori di me") siamo passati a una visione politeista, con una miriade di culti spontanei di carattere tribale che nascono bottom-up dalla rete attorno a prodotti il cui ciclo di vita è condizionato dalle community di fedeli e in cui il *community evangelist*, il predicatore, l'evangelizzatore della comunità, deve agire con elasticità, passione, determinazione ed eccellenti doti relazionali.

Nel momento in cui il brand aspira a diventare religione (*brand religion*) e gli sforzi sono fatti per stimolare il genuino entusiasmo di potenziali *brand ambassador*, pensare ancora al pubblico come a un target da colpire non permette di scendere dal piedistallo e prendere atto della multidirezionalità della comunicazione, vale a dire delle dinamiche di interazione tra marca e persone e tra persone e persone rispetto alla marca (da one-to-many a many-to-many). L'immagine della marca non è più nelle mani di un solo emittente che urla in un megafono come questa dovrebbe essere percepita. Come insegna Andrea Semprini (2002): «Una marca è costituita dall'insieme dei discorsi tenuti su di essa dalla totalità dei soggetti (individuali e collettivi) coinvolti nella sua generazione».

Nella generazione della marca è quanto mai necessario riconoscere il ruolo delle persone, pensando a queste non più solo in termini di consumatori ma come veri e propri *prosumer* che producono senso. Persone che processano informazioni, consumano criticamente, arrivano a organizzare campagne di boicottaggio, a ri-codificarne i messaggi pubblicitari delle aziende oppure a crearne di propri. Persone che, grazie agli strumenti del Web partecipativo, hanno in mano il potere per organizzarsi e rispondere agli "attacchi" delle marche.

Per riuscire quindi a "mettere in discorso" il proprio brand è necessario alzare bandiera bianca e iniziare a costruire un dialogo con i propri pubblici di riferimento, *passando dalla conoscenza sul consumatore alla conoscenza del consumatore* (Cova, 2007). Esempi come il sistema operativo Linux, creato collettivamente da migliaia di programmatori, e il browser Firefox, promosso con campagne di marketing realizzate dagli utenti, dimostrano come la *peer production*, ovvero la cooperazione online porti il sistema oltre i due classici pilastri dell'economia: l'azienda produttrice e il mercato di consumatori.

Il marketing tribale e le brand community evidenziano come strategie basate sulla cooperazione e sulla co-creazione siano sempre più auspicabili rispetto a quelle che si rifanno a un modello economico basato sul "comando e controllo" del marketing vecchia maniera.

"I mercati sono conversazioni": la visione umanistica del Cluetrain Manifesto

Il passaggio a una visione più umanistica del marketing, che metta al centro del discorso sulla marca le persone – non più considerate solamente dei segmenti obiettivo –, è quanto auspicato dalle 95 tesi del *Cluetrain Manifesto* (si veda appendice; Locke e al., 2001), testo rivoluzionario lanciato in rete nel 1999 da un drappello di comunicatori con in testa Rick Levine, già consulente di IBM.

Il Manifesto, che invita a una riforma luterana del linguaggio con cui comunicano le aziende nell'era di Internet, analizza i cambiamenti che hanno investito il mondo connesso ridefinendo la natura e i processi tipici dei mercati nell'era del Web in termini di "comunicazioni tra persone".

«I mercati sono conversazioni» recita la prima delle 95 tesi, modificando per sempre il focus del business nell'era di Internet, in cui dipendenti e clienti sono parte di una rete sconfinata di conversazioni che avvengono in una lingua libera, aperta, diretta, divertente, in una sola parola: umana.

E grazie alla possibilità di scoprire a velocità supersonica conoscenze e informazioni, i mercati si adattano ai cambiamenti molto più velocemente della maggior parte delle aziende: le imprese che non sono in grado di entrare nelle comunicazioni fra persone, cioè che non sanno parlare il linguaggio dei propri mercati, sono destinate, secondo gli autori del Manifesto, all'emarginazione.

Il Web 2.0 come "piattaforma conversazionale"

L'aspetto "relazionale" e "partecipativo" di Internet ha iniziato a esprimersi in tutta la sua potenzialità soprattutto negli ultimi anni. Dopo lo scoppio della bolla dot-com nell'autunno del 2001, molte persone giunsero alla conclusione che la rete fosse assolutamente sopravvalutata. Tuttavia, superata la crisi, da molti vista come un punto di svolta, sulla base di alcune caratteristiche comuni alle società sopravvissute si comincia a parlare di una nuova generazione di siti, servizi, applicazioni e comunità web (come i social network, i wiki e le folksonomy, i podcast, i blog, i feed RSS), che semplificano la collaborazione e la condivisione delle informazioni e che vengono classificati sotto il nome di Web 2.0[1].

La "mappa meme", riportata nella *figura 5.1*, ci offre un ventaglio di esempi e principi che scaturiscono dal concetto di Web 2.0.

Il principio fondamentale di questa nuova forma di Internet è *il Web come piattaforma*. Con questa espressione si intende il progressivo utilizzo di software direttamente online, quindi non installati sul computer di chi ne fa uso ma utilizzati attraverso un browser di

Figura 5.1 **La mappa meme del Web 2.0**

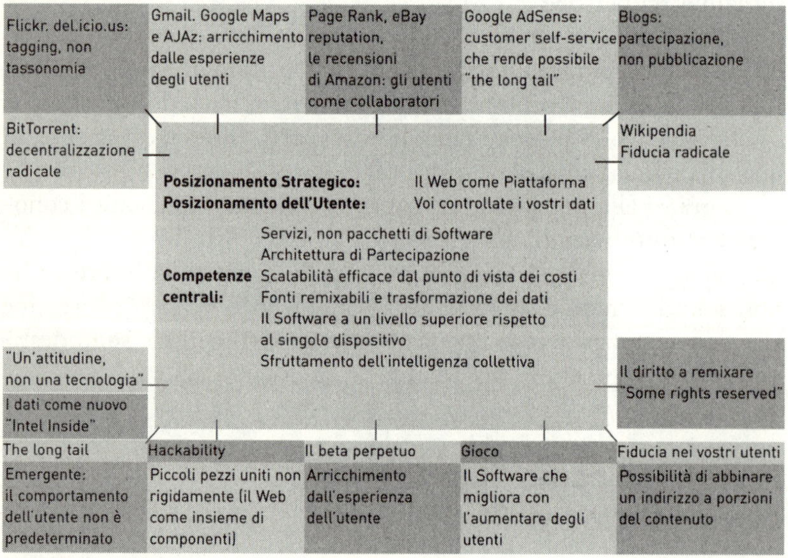

Fonte: www.xyz.reply.it/web20

[1] Il concetto di "Web 2.0" ebbe inizio con una sessione di brainstorming durante una conferenza tra Tim O'Reilly e MediaLive International. Per approfondire si veda: O'Reilly (2005).

navigazione. In questo modo gli utenti possono interagire in rete con le informazioni come se stessero utilizzando un programma e il Web diventa una grande piattaforma che permette la condivisione dei dati fra i diversi utenti, che possono controllarli e gestirli più liberamente. Nielsen/NetRatings definisce il Web 2.0 come l'«ambiente in cui si sono sviluppati dei siti web e delle applicazioni che mettono il controllo del contenuto, sia generato dall'utente o no, nelle mani del consumatore».

Secondo Robin Good, editore indipendente di Masternewmedia, il termine Web 2.0 si riferisce alle tecnologie che permettono «ai dati di diventare indipendenti dalla persona che li produce o dal sito in cui vengono creati». In questo modo l'informazione viaggia liberamente da un sito all'altro permettendo agli utenti di prendere informazioni da diversi siti simultaneamente e di distribuirle su altri siti per nuovi scopi. Per esempio, l'introduzione di Google Maps, con il suo leggero modello di programmazione, ha portato alla creazione di numerosi servizi a valore aggiunto in forma di *mashup*, che collegano Google Maps con altre fonti di dati accessibili via internet. L'esempio più eccellente è Housingmaps.com di Paul Rademacher, che combina le funzionalità di Google Maps con i dati sugli acquisti e le locazioni di appartamenti forniti da Craigslist, un famoso sito di annunci gratuiti, creando uno strumento interattivo per la ricerca di case. Per chiarire meglio il concetto di Web 2.0, nella *tabella 5.1* riportiamo alcuni esempi formulati da Tim O'Reilly ed emersi durante il brainstorming in cui tutto ebbe inizio.

È bene chiarire che vi è un grande dibattito, tutt'ora aperto, sul vero significato di Web 2.0. C'è anche chi non si pone il problema di definire più chiaramente il concetto, ritenendolo un mero slogan di marketing privo di qualunque innovazione tecnologica. Infatti, sono proprio le implicazioni sociali del Web di nuova generazione, più che quelle tecnologiche, a essere interessanti e determinanti non solo per chi si occupa di comunicazione. Dobbiamo considerare il Web soprattutto come una *rivoluzione cognitiva*, non una semplice innovazione di tecnologie.

Da un punto di vista sociologico, le dinamiche e gli effetti del Web partecipativo e democratico – che incoraggia gli utenti sempre

Tabella 5.1 **Differenze tra Web 1.0 e Web 2.0**

Web 1.0		*Web 2.0*
DoubleClick	→	Google AdSense
Ofoto	→	Flickr
Akamai	→	BitTorrent
Mp3.com	→	Napster
Britannica Online	→	Wikipedia
Siti personali	→	Blogging
Evite	→	Upcoming.org e EVDB
Ricerca nomi dominio	→	Ottimizzazione dei motori di ricerca
Page views	→	Cost per click
Screen scraping	→	Web service
Pubblicazione	→	Partecipazione
Sistemi di gestione dei contenuti	→	Wiki
Directories (tassonomia)	→	Tagging ("folksonomia")
Stickiness	→	Syndication

Fonte: O'Reilly (2005).

più connessi alla rete a partecipare alla creazione di informazioni (blog e wiki), contenuti (podcast e video) e allo sviluppo di applicazioni (software open source, mashup ecc.) – sembrano realizzare il concetto di *cibionte* preconizzato da Joël De Rosnay (1995): un superorganismo planetario creato dalla connessione fra gli utenti internet. E non è un caso che il principio centrale dietro il successo dei giganti sopravvissuti alle dot-com per guidare l'era del Web 2.0 sembra essere proprio la capacità di abbracciare la potenza del Web sfruttandone l'*intelligenza collettiva*. Un'intelligenza che migliora man mano che vengono aggiunti contenuti alla rete e continui rimandi a essi attraverso gli hyperlink. Quando gli utenti aggiungono nuovi concetti e nuovi siti, questi vengono integrati alla struttura del Web dagli altri utenti che ne scoprono il contenuto e creano link. Come nel cervello si formano le sinapsi, con le associazioni che diventano più forti attraverso la ripetizione o l'intensità, così nel Web le connessioni crescono organicamente quale risultato dell'attività collettiva di tutti gli utenti.

Per esempio, il fattore di successo di Google come motore di ricerca è stato il PageRank, un metodo che utilizza i link che puntano a un sito per determinarne la rilevanza. Allo stesso modo eBay si basa sull'attività collettiva di tutti i suoi utenti. Come il Web stesso, il valore di eBay, il maggior sito di aste online, cresce organicamente in conseguenza dell'aumento degli scambi che avvengono sulla sua piattaforma e Amazon, che conta su un numero sempre maggiore di recensioni da parte degli utenti, usa l'attività degli utenti stessi per produrre risultati di ricerca migliori. Sullo stesso principio di intelligenza collettiva si basano Wikipedia, l'enciclopedia creata da qualsiasi utente web, e siti come del.icio.us e Flickr, che categorizzano i contenuti sulla base del concetto di "folksonomia" (in contrasto con la tassonomia), uno stile di categorizzazione collaborativa dei siti che utilizza parole chiave liberamente scelte, dette *tag*.

Un'intelligenza collettiva che si esprime attraverso la partecipazione e la collaborazione degli utenti in un'ottica produttiva di contenuti, applicazioni e senso. Così come le pratiche di *cutting* e del *sampling* (l'operazione del dj di "tagliare" i dischi e di riutilizzarli per creare nuovi brani) costituiscono le pratiche significanti della cultura hip-hop, allo stesso modo i primi *mashup* sono stati inizialmente esperimenti innovativi, realizzati dagli hacker, per riutilizzare in maniera creativa i dati prelevati da diverse fonti, sfidando le regole della proprietà intellettuale e creando nuovo valore e senso.

Progettare hackable e remixable sembra oggi essere un imperativo per le aziende di software della nuova era, così come la frase "some rights reserved", resa popolare da Creative Commons, in contrapposizione alla più tipica "all rights reserved". Le applicazioni e i servizi web di maggior successo sono infatti quelli che sono stati facilmente portati verso nuove direzioni tramite la pratica dell'assemblaggio di risorse diverse, in grado di creare un nuovo valore e integrando in modo migliore i servizi forniti da altri.

Il Web è dunque oggi una grande fucina di produzioni creative che permettono il costante scambio e aggiornamento delle informazioni e delle tecnologie. Un'immensa conversazione che avviene sotto forma di dati, testi, codici informatici, immagini, video, diffusi e scambiati sul Web attraverso siti, forum, instant messaging, wiki e, naturalmente, i blog. In questo senso il Web 2.0 può essere inteso come una "piattaforma conversazionale", di cui i blog rappresentano uno dei principali nodi di amplificazione. La loro incredibile crescita e diffusione rappresenta infatti la caratteristica più pubblicizzata del Web di nuova generazione. Nella sua essenza un blog non è altro che un sito personale sotto forma di diario in cui le "note", detti *post*, vengono pubblicate in ordine cronologico, e spesso non è palese la loro reale novità rispetto a ciò che esisteva prima.

In un prezioso articolo (2005), ancora Tim O'Reilly spiega quali sono le innovazioni tecnologiche che, grazie ai blog, hanno trasformato il Web in una immensa conversazione. La prima è una tecnologia che si chiama RSS (*really simple syndication*): questa applicazione consente di "abbonarsi" alla pagina di un blog e, ricevendo un avviso ogni volta che viene modificata, di restare costantemente aggiornati sulla "conversazione in corso". I *feed RSS*, segnalazioni lanciate dal blog che possono essere raccolte dagli utenti attraverso degli speciali software detti aggregatori, vengono utilizzati per segnalare non solo i nuovi inserimenti sul blog, ma anche tutti i tipi di aggiornamento dei dati in un determinato sito, incluse le quotazioni azionarie, il meteo e la disponibilità di foto.

Ma l'utilizzo di RSS è solo parte di quello che rende differente un weblog da una pagina web comune. Oltre a questo il blog ha introdotto i *permalink*, cioè dei link che puntano direttamente a una pagina, e quindi a un contenuto, di un blog. È questo che avrebbe trasformato i weblog da una piattaforma di semplice pubblicazione di contenuti in una piattaforma conversazionale che alimenta flussi comunicativi fra comunità che si sovrappongono. «Per la prima volta – sostiene O'Reilly – è diventato relativamente semplice puntare direttamente a una sezione specifica del sito di qualcun altro e parlarne. Sono nate discussioni. Sono nate conversazioni. E, come risultato, sono nate amicizie. Il permalink è stato il primo tentativo, e quello più di successo, di costruire ponti tra i weblog.»

Nella cosiddetta "blogosfera", neologismo che indica l'insieme dei blog e delle loro connessioni, le persone possono non solo sottoscrivere i siti degli altri, collegarsi facilmente ai singoli commenti su una pagina, ma anche, tramite un meccanismo noto come *trackback*, vedere quando qualcun altro si collega alle proprie pagine in modo da poter rispondere, sia con link reciproci, sia aggiungendo commenti. In questo modo i blog sfruttano l'intelligenza collettiva come una specie di filtro: come il PageRank produce risultati migliori dell'analisi di ogni documento individuale, così l'attenzione collettiva della blogosfera seleziona il valore delle informazioni. In tal senso i blog devono essere considerati più che degli amplificatori, quanto soprattutto dei filtri che, attraverso un'intelligenza e una saggezza collettive, selezionano la rilevanza delle informazioni.

Box 5.1 **Come deve essere un sito nel Web 2.0**

Nel suo libro *A Pattern Language*, Christopher Alexander definisce un format per la descrizione concisa della soluzione di problemi architetturali di un sito nel Web 2.0.

1. *The long tail.* I piccoli siti rappresentano il grosso del contenuto internet; nicchie ristrette rappresentano il grosso delle applicazioni internet possibili. *Perciò*: fate leva sul customer self-service e sulla gestione dei dati algoritmici per raggiungere l'intero Web, le periferie e non solo il centro, la coda lunga e non solo la testa.
2. *I dati sono il prossimo Intel Inside.* Le applicazioni sono sempre più guidate dai dati. *Perciò*: per un vantaggio competitivo, cercate di possedere una fonte di dati unica e difficile da ricreare.
3. *Gli utenti aggiungono valore.* La chiave per un vantaggio competitivo nelle applicazioni internet è il grado in cui gli utenti siano capaci di aggiungere i propri dati a quelli che voi fornite. *Perciò*: non limitate la vostra "architettura partecipativa" allo sviluppo del software. Coinvolgete i vostri utenti sia implicitamente, sia esplicitamente nell'aggiungere valore alla vostra applicazione.
4. *Gli effetti del network di default.* Solo una piccola percentuale di utenti si prenderà la briga di aggiungere valore alla vostra applicazione. *Perciò*: impostate di default un sistema per aggregare i dati degli utenti come effetto laterale dell'utilizzo della vostra applicazione.
5. *Some rights reserved.* La protezione della proprietà intellettuale limita il riutilizzo e previene la sperimentazione. *Perciò*: quando i benefici vengono dall'adozione collettiva e non dalla restrizione privata, assicuratevi che le barriere all'adozione siano basse. Seguite gli standard esistenti e utilizzate le licenze con il minimo di restrizioni possibili. Progettate per l'"hackability" e la "remixability."
6. *Il beta perpetuo.* Quando i dispositivi e i programmi sono collegati a Internet, le applicazioni non sono più manufatti software, ma servizi in via di sviluppo. *Perciò*: non inserite più nuove funzioni in release monolitiche ma, al contrario, aggiungetele regolarmente come parte della normale esperienza dell'utilizzatore. Impegnate i vostri utenti come collaudatori in tempo reale e dotate il servizio di strumenti di controllo, così saprete come la gente usa le nuove funzioni.

Segue

7. *Co-operazione, non controllo.* Le applicazioni Web 2.0 consistono in una rete di data service che collaborano. *Perciò*: offrite interfacce per i web service e syndication dei contenuti e riutilizzate i data service degli altri. Supportate modelli di programmazione leggeri che consentono sistemi di abbinamento liberi.
8. *Il software a livello superiore del singolo dispositivo.* Il pc non è più l'unico dispositivo che consente l'accesso alle applicazioni internet e le applicazioni che sono limitate a un solo dispositivo hanno un valore inferiore rispetto a quelle che sono connesse. *Perciò*: progettate dall'inizio la vostra applicazione per integrare servizi su dispositivi portatili, pc e server internet.

Fonte: O'Reilly (2005).

6. Dagli stili di vita ai momenti di vita

Esci dall'ufficio ed entra nelle tribù e nei loro "momenti di vita"

Quali stili di vita nella società postmoderna?

Gli "Stili di Vita" Eurisko suddividono la popolazione italiana adulta in base ai comportamenti sociali e di consumo. Introdotti nel 1976 da Gabriele Calvi e dall'Eurisko, nel 1986 gli "Stili di Vita" diedero vita alla ricerca psicografica chiamata Sinottica, che da allora viene condotta annualmente su un campione rappresentativo della società italiana suddividendo le persone nei famosi cluster: liceali, delfini, spettatori, arrivati, organizzatori, colleghe, commesse, raffinate, massaie, appartate ecc. Ciascuno stile di vita identifica un modo specifico di vivere, pensare, lavorare, consumare. La segmentazione si basa su un insieme di 47 caratteristiche della persona, che vengono elaborate con una tecnica mista di analisi dei gruppi multivariata e di algoritmi di riclassificazione. Il risultato è una suddivisione in profili-tipo costanti nel tempo.

L'influenza del concetto di "stile di vita" nel marketing contemporaneo deve molto all'analisi del consumo fatta da Pierre Bourdieu. Egli introdusse il concetto di *habitus* per identificare un insieme di disposizioni personali e di preferenze che si riflettono nel gusto e nelle pratiche quotidiane di un determinato gruppo sociale. Lo stile di vita manifesta una visione del mondo, una sorta di orientamento verso le pratiche e i beni che si addicono a coloro che occupano una data posizione nella società (Bourdieu, 1983, p. 456). Nella moderna accezione, per Vanni Codeluppi (2002, p. 8) il concetto di stile di vita si riferisce all'insieme di valori, atteggiamenti, opinioni e comportamenti che manifestano l'unicità di un gruppo di persone e di cui il consumo è soltanto una delle tante forme di espressione.

A livello pratico gli stili di vita costituiscono *un metodo psicografico di segmentazione del target*, basato quindi su atteggiamenti e comportamenti, utilizzato per definire un mercato obiettivo verso il quale promuovere un prodotto o un servizio. La segmentazione per stili di vita vuole stabilire un nesso fra il comportamento d'acquisto e una serie di variabili che vanno dai valori di un individuo alle opinioni, agli atteggiamenti, ai comportamenti: ogni stile di vita si tradurrebbe dunque in uno specifico comportamento di consumo.

Come altri tipi di segmentazione, quella per stili di vita si caratterizza, sin dalle sue prime applicazioni, per un utilizzo all'interno di un mercato di massa. Il suo presupposto di base è infatti che la personalità degli individui – seppur non più unica e stabile nel tempo – mantenga una certa coerenza interna, un nucleo di preferenze e gusti a cui corrisponderebbero determinate scelte di consumo.

Tuttavia, il comportamento del consumatore postmoderno appare sempre più imprevedibile e il suo agire di consumo sempre più contradditorio e incoerente, in contrasto con il principio di linearità tipico dell'*uomo tutto d'un pezzo* – espressione popolare che identificava l'individuo sostanzialmente "integro", facilmente definibile una volta per tutte, senza zone d'ombra e dunque perfettamente intelligibile nei suoi pensieri e comportamenti.

Nella società postmoderna, invece, il consumatore interpreta una molteplicità di ruoli che si manifestano in comportamenti apparentemente contradditori: può essere imprenditore e allo stesso tempo frequentare centri sociali antagonisti, di giorno fare il direttore di banca e il week end frequentare raduni di motociclisti, essere un salutista convinto durante il corso di yoga e poi eccedere in consumo di alcol la sera con gli amici. Alcuni lo definiscono consumatore *bricolaire,* individuando nel *patchwork* la metafora più adatta a descrivere il suo approccio al consumo: un *case by case approach* diverso a seconda dei casi, improntato al pragmatismo di risposte a seconda delle situazioni, al *cherry picking* (scegliere il meglio dai differenti contesti), all'eclettismo e al sincretismo. Quelle che un tempo apparivano forme di irrazionalità si configurano come tipiche espressioni della società contemporanea, e cioè di una società complessa in cui «la logica prevalente non è quella dell'*aut... aut*, ma quella dell'*et... et*» (Cova, 2003).

Per comprendere il motivo di tale apparente schizofrenia dobbiamo considerare che in una società complessa come quella postmoderna in ogni persona convivono diverse identità, legate alla pluralità dei contesti culturali di vita, a diverse ideologie, ai vari hobby e alle diverse attività lavorative svolte.

Il lavoro non costituisce più il principale elemento di caratterizzazione dell'identità, ciò che un tempo era definito "monocentrismo occupazionale", da cui derivava una concezione dell'identità unica, stabile e coerente. In quel contesto il consumo era visto come una variabile dipendente dalla situazione occupazionale, legato al reddito, mentre i beni venivano considerati come *status symbol*, vale a dire espressione di appartenenza a una classe sociale.

Oggi, nell'era della flessibilità del lavoro, si è passati a quello che viene definito, per contrapposizione, "policentrismo esistenziale", in cui il lavoro resta un fattore di formazione dell'identità, ma non è più né l'unico, né il fattore più importante: l'individuo occupa contemporaneamente più posizioni in differenti strutture sociali ma con la possibilità di conciliarle fra loro (Cesareo, 1987). Questo permette all'individuo di adeguarsi molto velocemente ai continui mutamenti della realtà senza doversi mettere continuamente in discussione.

La segmentazione di un *target policentrico* risulta quanto mai difficile e non permette la loro collocazione in target semplici, stabili e di grandi dimensioni. Inizialmente la risposta alla crescente complessità dei mercati, sempre instabili e contraddittori, così come i consumatori, è stata quella di affinare tecniche di segmentazione sempre più sofisticate, portando alla definizione di nicchie di mercato sempre più ristrette, fino ad arrivare a una totale frammentazione del target. Il marketing degli anni Ottanta vede il passaggio «dal marketing di massa al marketing segmentato, a quello di nicchia, fino al passo successivo, il marketing individualizzato» (Rapp e Collins, 1996, p. 42), o personalizzato *one-to-one*.

Il direct marketing rappresenta l'estremizzazione del processo di costruzione di target sempre più piccoli e atomizzati fino ad arrivare al singolo consumatore, quasi a rispondere alla differenziazione della società con la potenza di calcolo offerta dallo sviluppo tecnologico e dall'archiviazione dei dati sui consumatori in immensi archivi elettronici, una modalità rivelatasi oggi difficile da gestire e soprattutto troppo costosa.

Tuttavia, la postmodernità non deve essere definita come un periodo di dissoluzione sociale ampiamente generalizzato e di esasperato individualismo. Si possono individuare in essa dei tentativi di riaggregazione sociale: il soggetto che è riuscito a liberarsi completamente dei suoi legami sociali, arcaici o moderni, ricercherebbe, secondo un movimento contrario, una ricomposizione sociale sulla base di libere scelte emotive.

Alcuni sottolineano che la dinamica sociale, caratteristica dell'era postmoderna, è fatta di tante esperienze diverse: rappresentazioni ed emozioni quotidiane, molto spesso mal comprese. E mentre una tale dinamica viene generalmente spiegata come un ripiegamento individualistico, al contempo questi studiosi mettono in luce un tribalismo sempre più diffuso. Le neotribù si caratterizzerebbero quindi come comunità emozionali, che cercano di restaurare l'ideale comunitario di quartiere o di paese, non necessariamente definite dal punto di vista spaziale, dato che alcune utilizzano tutte le risorse dei nuovi mezzi di comunicazione, soprattutto Internet, creando comunità virtuali in cui l'interfaccia e la simultanea presenza fisica non sono sempre imprescindibili.

Attenzione: parlare di comunità postmoderna non significa affatto un ritorno alla chiusa comunità tradizionale.

La comunità postmoderna è più instabile ed effimera, in quanto ogni soggetto al suo interno mantiene la propria autonomia ed è libero di uscire dal gruppo quando lo desidera. Ogni soggetto postmoderno appartiene a tante tribù, all'interno delle quali ricopre ruoli anche molto diversi e porta varie maschere specifiche, cosa che rende molto difficile l'individuazione del soggetto stesso da parte delle tradizionali indagini di tipo sociologico. Far parte delle tribù è diventato per il soggetto più importante che appartenere ai moderni gruppi di riferimento, il che rende impossibile la classificazione secondo gli abituali standard sociologici, incluso lo stile di vita (Cova, 2003).

La segmentazione per "momenti di vita"

Le pratiche di segmentazione su cui il marketing si è basato finora non si dimostrano quindi efficienti come un tempo, non riuscendo a rispondere all'imprevedibilità del comportamento del consumatore. Considerata la crescente difficoltà delle aziende di individuare e segmentare il proprio target di riferimento, sempre più nomade e policentrico, in questa sede proponiamo un nuovo approccio per individuare persone, scenari e punti contatto, verso i quali rivolgere le politiche di marketing dell'azienda. A questo proposito riteniamo utile definire un nuovo concetto: quello dei "momenti di vita" (Pallera, 2004).

Se l'individuo subisce l'influenza delle trasformazioni sociali, ponendosi in un percorso di vita non più lineare e progressivo, ma mutevole, flessibile e contraddittorio, e se questi nuovi aspetti hanno portato all'inefficacia delle classiche teorie di marketing e dei loro aspetti operativi, allora forse non ha più senso cercare di definire il consumatore una volta per tutte. È forse più opportuno prendere definitivamente atto della sua apparente schizofrenia.

Così come il principio di indeterminazione di Heisenberg, secondo il quale non è possibile conoscere con precisione simultaneamente posizione e velocità di un dato oggetto, allo stesso modo nella società postmoderna, caratterizzata da crescente complessità ed espressione di individualità sempre più molteplici e creative (bobos, transgender ecc.), non è possibile ricorrere a rigidi criteri di segmentazione. Ha molto più senso, come dice Gerd Gerken, autore del profetico *Addio al Marketing*, considerare gli individui come «punti di intersezione» o punti di contatto tra sistemi sociali.

Come spiega Egeria Di Nallo (1998), si possono individuare dei punti di connessione fra mercato, azienda e persone, che danno luogo ad aree comunicative distinguibili le une dalle altre, se pur delimitate da confini incerti e mutevoli. Di Nallo chiama questi punti di connessione *meeting point*. Il meeting point, quindi:

- appare come punto d'incontro di flussi comunicativi, relazionali, percettivi;
- si compone di più unità che interagiscono al loro interno e fra di loro;

- è compreso in confini, a volte incerti e mobili, che delimitano differenze più di tipo ordinativo-semantico che funzionale;
- è in stretta interazione con il mercato, l'azienda.

I meeting point sono assimilabili visivamente ai siti internet o alle piazze di una città di provincia: luoghi di incontri diversificati, in cui trovare gallerie, negozi, appassionati di musica, di sport, compratori e venditori. Il meeting point ha all'interno varie unità interattive, banchi di vendita, capannelli di persone ecc., e i consumatori entrano ed escono senza necessariamente sentirsi vincolati a una sola di loro (*figura 6.1*). Spiega Di Nallo (1998, p. 191): «Il meeting point è la versione da società complessa dell'antico mercato ed è sempre come allora, luogo di incontro, di persone, merci, parole, creatore di percezioni e di simboli».

Figura 6.1 **Rappresentazione del meeting point**

Fonte: Osservatorio Meeting Point.

Il nuovo consumatore si muove dunque dinamicamente e può avere diverse *attitudini al consumo* in relazione al diverso momento che sta vivendo e condividendo con altre persone. Nel corso dei vari momenti della giornata – che ci portano a essere genitori, professionisti, praticanti di arti marziali e discipline orientali, edonisti, ma anche ducatisti, ipodisti, frequentatori di ambienti virtuali, lettori di blog e di forum tematici, membri di community di appassionati – siamo contemporaneamente tante persone diverse. Ma sicuramente, in ogni singolo momento, condividiamo con gli altri qualcosa, che ci rende simili e quindi in un certo senso raggruppabili in un insieme. Li potremmo definire "momenti di vita", in contrapposizione ai classici e ormai poco funzionali "stili di vita", tipici del marketing tradizionale.

Più soggetti in alcuni momenti della loro vita condividono uno "spazio sociale", un ambiente che può essere fisico o virtuale. Lo spazio sociale è caratterizzato da due dimensioni: il luogo e il momento, che insieme identificano una determinata *situazione*. Ogni spazio sociale è caratterizzato da determinati codici simbolici, regole sociali e da particolari "attitudini al consumo"; per esempio, durante un corso di yoga è probabile che una persona sia più sensibile a tematiche e prodotti relativi alla salute e all'ecologia, mentre a un aperitivo sarà più in sintonia con un brand edonista e spensierato. In tal senso l'azienda può essere in grado di individuare e raggiungere il proprio target attraverso i luoghi (reali o virtuali) in cui si aggrega spontaneamente nel corso dei diversi momenti della giornata. Chiamiamo questi luoghi reali o virtuali *touchpoints*.

Certamente molti momenti di vita sono dedicati alla fruizione dei mezzi di comunicazione. Anche in questo caso, definire le caratteristiche della situazione, il determinato "momento di vita" aiuterà il marketing manager a trovare la strada per comunicare con le persone con le modalità, i linguaggi e i codici più appropriati. Per esempio, lo stesso mezzo oggi può essere fruito in situazioni e con modalità differenti (tv sul telefonino o sul Web, tv come strumento di gioco multiplayer), a volte contemporaneamente ad altri mezzi (tv e Internet, Internet e radio, stampa e radio ecc.); fruiamo dei diversi canali, programmi, riviste o siti con un atteggiamento e una predisposizione diversi.

Questo nuovo criterio di individuazione, più che di "segmentazione", non più basato sulle caratteristiche sociodemografiche o psicografiche, bensì sull'*hic et nunc*, non parte dalle caratteristiche delle persone per poi raggrupparle; al contrario parte dai punti di contatto, i touchpoints in cui il brand può incontrare le persone per identificare le migliori modalità di interazione e di creazione dell'esperienza. Questo tipo di approccio sembra quindi prestarsi maggiormente ad approcci di marketing tribale ed esperienziale.

Quanto spiegato finora, lungi dall'essere esaustivo su come affrontare il problema della complessità della classificazione del target, vuole sensibilizzare il marketing manager a uscire dal proprio ufficio per scendere metaforicamente "in strada" diventando egli stesso membro della tribù, con l'obiettivo di "capire il senso", a volte enigmatico e incomprensibile per le aziende, che le persone attribuiscono a certi comportamenti di consumo. Per esempio, cosa ha spinto dei consumatori a trasformare la bevanda Diet Coke e le caramelle Mentos in due reagenti chimici?

Le indagini tradizionali, basate su metodologie quantitative, difficilmente permettono di arrivare al "senso" dell'azione. Le analisi etnografiche, al contrario, si basano su una osservazione partecipata, dall'interno, che riesce a comprendere i sistemi simbolici e i codici degli attori, permettendo all'azienda di agire su di essi e di abbracciarne la complessità con attività di comunicazione più affini.

Il criterio dei "momenti di vita", da sempre tipico degli eventi, è di fatto già utilizzato in molte operazioni di *ambient advertising* o *place-based advertising*, in Italia definito soprattutto *ambient marketing*, che consistono nello sfruttare l'ambiente come mezzo di comunicazione per veicolare il brand, preferibilmente in un momento in cui le persone sono più ricettive al messaggio. Un buon esempio italiano è quello realizzato dall'agenzia AdmCom per il Casinò di Venezia, che ha trasformato il nastro che trasporta i bagagli dell'aeroporto Marco Polo in una enorme roulette.

Questo tipo di attività *face-to-face* privilegiano generalmente ambienti e situazioni in cui non vi è affollamento di messaggi pubblicitari, che permettono di relazionarsi con le persone in momenti in cui possono essere più ricettive; sfruttano ambienti *indoor* o *outdoor* che vanno dai centri fitness ai bagni pubblici, dagli spazi urbani alle spiagge, rivestendo ambienti o persone con comunicazioni pubblicitarie. Seguendo tale approccio, la comunicazione raggiunge il target al di fuori dei comuni canali di vendita, troppo affollati di marche e prodotti, cogliendolo appunto quando è più ricettivo al messaggio pubblicitario: nei luoghi in cui si reca spontaneamente durante la giornata e nel momento in cui si trova in condizione di "apertura mentale", perché rilassato e quindi disponibile all'ascolto. Questa tecnica è di grandissima efficacia se applicata nel momento di vita in cui nasce il bisogno di un prodotto o di un servizio, come nell'esempio citato sopra[1].

A volte i valori tangibili e intangibili del brand e il messaggio della comunicazione vengono veicolati anche in maniera indiretta, attraverso l'"ambiente" e il contesto sociale in cui sono inseriti. In tal senso l'ambiente arriva a far parte del messaggio, come nel caso di un prodotto alimentare salutare presentato in un centro benessere o di un videogame per teenager che si appropria di spazi urbani. Le operazioni più riuscite e creative vengono generalmente chiamate anche di *guerrilla marketing*. Tuttavia, noi non concordiamo con questa classificazione. Riteniamo la guerrilla più che una tecnica da strada, un particolare approccio alle strategie di marketing che può concretizzarsi in operazioni trasversali a tutte le leve e i mezzi di comunicazione, sia online sia offline.

Gli ambienti nell'era di Internet, infatti, non sono solo quelli reali. Ne consegue che il criterio dei "momenti di vita" può essere applicato anche ad ambienti virtuali: le persone s'incontrano su siti, chatroom, blog, forum, metaversi ecc. Attraverso l'analisi e la classificazione di queste comunità virtuali, in cui s'incontrano le persone potenzialmente interessate al brand e alle sue attività di marketing, è possibile creare e mantenere un database *ad hoc* a partire dal quale avviare delle attività che possiamo definire di *net-tribes* o di *blogosfera relation*, quando sono rivolte principalmente ai blogger. Comunemente questo tipo di attività è raccolta sotto il nome di *buzz marketing*.

---

[1] Si ringrazia Andrea Zanetti per il contributo alla riflessione sull'*ambient marketing*.

7. Dalla brand awareness alla brand affinity

Non puoi piacere a tutti, scegli e alimenta le tue affinità

Muoversi fra gli scenari alla ricerca dell'affinità

Lo sforzo maggiore dei brand manager fino ad oggi è stato quello di rendere la propria marca *top of mind* in termini di *brand awareness*, vale a dire di diffusione della notorietà del marchio fra più persone possibili, al punto da diventare la marca più conosciuta all'interno di una categoria merceologica. L'obiettivo di essere ricordati vuole spesso essere raggiunto a qualsiasi costo, confezionando comunicazioni banali sostenute da pianificazioni martellanti, che spesso arrivano a generare antipatia nei confronti del consumatore. Certamente la notorietà di una marca rimane uno degli obiettivi principali che il marketing manager dovrebbe porsi. Tuttavia, dal momento che la società si sta differenziando sempre di più sia nei prodotti sia nella tipologia di pubblico, a meno che non ci si trovi in una situazione di oligopolio (come per esempio nella telefonia), abbiamo visto come sia davvero ambizioso puntare a diventare una marca *one size fits all*, in grado di piacere a tutti indistintamente. Resta poi da chiedersi come riuscire a imporre al grande pubblico la propria marca in un panorama di totale frammentazione dei media e di inflazione dei mezzi di comunicazione, che costano sempre di più e garantiscono sempre minori ritorni sugli investimenti. Cosa può fare il marketing manager che non può più contare su imponenti risorse di budget e sulla pervasività dei mezzi di comunicazione per affermare il proprio brand in un mercato ipercompetitivo e frammentato?

La strada che proponiamo è quella di lavorare sull'affinità tra il brand, le sue attività di marketing e alcune tribù (o meglio neotribù) di persone, nicchie non necessariamente di piccole dimensioni, con l'obiettivo di entrare in un paniere di marche riconosciute dai vari gruppi come affini al proprio specifico *mindest*. Prendere parte attiva nella generazione di significati condivisi dai membri delle tribù che condividono *stili di consumo* potenzialmente affini al nostro brand e alla sua offerta, che non sarà più solo funzionale ma soprattutto simbolica, dovrebbe essere l'atteggiamento di una marca realmente postmoderna. Secondo un approccio semiotico, infatti, l'agire di consumo è finalizzato ad attestare i valori condivisi dagli individui, appagando esigenze immateriali ed espressive. Il consumo appare connesso a un articolato sistema di segni e di simboli. La generazione del valore per la marca deve quindi avvenire agendo su questi significati simbolici, sui linguaggi, sulla cultura (Di Bernardo, 1987). Secondo Bruno Busacca, l'eterogeneità della domanda è relazionata alla molteplicità dei sistemi di simboli e dei codici utilizzati dagli individui nelle proprie scelte di consumo. Per questo è necessario analizzare i differenti significati che i consumatori danno ai prodotti, pur nell'ambito della stessa categoria merceologica, e le diverse convenzioni culturali (codici e sottocodici) che permettono di comprendere i vari aspetti dei significati in gioco.

Quindi, dopo aver capito il valore semantico attribuito dai consumatori a diverse alternative di offerta, l'azienda deve intervenire sui meccanismi di formazione del valore simbolico, costruendo sistemi semantici coerenti rispetto alla cultura del target di riferimento, ma anche producendo nuove espressioni e forme culturali in termini sia di prodotto, sia di comunicazioni pubblicitarie (Ferrero, 1990). Secondo Gerd Gerken l'obiettivo delle aziende dovrebbe esser quello di *entrare direttamente nell'ambito degli scenari*, partecipando attivamente alla costruzione delle culture di consumo: «Non vi è più un consumatore al quale mirare, vi è solo un flusso di culture del consumo e di orientamenti contraddittori con i quali si dovrebbe confluire o dai quali essere trasportati come l'onda trascina con sé il surfer» (Gerken, 1994, p. 47). Il marketing deve quindi rivolgersi ai gruppi sociali reali, vivendo in mezzo a quei gruppi, invece di analizzarli solamente dall'esterno.

Per definire questa componente partecipativa secondo Gerken la

Tabella 7.1 **Mutamento dell'idea di comunicazione**

	Epoca della vendita	*Epoca del marketing*	*Epoca dell'interfusione*
Tipo di comunicazione	Réclame	Comunicazione di marketing	Networking e sponsorizzazione degli scenari
Fattore centrale	Merce	Domanda	Relazioni
Stile dominante	Imperativo	Motivazionale	Accordo
Paradigma della comunicazione	La comunicazione segue la merce	La comunicazione segue la domanda	La comunicazione segue le relazioni

Fonte: L. Benetton, *Prefazione*, in Gerken (1994).

parola d'ordine è *fusione*, ossia rinunciare ad azioni unilaterali con la volontà reale di autentiche inter-azioni (*tabella 7.1*).

Box 7.1 **Bill2.org e il flashmob sponsorizzato Eastpack**

"Bill2.org" è un'operazione realizzata dalla marca di zaini Eastpack (è disponibile il video, vedi "ShotCode" in appendice), che ha scelto di "sponsorizzare" il fenomeno socioculturale dei flashmob (sintesi di *flash mobilization*) per legarsi ai concetti di espressione di pura creatività e di riconquista degli spazi urbani. Per questo è stato creato il sito www.bill2.org. Il dominio assumeva una doppia valenza: il personaggio Bill era il padre del flashmob e Bill2 significava "Built to resist", pay-off di Eastpack. Si è poi proceduto con il reclutamento dei padrini: trendsetter, rappresentanti studenteschi, PR, artisti – ragazzi che sostenessero il progetto e che fossero ben radicati nei loro ambienti. A tutto ciò ha fatto seguito una campagna di guerrilla e buzz marketing su tutto il territorio della città di Milano: sticker e flyer distribuiti in tutti i luoghi di maggiore aggregazione giovanile e materiale scaricabile online.

Parallelamente, si è proceduto alla costruzione del personaggio di Bill attraverso gli interventi sul blog e con messaggi inviati alla mailing list del sito. La contemporanea diffusione di comunicati civetta ai media più interessanti – quali radio, quotidiani, Web – ha contribuito a far crescere le attese intorno all'evento. E infine, il primo flashmob, a Milano: il "Soft fight club", la più grande battaglia di cuscini mai vista in Italia.

La seconda fase dell'operazione ha visto la partecipazione diretta del brand alla promozione del flashmob come esempio di libertà di espressione e creatività, attraverso l'organizzazione della mostra videofotografica "The flashmob people", presso l'Eastpack Store di Milano. L'operazione è proseguita con altri

Segue

tre flashmob: "Love in", una kissing session globale, a Milano; un pillow fight a Bologna, durante il periodo natalizio, organizzato di fronte a un cliente Eastpack che all'epoca ospitava la mostra; e infine "Flash & Clean", una simulazione di un bucato all'uscita di Pitti Immagine, un ironico appunto al "sistema moda".

Anche se inizialmente alcuni hanno stigmatizzato l'eventuale presenza di un marchio dietro l'organizzazione del flashmob, dopo pochi giorni oltre il 95% degli user ha valutato molto positivamente sia Bill, sia l'eventuale presenza di Eastpack dietro l'operazione. Gli eventi sono stati vissuti come un momento di aggregazione e libertà di espressione. La visibilità di Eastpack è avvenuta attraverso la mostra e il legame con Bill. Eastpack è stata immediatamente percepita dai media come attore protagonista del flashmob e dai consumatori come sostenitore di un movimento dalle enormi potenzialità di diffusione. Dopo la fase di lancio del progetto, Bill2.org si è fatto promotore di diversi flashmob organizzati spontaneamente in tutta Italia, e si è proposto come mezzo di promozione alternativa di eventi: flashmob, video clip, reality ecc.

In sintesi, l'intera operazione ha incontrato i favori dei media, ottenendo un buon riscontro sia da parte dei quotidiani sia dei periodici lifestyle. Ottimo riscontro anche da parte delle radio, che hanno parlato del flashmob come nuova tendenza, e di Internet, che ha contribuito a consolidare Bill2.org come punto di riferimento del flashmob italiano. Consistente anche la risposta dei consumatori, con migliaia di iscritti su Bill2.org e centinaia di messaggi postati quotidianamente sul blog. La mostra "The flashmob people", infine, è diventata itinerante, e viene periodicamente ospitata dai clienti Eastpack più attenti alle nuove tendenze youth, fornendo loro, in questo modo, nuove opportunità di business.

Con "brand affinity" intendiamo quindi la capacità del brand di risuonare con il sistema simbolico-culturale delle proprie tribù e con i propri scenari di riferimento.

È importante non considerare queste tribù come insiemi compatti e statici, bensì come momenti di intersezione fra flussi di comunicazione in cui le persone entrano ed escono in continuazione durante i propri "momenti di vita". Un teenager, per esempio, attraversa continuamente diverse tribù musicali: dai "gabber" agli "alternativi", dai "punk" ai "poppettari". Capire i codici di riferimento e le convenzioni sociali di un gruppo è una questione altamente complessa. Invece di mantenere una solida aderenza a questi codici, presidiati da alcune comunità di *brand fan*, spesso le aziende si lanciano in comunicazioni banali e in strategie rivolte al "grande pubblico", con il rischio di perdere l'appoggio della propria base di riferimento. Più avanti vedremo come l'appoggio della base in un'ottica di marketing tribale sia fondamentale.

Ricercare una brand affinity con alcune tribù o nicchie strategiche e partecipare alla costruzione degli scenari, vale a dire le costruzioni sociali dentro le quali si muovono, è altamente strategico per le aziende per potersi affermare anche tra il grande pubblico, potendo contare sull'entusiasmo di veri sostenitori e su meccanismi di contagio sociale che permettono ad alcuni fenomeni di costume di diffondersi dall'underground al mainstream.

Attraverso l'utilizzo delle tecniche di *cool hunting* e identificando le tendenze e le cosiddette "emergenze", è possibile individuare e inserirsi nei più appropriati scenari di riferimento per la marca, cavalcando così l'onda del futuro. Per fare questo, però, è necessario utilizzare nel marketing anche metodologie di stampo antropologico, analizzando il consumo come modo di costruzione del mondo e di comunicazione e condivisione delle proprie categorie culturali, rendendo possibile la comprensione dei significati condivisi alla base dei consumi (*box 7.2*). L'osservazione partecipante e la netnografia (una metodologia etnografica che utilizza la rete come strumento di analisi) sono i nuovi strumenti di ricerca che devono necessariamente entrare a far parte del bagaglio del marketing manager. Perciò riteniamo che l'antropologia e la sociologia, ancor più che l'economia e la statistica, siano le scienze madri del marketing del futuro.

Box 7.2 **Una sponsorizzazione di scenario: il caso Fichimori**

L'azienda vinicola Tormaresca, di proprietà dei marchesi Antinori, con sede nel Salento, ha messo in atto una strategia di marketing per immettere sul mercato un nuovo vino rosso, *Fichimori*.

Tale vino nasce da uve Negramaro, tipiche del territorio salentino, raccolte a mano e, a differenza degli altri vini rossi, va servito freddo. L'agenzia che si è occupata del lancio, nell'analizzare lo scenario socioculturale, ha rilevato l'emergenza di movimenti che riscoprono l'interesse per i localismi e per l'autenticità, oltre che la riscoperta, nel Sud Italia, del neotarantismo, soprattutto in ambito giovanile.

Per promuovere questo particolare vino, oltre alla pubblicità su carta stam-

Segue

pata, è stato ideato il sito www.tarantaindacasa.it, tramite il quale ci si può candidare, previa registrazione, per ospitare gratuitamente nella propria casa o sulla propria barca una festa "sponsorizzata" da Fichimori: vino e musica sono forniti dall'azienda e il tutto è accompagnato dall'esibizione di ballerine di pizzica. Il *claim* della campagna "Rinfresca i bollenti spiriti" propone un nuovo modo di stare insieme, di festeggiare per il semplice gusto di divertirsi con gli altri in modo puro e genuino. Questo pay-off gioca sul duplice significato che il verbo "rinfrescare" può assumere: da una parte Fichimori rinfresca dal caldo – infatti è un vino rosso da servire freddo, quindi viene suggerita anche la modalità di fruizione –, dall'altra rinfresca in senso metaforico la nostra passione dandoci nuova carica per continuare la festa. I "bollenti spiriti" evocano appunto la passione, l'energia, l'ebbrezza e, per estensione, il vino rosso. Inoltre è stato organizzato un tour itinerante per l'estate che prevede feste ed eventi nelle grandi città e nelle principali località turistiche, fondendo insieme tre strategie di marketing:

- *ambient marketing*: il prodotto è stato portato proprio lì dove sorge il suo bisogno;
- *marketing esperienziale*: il pubblico è immerso in un'esperienza indimenticabile che coinvolge i cinque sensi;
- *marketing tribale*: Fichimori diventa il totem di gruppi con legami consolidati.

La campagna di comunicazione propone la riscoperta di una tradizione molto antica, quella della "taranta", espressa in forma musicale nella pizzica, ballo dal ritmo frenetico attraverso il quale la vittima del morso della tarantola può liberarsi dal veleno, ballando fino allo sfinimento. La strategia utilizzata per il lancio di Fichimori è caratterizzata dal recupero della tradizione della taranta, la cui sonorità accompagna attraverso le varie sezioni del sito e durante le feste sponsorizzate dove, come abbiamo già detto, si esibiscono ballerine di pizzica reinterpretandola in chiave moderna. Anche il cd musicale scaricabile dal sito internet combina perfettamente tradizione e innovazione: i canti popolari tipici del territorio sono rivisitati in chiave postmoderna e accompagnati dalle sonorità della musica elettronica.

Oltre a un prodotto di elevata qualità si vuole offrire in questo modo un prodotto con un alto valore di legame, un prodotto che svolga la funzione di totem all'interno delle microtribù in cui va a collocarsi; l'intento dell'azienda Tormaresca non è infatti quello di creare una comunità intorno al proprio prodotto, quanto piuttosto di entrare in piccole tribù preesistenti al prodotto stesso, come possono essere gruppi di amici che si ritrovano insieme in occasione di una festa, accomunati dalla voglia di stare insieme e di divertirsi e dalla passione per il vino. Fichimori svolge quindi la funzione di veicolo di socializzazione e si pone nella schiera di quei brand definiti "glocali": marchi profonda-

Segue

mente radicati al territorio di origine, legati alle tradizioni e con una forte identità, ma al tempo stesso molto attuali, innovativi e in grado di riscontrare successo anche al di là dei confini nazionali perché in grado di adattarsi alle culture dei singoli Paesi.

Il marketing tribale

Una strategia di marketing finalizzata ad alimentare l'affinità di un brand a uno o più gruppi di persone è il *marketing tribale*. Questo assume come unità di analisi e di target tribù di consumatori, ossia raggruppamenti di individui eterogenei ma legati da una stessa passione o emozione e capaci di intraprendere azioni collettive, benché queste abbiano un carattere effimero. In alcuni casi, la tribù è intesa in senso più ristretto, cioè come un raggruppamento emozionale intorno una marca, nel qual caso si parla di costruire o sviluppare una comunità di marchio (*brand community*). L'ipotesi tribale del marketing porta a utilizzare le tribù come unità di analisi, intese come sotto-insiemi sfumati di consumatori e non come tradizionali segmenti, e a cercare di creare o sviluppare delle tribù intorno a prodotti, o luoghi di servizio, che abbiano in sé un *valore di legame*, vale a dire che riescano ad alimentare la socialità fra le persone. È in questo modo che Salomon è riuscito a penetrare il mercato tribale dello snowboard e del roller.

Tuttavia, in una visione più ampia del tribalismo, la comunità e la tribù fungono anche da metafora per tutti quei legami tra gli individui che il mercato ha eroso sotto la spinta della globalizzazione. In effetti, più che parlare di un ritorno tangibile della comunità, vale a dire di raggruppamenti oggettivi di individui, è più corretto parlare di ritorno del "desiderio di comunità", o meglio, dell'immaginario della comunità, cioè del tribalismo come espressione dell'ideale comunitario dell'individuo postmoderno che cerca di uscire dal proprio isolamento: egli non è più isolato poiché si rende partecipe, realmente, immaginariamente o virtualmente, di una o più comunità vaste e informali.

È su questo immaginario, il quale condiziona sempre di più le rappresentazioni degli attori (non solo consumatori, ma anche produttori e distributori), che il marketing tribale fa affidamento per poter operare su tutti i registri del tribalismo, entro i due estremi del *continuum* comunitario:

- il legame effettivo tra due o più individui, nell'ambito di gruppi di affinità di piccole dimensioni (microgruppi locali di snowboarders che s'incontrano periodicamente per condividere la propria passione);
- il legame immaginario che consente a chiunque di sentirsi parte di un tutto, dal sapore comunitario, legato a un oggetto o a un luogo (di culto) e da lì partecipare all'immaginario globale della comunità, come per esempio la blogosfera.

È importante osservare che il nucleo della comunità, basato sul legame effettivo, funge da pretesto per sostenere l'immaginario comunitario. È come si ci fosse bisogno di un nucleo comunitario, anche ridotto, per legittimare il valore di legame di un prodotto o di un servizio. Senza di esso, ci si ritrova delegittimati. E non necessariamente l'impresa enfatizza questo nucleo comunitario nella pubblicità e nei suoi discorsi: spesso esso le serve da base d'appoggio non dichiarata, ufficiosa, sotterranea. Così, un intervento di marketing tribale presuppone sempre il supporto e/o lo sviluppo di una tribù effettiva, anche ridotta, che autentichi la veridicità dei discorsi dell'impresa sul valore di legame della propria offerta (si veda, per esempio, come Decathlon si affidi all'antica tribù dei Kalenji del Kenya per giustificare il valore di legame della linea Kalenji Running). Il marketing tribale s'impegna a sostenere il legame sociale tra persone riunite intorno a una passione comune (la tribù). L'effetto di ritorno è più che positivo per tutto l'insieme del mercato, che beneficia di un reincantamento attraverso il calore della passione. La terminologia utilizzata dal marketing, accanto a nozioni di stampo economico e dal sapore individuale, come consumatore, cliente, utilizzatore e acquirente, deve integrare le nozioni, di stampo sociologico e collettivo, di collezionisti, habitué, adepti ed esperti.

La regola numero uno del marketing tribale è di considerare ogni offerta destinata ai membri di una tribù nella prospettiva del valore di legame. Si tratta, in altre parole, di chiedersi cosa l'impresa possa apportare alla costruzione, allo sviluppo e al mantenimento dei legami tribali di un gruppo di consumatori, piuttosto che concentrarsi sulla mera offerta di un bene a un consumatore considerato nel suo isolamento.

Per comprendere questo meccanismo, è necessaria una digressione sulla nozione di *rito*. È noto, a partire dalla nascita della sociologia, che il rito è la maniera attraverso cui il sociale enuncia e assicura la propria permanenza. Secondo le scienze umane, infatti, ogni relazione sociale ha bisogno di riti per svilupparsi e consolidarsi, e ogni gruppo sociale ha bisogno di riti per affermare e ribadire la propria esistenza e la fedeltà dei propri membri. Che si tratti delle grandi cerimonie tribali o delle piccole riunioni locali, i raggruppamenti tribali presentano un qualcosa di ritualistico che può offrire terreno fertile per un'operazione di marketing:

- rinnovano e vivificano l'adesione alle credenze comuni;
- agiscono sull'integrazione delle persone all'interno del gruppo.

Per funzionare, i riti hanno quindi bisogno di supporti, che andranno messi in gioco nel corso dello svolgimento del rito tribale:

- gli oggetti (oggetti di culto);
- gli abiti (costumi rituali);
- i luoghi (luoghi di culto e/o luoghi della memoria);
- le parole (formule magiche);
- le immagini (idoli e icone).

Applicata alla tribù dei *roller riders*, la nozione di rito permette di chiarire l'operazione di marketing che alcune imprese mettono in atto per supportare il legame tribale. Per farlo, esse combineranno, ciascuna a proprio modo, i cinque tipi di supporti dei rituali tribali indicati in precedenza.

Innanzitutto, ci sono le imprese che propongono oggetti di culto, ossia oggetti che la passione trasforma in soggetti-partner che vengono coccolati, con i quali ci si arrabbia, si discute e contro i quali ci si ribella. Al primo posto, tra queste imprese, troviamo Rollerblade, il marchio del creatore dei primi pattini in linea: Scott Olsson. Giocatore di hockey, all'inizio degli anni Ottanta Scott Olsson ha l'idea di trasformare il suo pattino applicandovi una piastra con quattro rotelle allineate. Ben presto, viene contattato dalla

Roces, con la quale firmerà un contratto. La Roces gestisce la ricerca e lo sviluppo dei rollers, e Olsson, con il marchio Rollerblade, si occupa della promozione e della commercializzazione del prodotto. Oggi, il marchio Rollerblade è stato rilevato da Benetton, ma resta il principale oggetto di culto della tribù dei roller riders, sebbene Adidas con Salomon, Fila e altre aziende (K2, Razors, Oxygen, Tecnica, Rossignol, Roces, Nike) propongano delle valide alternative.

Poi ci sono le imprese che propongono costumi rituali, in grado di facilitare l'aggregazione dei membri della tribù. L'offerta comprende tutti gli accessori possibili: abiti, calzature, portachiavi, caschi, cinture, zaini, berretti, occhiali, orologi. In questa nicchia di mercato ritualistica si sono riversati marchi come Senate, USD, Pawn, England. Lo scopo di queste aziende è posizionarsi sulle polarizzazioni tribali, come lo street o il fitness, che sono caratterizzate da pratiche specifiche e possiedono, quindi, specifici accessori rituali. Quindi ci sono le imprese che propongono luoghi temporanei o permanenti in cui si possono praticare i rituali e il culto dei rollers, come Salomon, che organizza un raduno notturno di 3.000 persone a Strasburgo. Si possono aggiungere marchi come Kellogg's, che sostengono i club di rollers più dinamici affiliati alla FFRS (Fédération Française de Roller Skating).

Vi sono poi le parole magiche, che costituiscono il gergo della tribù: *stunt*, *tricks*, *shine*, *mega*. Una peculiarità interessante delle pratiche tribali, come di altre comuni passioni, è di trasformare la percezione in nome, di innalzare le sensazioni a conoscenza, di tradurre in parole precise ciò che le persone comuni avvertono confusamente o individuano approssimativamente. Riviste come *Crazy Roller*, *Urban*, *Saga*, *Roller Mag* sviluppano questo capitale sottoculturale tipico della tribù dei roller riders. Per estensione, si può dire che tutto ciò che serva a veicolare queste parole può sostenere la tribù dei roller riders, *in primis* il Wanadoo Tour.

Infine, ci sono gli idoli e le icone, che in questo caso sono le star dei roller riders sponsorizzate da alcune imprese. Ci limitiamo a citare solo quelle note a livello internazionale: Aaron Feinberg, sponsorizzato da Salomon, e Matt Salerno, sponsorizzato da Fila. La stessa logica si riscontra sia a livello nazionale sia a livello regionale:

queste icone appaiono in molti video, diventati ormai oggetti di culto, in cui presentano le più straordinarie acrobazie.

Altre operazioni di marketing hanno come scopo quello di far uscire la tribù dalla sua dimensione underground e condurla ad affacciarsi sulla scena pubblica. Più simpatizzanti avrà la tribù, più ampio sarà lo sbocco commerciale degli artefatti rituali a essa connessi. Si passa quindi da un tipo di marketing tribale incentrato su una tribù già esistente come nicchia di mercato (marketing tribale intensivo) a un tipo di marketing tribale incentrato sull'ampliamento della tribù stessa e sulla diffusione del suo immaginario all'interno del corpo sociale (marketing tribale estensivo), al fine di trarre beneficio dal passaparola che si determina.

Ma non basta ingraziarsi le tribù perché esse veicolino un passaparola positivo per un prodotto o una marca, occorre anche riconoscere e mettere a frutto le loro competenze. Si tratta di una piccola rivoluzione nel modo di concepire i rapporti tra consumatori e produttori. Questi gruppi di appassionati hanno un potere di persuasione che può essere sfruttato come nelle operazioni di marketing virale, ma vanno utilizzati con cautela: non bisogna strumentalizzarli o manipolarli, bisogna agire *insieme* a loro. Simili tribù, infatti, grazie alla frequenza degli scambi e alla loro forte carica emozionale, maturano al proprio interno una notevole competenza che l'impresa è ben contenta (quando lo fa) di riconoscere e di mettere a frutto. La passione condivisa per un marchio, che si traduce in un sapere di tipo collettivo, conferisce ai consumatori una competenza sempre più legittima in fatto di marketing e di design. L'esistenza di tribù di appassionati uniti ed esperti può così far vacillare il potere che è nelle mani dell'azienda e trasferirlo in quelle dei consumatori associati, non per interesse ma grazie alla passione. E se l'impresa non fa niente, se non vuole riconoscere la competenza di questi appassionati, non le resta che riflettere su questo nuovo adagio: "Se non vi occupate delle tribù, saranno le tribù a occuparsi di voi!".

Integrando i recenti lavori sulla complessità della relazione tra marchi e consumatori e l'idea di comunità di consumatori, il concetto di comunità di marchio (*brand community*) è salito alla ribalta della scena del marketing per prendere posto accanto a quello di tribù di marchio (*brand tribe*). Il magazine *Business Week* ha così dedicato una delle sue classifiche sulle maggiori marche del mondo (9 agosto 2004) alla nascita delle comunità di marca e al beneficio che esse apportano alle marche in questione, le quali possono quindi essere considerate marche tribali (Apple con il suo iPod, Harley-Davidson, Starbucks e altre).

Parte della fidelizzazione diventa allora ciò che molti definiscono fidelizzazione tribale. Oggi molte ricerche di marketing sono volte a valutare le ripercussioni del senso di appartenenza a una comunità di marchio sulla fedeltà del consumatore al marchio stesso. Di fatto, è risultato che la fidelizzazione tribale consente di sviluppare un senso di fedeltà affettiva molto più forte di quanto si possa ottenere con la personalizzazione, la quale sviluppa più che altro un tipo di fedeltà di natura cognitiva. E nella società postmoderna, in cui il consumo gioca un ruolo sempre più importante nella costruzione identitaria dell'individuo, grazie ai significati e alle emozioni generati da un marchio o da un prodotto, questa fedeltà affettiva diventa l'obiettivo principale della strategia di marketing. Il legame plurale che si crea tra i consumatori, con il sostegno del marchio o dell'impresa, è sensibilmente più forte della relazione binaria tra l'impresa e il singolo consumatore: non è facile sciogliere il legame affettivo che fa di un insieme di persone un gruppo a sé stante governato dall'obbligo morale di aiutarsi vicendevolmente. Per di più, l'esistenza di rituali e tradizioni aiuta, e allo stesso tempo obbliga, il consumatore a perpetuare il legame. È quanto hanno ben compreso Harley-Davidson e Ducati, produttrici di moto, che moltiplicano gli eventi rituali (soprattutto raduni) locali, nazionali e internazionali; o le imprese che producono calzature sportive, come Adidas e Nike, che erigono veri e propri templi in cui si raccolgono i fedeli (è proprio il caso di dirlo!).

Ma se la fidelizzazione attraverso una tribù di marchio si dimostra molto più efficace di quella attraverso la personalizzazione (*tabella 7.2*), resta ancora difficile capire in che modo l'impresa possa comunicare con tale collettività di consumatori nel tentativo di fidelizzare i suoi membri. Nell'ambito delle operazioni di marketing, infatti, i concetti di rituale, luogo di culto, *brandfest* o feste del marchio rappresentano ancora un luogo comune.

Per comunicare con una tribù di marchio l'impresa deve cam-

Tabella 7.2 **Confronto tra le strategie di fidelizzazione**

	Fidelizzazione per personalizzazione	*Fidelizzazione tribale*
Relazione di riferimento	Cliente-Impresa	Cliente-Cliente-Cliente...Impresa
Posizione dell'impresa	Impresa come polo della relazione	Impresa come supporto alle relazioni
Strumenti di fidelizzazione	Carta fedeltà, lettera informativa	Rituali, luoghi di culto, brandfest...
Tipo di fedeltà	Fedeltà cognitiva	Fedeltà affettiva

biare registro, ma deve anche ridimensionare le proprie manie di grandezza e passare necessariamente da un discorso commerciale a un discorso non commerciale. Salomon, che è in stretto contatto con molte tribù di sport di scivolamento, evita attentamente di compiere passi falsi che potrebbero farla apparire come una volgare *world company*. Nelle sue operazioni su campo bandisce tutto ciò che non rientra nelle passioni della tribù; per esempio, il premio di un concorso locale di snowboarders non sarà un telefono cellulare, ma il diritto a fare una dimostrazione davanti ai grandi campioni. Salomon crea le proprie strategie (anziché sfruttare soluzioni già esistenti) tenendo fede sempre alla stessa logica: portare avanti la pratica tribale organizzando grandi incontri tra appassionati. Non cerca di rifarsi delle spese, anzi, rinuncia a un'attività di sponsoring appariscente e si preoccupa che la sua comunicazione sia meno aggressiva possibile. Il suo scopo non è tanto quello di imporre la propria immagine aziendale, quanto diventare parte integrante dei diversi movimenti tribali, un membro a tutti gli effetti, al pari dell'appassionato.

Comunicare con una tribù a scopo di fidelizzazione, come ci insegna l'esempio di Salomon, implica una perdita di controllo, o almeno della volontà di controllo, da parte dell'azienda nel suo rapporto con il mercato e i suoi clienti. Non si tratta di controllare le tribù stabilendo con loro una comunicazione unilaterale, ma piuttosto di interagire con esse riconoscendone le conoscenze e la competenza.

Box 7.3 **Esempio di marketing tribale: il caso Ducati**

«Qui non si parla di clienti, ma di fan. E, in termini di marketing, qual è il fan tipo Ducati? All'inizio, avevo intenzione di segmentare la clientela, ma si è rivelato impossibile: il ventaglio di possibili profili spazia dal cliente fortunato, che espone la sua Ducati nel salotto di casa, al semplice operaio, che risparmia un poco alla volta per riuscire ad acquistare la moto dei suoi sogni. È per questo che preferisco parlare di tribù Ducati. Per tribù si intende un gruppo di persone che condividono un qualcosa. Al centro della tribù c'è il totem, la Ducati. Detto questo, il prodotto non identifica la tribù, ma serve da legame identitario tra i suoi membri.» A parlare così è Federico Minoli, presidente e amministratore delegato di Ducati. Fondata 75 anni fa, Ducati era sull'orlo del fallimento quando, nel 1996, è stata rilevata da Federico Minoli per conto di Texas Pacific Group, un fondo di investimento americano. Da allora, questo ex di McKinsey, ha fatto schizzare la produzione di moto Ducati dai 12.000 esemplari del 1996 agli oltre 40.000 attuali. Oggi Ducati dà lavoro a 12.000 persone.

Minoli ha scommesso tutto sulla tribù, designando fin dall'inizio non un marketing manager, ma un *tribe director*, responsabile attualmente di un gruppo di 30 persone. Di fatto, non avendo la possibilità di mettere in atto una strategia comunicativa rivolta al grande pubblico, perché troppo cara, Ducati ha puntato sul tam tam della tribù (il sito web www.ducati.com) e su un insieme di eventi (tra cui i Ducati Weekend) che le hanno permesso di costruire una tribù virtuale (2 milioni di visitatori sul sito) intorno a una tribù reale di dimensioni ben più modeste (200.000 Ducati in circolazione oggi nel mondo, il che significa più o meno altrettanti clienti). Per Minoli, infatti, «sono i membri della tribù a fare il lavoro. È questa la cosa geniale. Vi do un esempio: di recente, ci è stato dedicato un grande reportage su un'edizione domenicale del *Daily Telegraph*. Si trattava della partecipazione della Ducati a un raduno di moto d'epoca. In termini di relazioni pubbliche, è stato per noi qualcosa di straordinario. A maggior ragione per il fatto che non abbiamo né il denaro né il peso mediatico sufficienti a imporre alla stampa eventi del genere. Ma l'articolo è apparso in prima pagina perché il giornalista è un membro della tribù Ducati».

Oggi nel mondo esistono 600 club di appassionati Ducati (40 di questi club hanno più di cinque anni), tutti diversi tra loro: si va dai "pariolini" di Roma ai "gay di San Francisco". E tutti hanno il diritto di crearsi le proprie t-shirt Ducati. La rete dà loro la possibilità di incontrarsi: così, un club di Roma porta numerosi italiani al raduno di Daytona, in Florida.

Ma Minoli non si è semplicemente accontentato di utilizzare la comunità per comunicare, l'ha anche mobilitata perché l'aiutasse a definire cosa rende una moto un'autentica Ducati! Sono emersi quattro elementi distintivi:

– la disposizione a L dei cilindri del motore;

Segue

- i tralicci in tubi d'acciaio;
- il rombo del motore (brevettato!);
- il comando Desmo (*Desmodromic drive*, un'esclusiva Ducati).

Questi elementi distintivi si ritrovano sui modelli da gara che hanno portato Ducati alla vittoria in MotoGP e in Superbike, grazie anche alla guida di Casey Stoner e Troy Bayliss.

Minoli ha poi ampliato l'offerta Ducati a tutti quegli ingredienti che permettono di celebrare i rituali Ducati e in particolar modo agli abiti. Ducati infatti non produce più solo moto, ma anche tutta una gamma di accessori e di abbigliamenti speciali da pista (linea Ducati Corsa). Per realizzare l'abbigliamento da pista, Ducati ha lavorato di censimento, fotografando le tenute dei suoi appassionati per poi tradurle in abiti. Tali prodotti sono reperibili esclusivamente presso i Ducati stores (140 nel mondo, di cui 50 in Italia).

Infine, l'appassionato Ducati può visitare la fabbrica nei pressi di Bologna, dove può avere accesso a qualsiasi zona, fatta eccezione per quella Ducati Competition, che resta segreta (si può intravedere qualcosa attraverso un oblò). La fabbrica è stata trasformata in un vero e proprio luogo di culto della tribù. «Quando ho rilevato l'azienda, il tetto della fabbrica perdeva. Eppure la prima cosa che ho fatto è stata avviare la costruzione di un museo. L'iniziativa ha immediatamente scatenato uno sciopero degli operai, tuttavia ha subito chiarito quale fosse la direzione in cui intendevamo muoverci. In Ducati, infatti, non possiamo pretendere di differenziarci dalla concorrenza puntando esclusivamente sul progresso tecnico; i giapponesi, in questo campo, hanno molte più possibilità di noi. Per poter giustificare la nostra strategia di prezzi elevati, dobbiamo, a parità di tecnologia, valorizzare delle qualità extra, come il mito Ducati, la nostra originalità e la nostra storia» afferma Minoli.

L'appassionato può contare sulla grande vicinanza dei membri del personale, poiché anche loro fanno parte della tribù: da quando l'azienda è stata sull'orlo del fallimento, è veramente indispensabile essere appassionati per entrare in Ducati. Per i vari MotoGP – soprattutto per quello italiano, che si tiene sul circuito del Mugello, tra Bologna e Firenze – Ducati riserva agli appassionati 4.000 posti, dei quali 600 sono occupati dai dipendenti Ducati. Questi ultimi sono famosi per coordinare le coreografie, in stile stadio di calcio, per sostenere i piloti Ducati. I piloti Ducati si fermano spesso sotto la tribuna degli appassionati, tra cui ci sono anche gli ingegneri, per il *burn out* di rito: forte accelerazione dopo aver fatto correre la moto per tutta la gara, che lascia un bel po' di gomma bruciata sulla pista. In genere i capi-tribù sono degli impiegati Ducati.

8. Dalla brand image alla brand reputation

Non costruirti un'immagine,
conquistati una buona reputazione

La centralità del passaparola

Da sempre le marche hanno cercato di costruirsi un'immagine attraverso gli strumenti del marketing, dall'advertising alle PR. Possiamo considerare il concetto di *brand image* come "la marca che parla di sé", che indossa un bel vestito per piacere alla gente. Una forma piacevole che spesso è servita a nascondere una sostanza non altrettanto splendente, come ci insegnano gli scandali finanziari in cui sono state coinvolte alcune aziende come Enron e Parmalat, oppure le campagne di boicottaggio che hanno colpito marchi come McDonald's, Nestlé, Shell, per citarne alcune.

Al contrario dell'immagine, una buona reputazione è il risultato di un processo di creazione collettiva della percezione del brand. Abbiamo già citato nel capitolo 5 la definizione di marca di Andrea Semprini, ma è importante riproporla in questo ambito: «Una marca è costituita dall'insieme dei discorsi tenuti su di essa dalla totalità dei soggetti (individuali e collettivi) coinvolti nella sua generazione». Sono quindi "le persone che parlano della marca" a creare una sua buona o cattiva reputazione. Una reputazione dipende molto di più dalla sostanza dei comportamenti dell'azienda che dall'apparenza delle dichiarazioni di chi ne gestisce le attività di comunicazione. E se da un lato non risulta particolarmente difficile aumentare nel breve periodo la propria visibilità in termini di notorietà, la reputazione non può essere condizionata o manipolata facilmente: la fiducia delle persone, anche se può essere estorta nel breve periodo, non può essere acquistata come l'immagine.

Il concetto di *brand reputation* riconosce quindi il crescente potere di accesso alle informazioni delle persone e la situazione di aumentata "trasparenza" in cui si trovano le aziende al tempo di Internet.

Oggi un'informazione che un tempo poteva essere tenuta nascosta o comunque arginata localmente, si diffonde tra i nodi della rete a velocità supersonica. Non ci sono più segreti: il mercato online conosce i prodotti meglio delle aziende che li fanno. E se una cosa è buona o cattiva, tutti, prima o poi, possono venire a saperlo.

Un esempio dell'influenza del Web sulla reputazione delle imprese è dato dalla crescente attenzione dedicata al fenomeno blogger.

Un articolo di Bobbie Johnson, apparso sul quotidiano inglese *The Guardian* nel 2006, fa riferimento a un report, realizzato da Jupiter Research, incentrato proprio sul potere che i blogger stanno assumendo nella società dell'informazione ed evidenzia come alcune imprese, da McDonald's a Dell a Kryptonite – famoso il caso dell'azienda produttrice di lucchetti affossata da un articolo su un blog –, abbiano vissuto sulla propria pelle gli effetti del buzz negativo diffusosi proprio tra i blog. L'articolo sottolinea inoltre un'interessante contrapposizione tra blog e motori di ricerca: mentre motori come Google possono dare un'enorme visibilità sia a livello di risultati organici, sia a livello di risultati sponsorizzati[1], per danneggiare l'immagine di un'azienda, basta l'attività di qualche influente blogger che diffonda una voce sconveniente (una falsa notizia apparsa sul blog Engadget è stata in grado di far crollare per un momento le azioni di Apple).

Mentre molte imprese si chiedono se sia il caso di aprire un blog aziendale, altre si dedicano ad attivare relazioni amichevoli con il popolo dei blogger. Spinta dal dilagante fenomeno dei blog, nel 2006 Microsoft, per la prima volta in Italia, ha incontrato attraverso la persona di Martin Taylor (platform strategy general manager) una delegazione di vari e noti blogger italiani, seguita da altri colossi come Cisco.

---

[1] Una recente ricerca sul *search engine marketing* di Jupiter Research evidenzia a tal proposito come una grossa fetta di navigatori ritiene leader di un settore quelle imprese che compaiono ai primi posti nei motori di ricerca.

Box 8.1 **Da quali mezzi è più influenzata la decisione d'acquisto**

Nel 2005 Intelliseek, società del gruppo Nielsen Buzz Metrics, ha estratto un campione rappresentativo di consumatori online e ne ha esplorato il comportamento, analizzando le opinioni espresse in Internet (su bacheche virtuali, forum, blog), le risposte delle imprese e le conversazioni tenute offline. Lo studio sostiene che, rispetto alla pubblicità tradizionale, il *word-of-mouth* al giorno d'oggi stia assumendo un'importanza sempre maggiore per il consumatore, soprattutto per quanto riguarda la conoscenza, la prova e l'acquisto di nuovi prodotti. Il 50% dei consumatori è più influenzato dal passaparola dei conoscenti che dalla pubblicità televisiva e radiofonica.

La ricerca di Intelliseek trova anche importanti correlazioni tra i consumatori che regolarmente saltano le pubblicità televisive (e online) e quelli che sono soliti esprimere esperienze, opinioni e consigli su Internet al fine di condividerli con altri consumatori.

Alla domanda: "Quanto la vostra decisione di acquistare un prodotto o servizio è influenzata da...?" si sono registrate le seguenti risposte*:

- passaparola positivo da qualcuno che conosci personalmente: 7,7 (134);
- passaparola negativo da qualcuno che conosci personalmente: 7,0 (121);
- una notizia negativa appresa dalla tv, dalla radio, un giornale o un magazine: 5,7 (99);
- un annuncio pubblicitario televisivo o radiofonico: 4,7 (82);
- una pubblicità in un giornale o in un magazine: 4,6 (80).

* Sono indicati i risultati rispetto a una media indice, dove 100 rappresenta il punteggio medio.

Tuttavia la reputazione, come abbiamo detto, si alimenta di comportamenti e non di dichiarazioni. Per questo è importante per l'azienda controllare costantemente l'applicazione di norme, principi etici, valori, diffondendone la cultura nell'organizzazione e vigilando affinché i comportamenti siano coerenti con i valori e con i principi dichiarati.

La reputazione del brand non deve però essere intesa esclusivamente nel senso di responsabilità sociale, vale a dire in termini etici e valoriali, ma dovrebbe essere valutata anche in termini di rilevanza economica, culturale, simbolica. Per esempio, Diesel si distingue come brand anche per il sostegno che offre a tematiche sociali, come lo sviluppo sostenibile e il surriscaldamento globale, ma soprattutto per la capacità che ha di essere estremamente cool e culturalmente attuale dal punto di vista della comunicazione e del design dei suoi prodotti. Allo stesso modo Apple, una marca di culto prima tra i creativi e oggi anche tra il grande pubblico, è riuscita a crearsi una reputazione di abilità, serietà e affidabilità che le ha consentito di conquistare sempre maggiori vette – addirittura sembra che la Cingular, la più grande azienda telefonica americana, abbia stretto un accordo di esclusiva per l'iPhone senza aver mai visto il prodotto. In questo senso la reputazione è in grado di generare quello che alcune tribù urbane come l'hip-hop chiamano "rispetto", vale a dire quel sentimento e atteggiamento di tributo e ammirazione che si deve a chi ha contribuito con la propria opera al progetto culturale del gruppo. Più che alla semplice opinione positiva che le persone hanno sulla qualità dei prodotti o dei servizi delle aziende, la reputazione ha a che fare con la capacità di entusiasmare gli animi e di mobilitare le persone, in definitiva: quanto aziende e prodotti sono in grado di creare veri e propri sostenitori del brand. In questo senso la reputazione è legata intrinsecamente alla raccomandazione e al passaparola che è in grado di stimolare. Parliamo quindi di *brand advocacy*: di come il brand è in grado di alimentare consenso ed entusiasmo verso la propria causa, sostegno al proprio "progetto di senso", come direbbe Semprini.

Il net promoter score

Il valore del passaparola per chi compra un prodotto è indiscutibile: sistematicamente, infatti, le persone citano il passaparola come forma di comunicazione che più di ogni altra influenza la decisione di acquisto. La logica è semplice: per l'acquirente il passaparola riduce il rischio. Si tratta di un'esperienza presa a prestito gratuitamente da altri, da persone di cui ci si fida perché, a differenza dell'advertising classico, è considerata autentica non essendo finalizzata alla vendita.

Ma che valore ha il passaparola per le aziende, in termini di vendite che riesce a generare? Esistono poche teorie statistiche in grado di attribuire un valore numerico all'importanza del buzz per la crescita di un'azienda. Il problema principale è che il passaparola è piuttosto difficile da misurare, a meno di non intercettare le conversazioni tra clienti e tra consumatori. Mentre Internet consente di intercettare il passaparola digitale – attraverso il monitoraggio delle conversazioni sui prodotti che hanno luogo in forum, blog e siti di recensioni – la maggior parte del passaparola è offline e si verifica nelle situazioni faccia-a-faccia: è praticamente invisibile.

Una pionieristica soluzione al problema, introdotta di recente da Fred Reichheld della Bain & Company e da Satmetrix Systems, consiste nell'utilizzare le ricerche per studiare dei *recommedation rates* relativi a prodotti e servizi per poi metterli in relazione con l'aumento delle vendite. In una recente analisi statunitense, pubblicata sulla *Harvard Business Review*, Reichheld ha notato come un semplice fattore – la probabilità (da 1 a 10) che gli acquirenti di un prodotto o servizio consiglino questi ultimi agli amici – sia in grado da solo di predire l'aumento di vendite. Sottraendo le risposte neutrali e negative (quelle degli acquirenti definiti "detrattori") da quelle positive (acquirenti definiti "promoter") si ottiene un "net promoter score" che appare correlarsi all'aumento delle vendite per una dozzina di categorie di prodotti e servizi negli USA (*figura 8.1*): maggiore è il net promoter score, maggiore è l'aumento. È interessante sottolineare come invece altre categorie, quali la customer satisfaction, la leadership di categoria, l'innovazione, non mostrino alcuna correlazione con l'aumento delle vendite.

Il net promoter score, come misura del passaparola, sta iniziando a imporsi come unità di misura fondamentale della performance aziendale, soprattutto nelle realtà statunitensi. Essendo collegato all'aumento delle vendite, il net promoter score si dimostra un utile strumento diagnostico nell'identificazione di quelle aree che possono far crescere un business e di quelle che invece rischiano di ostacolarlo.

Dopo aver rilevato empiricamente un legame tra passaparola e aumento delle vendite nelle aziende statunitensi, lo studio di Reichheld ha fornito una risposta a due questioni spinose: Come misurare il passaparola? E come misurare l'effetto del passaparola? Tuttavia, i risultati raggiunti dalla Bain & Company sollevano tutta una serie di domande:

Figura 8.1 **Il net promoter score**

Su una scala da 1 a 10, quanto raccomanderesti un'azienda o un brand ad amici e colleghi?

Not at all likely										Very likely
0	1	2	3	4	5	6	7	8	9	10

Il net promoter score, l'unità di misura del word-of-mouth, rilevata da Bain & Company e da Satmetrix Systems nel 2003 come indicatore della crescita futura, si basa sulle risposte a una semplice domanda circa la possibilità di consigliare un prodotto o un servizio. Si calcola sottraendo dalla percentuale di "promotori" – chi risponde alla domanda "molto probabile" (punteggio 9-10) – la percentuale dei "detrattori" (punteggio 0-6). Tra le aziende americane oggetto dell'indagine Bain & Company, il net promoter score medio è stato dell'11% – anche se le aziende in grande crescita mostravano un net promoter score del 70%.

Fonte: Bain & Company.

- La relazione individuata è stata solo una coincidenza legata a un particolare periodo di tempo (1999-2002) o a un mercato specifico (quello USA), oppure a un particolare calcolo (net promoter score)?
- E se il passaparola influenza le vendite, come suggeriscono i risultati, qual è il valore finanziario di tale influenza?
- E infine, e forse soprattutto, se il passaparola genera una crescita, come può fare l'azienda a sfruttarlo per migliorare la propria performance?

Per rispondere a queste domande e stabilire l'impatto finanziario del passaparola sulla crescita delle aziende nel Regno Unito, un gruppo di ricercatori della London School of Economics ha condotto una ricerca all'inizio dell'estate 2005 su un campione di 1.256 consumatori adulti nel Regno Unito. È stato chiesto loro se avrebbero consigliato la loro banca, la loro compagnia di telefonia mobile, il loro supermercato, la loro marca di auto (nel caso ne possedessero una) ad amici e colleghi. Gli è anche stato chiesto se lo avevano fatto nei precedenti 12 mesi, o se avevano, invece, diffuso un passaparola negativo. Infine, come domanda di controllo, è stato chiesto loro quanto fossero soddisfatti dei brand che stavano utilizzando.

A partire dai dati raccolti, sono state ricavate tre misure del word-of-mouth e una della satisfaction: è stato calcolato il net promoter score per ogni azienda (numero dei "promoters" meno numero dei "detrattori"), il numero dei consumatori che avevano di fatto consigliato un'azienda o un brand nei precedenti 12 mesi e il numero di quanti avevano invece diffuso un passaparola negativo nello stesso periodo. Per quanto riguarda la customer satisfaction, è stato calcolato il valore medio (su 10) per ogni azienda. Quindi sono stati raccolti i dati sulle vendite del 2003 e del 2004 relativi a banche, compagnie telefoniche, supermercati e case automobilistiche, e calcolati gli aumenti di vendite per il periodo 2003-2004. Si sono poi valutate le debite correlazioni, per vedere se le unità di misura del passaparola e i punteggi di satisfaction potevano predire aumenti delle vendite. La ricerca ha evidenziato che il word-of-mouth (WOM) è in grado di predire un futuro aumento delle vendite per banche, aziende automobilistiche, network di telefonia mobile e supermercati del Regno Unito: sia il tasso di "WOM advocacy" (come individuato dal net promoter score) sia il passaparola negativo sono stati in grado di predire un aumento delle vendite per l'anno 2003-2004 (*figura 8.2*). Nel dettaglio:

- aziende con i più alti livelli di WOM advocacy (alti net promoter score), come HSBC, Asda, Honda e O2, sono cresciute più velocemente rispetto ai competitor nel periodo 2003-2004;
- le aziende con bassi punteggi di WOM advocacy e alti livelli di WOM negativo, come Lloyd's-TSB, Sainbury's, Fiat e T-Mobile, sono cresciute più lentamente;
- in termini di liquidità, relativamente alla media delle attività oggetto dell'analisi, a ogni aumento di 1 punto di WOM advocacy (net promoter score) è corrisposto un aumento delle vendite pari a 8,82 milioni di sterline;
- in termini di crescita percentuale, a un aumento di 7 punti di WOM advocacy (net promoter score) è corrisposta una crescita dell'1% (aumento di 1 punto = crescita ulteriore del 147%);

Figura 8.2 **Il WOM e la crescita aziendale**

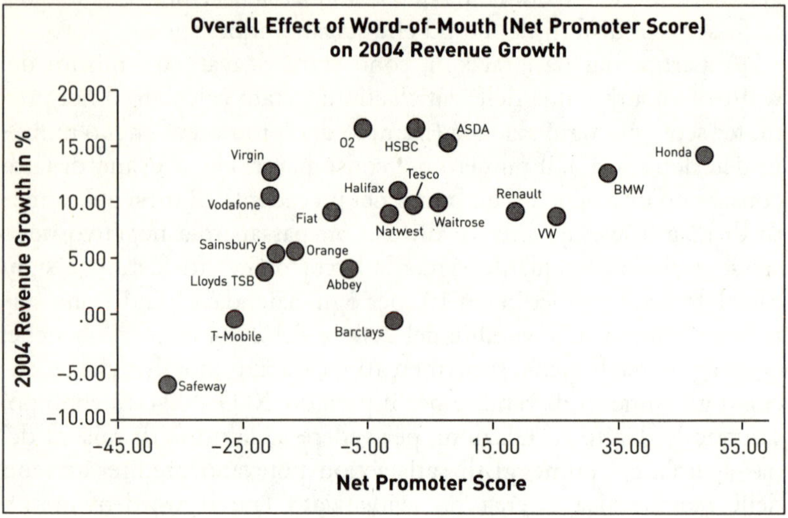

Fonte: London School of Economics.

- una riduzione dell'1% nel WOM negativo ha portato a un aumento di entrate pari a 24,84 milioni di sterline; a ogni 2% di riduzione in WOM negativo è corrisposta una crescita appena inferiore all'1% (una riduzione dell'1% = 414% di crescita ulteriore).

Nel complesso, maggiore è il net promoter score di un'azienda, maggiore l'aumento di vendite 2003-2004. Mediamente, nell'ambito dei 4 settori oggetto di indagine, il net promoter score medio rilevato per le aziende britanniche è stato del 3% circa – quasi quattro volte inferiore al punteggio medio registrato nella ricerca USA (11%) – malgrado le sostanziali variazioni da settore a settore (*figura 8.3*). La correlazione tra WOM misurato attraverso il net promoter score e l'aumento delle vendite si verifica indipendentemente dal settore.

Mentre il solo WOM positivo – da non confondere col net promoter score, che prende in considerazione sia i promotori sia i detrattori – non basta a predire la crescita, si riscontra che il WOM negativo da solo è sufficiente. Le aziende che attirano alti livelli di WOM negativo, che sono anche quelle ad avere net promoter score

Figura 8.3 **Net promoter score medi: complessivi e di settore**

Sector	Word-of-Mouth (Mean Net promoter Scores)
Mobile Networks	-18.1
Retail Banks	-4.8
Supermarkets	-2.3
Cars	+24.7
Overall	+3.2

Fonte: London School of Economics.

bassi, ottengono risultati minori, in termini di crescita, rispetto a quelle con bassi livelli di WOM negativo (*figura 8.4*).

Mettendo insieme il net promoter score e il WOM negativo, si è riscontrato che le aziende con net promoter score relativamente alti (>0) e WOM negativo relativamente basso (<25%) nel 2004 sono cre-

Figura 8.4 **Il buzz negativo distrugge la crescita aziendale**

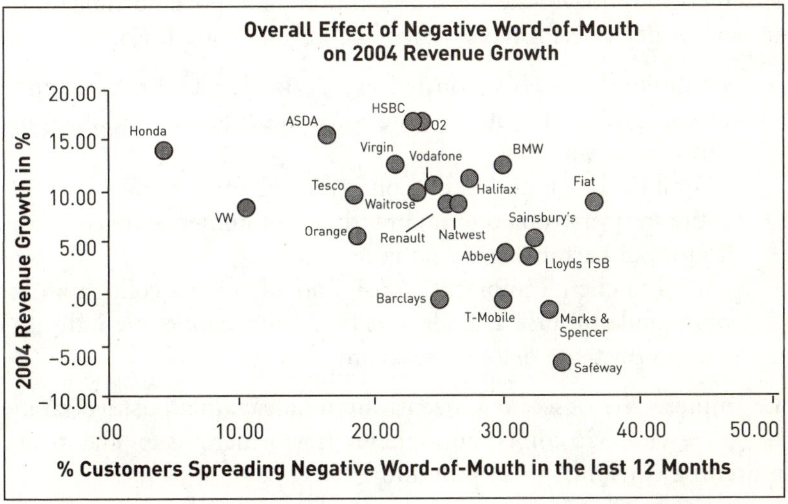

Fonte: London School of Economics.

Figura 8.5 **Punteggi di WOM negativo per settori di vendita al dettaglio nel Regno Unito**

Sector	Word-of-Mouth (Mean Net promoter Scores)
Mobile Networks	23.7%
Retail Banks	27.3%
Supermarkets	25.0%
Cars	20.6%
Overall	23.8%

Fonte: London School of Economics.

sciute 4 volte più velocemente rispetto alle aziende con net promoter score bassi (<0) e alti livelli di WOM negativo (>25%).

I risultati della ricerca suggeriscono inoltre che il net promoter score come unità di misura del WOM positivo può risultare utile non solo come indicatore di un aumento delle vendite, ma anche delle performance azionarie e della produttività della forza lavoro. Nello specifico, si ipotizza che tre semplici domande possano fungere da indicatori della performance aziendale nel suo complesso:

- possibilità che i clienti consiglino un'azienda o un brand ad amici e colleghi: net promoter score come indicatore di un futuro aumento delle vendite;
- possibilità che gli investitori consiglino ad amici e colleghi di investire in un'azienda o in un brand: net promoter score come indicatore di performance azionarie;
- possibilità che gli impiegati consiglino ad amici e colleghi di lavorare nella propria azienda: net promoter score come indicatore di produttività della forza lavoro.

Le imprese che riescono a incentivare il passaparola positivo saranno in crescita. Ma come può l'azienda trasformare i suoi clienti, acquirenti e consumatori in promotori?

Per rispondere a questa domanda gli autori della ricerca hanno identificato otto diversi strumenti in grado di generare passaparola positivo, e che si sono rivelati efficaci (*figura 8.6*). Vediamoli in dettaglio.

Referral programs. Il modo più elementare per incentivare il passaparola positivo è mettere a punto un programma sconti che funzioni come una ricompensa per coloro che passano parola a nuovi clienti. Noto anche come schema "customer-get-customer", "segnala a un amico", o "member-get-member", questo programma offre un incentivo in contanti o sotto forma di regali ai clienti che fanno passaparola. Mentre questi servizi sono tipicamente associati ai servizi a sottoscrizione – come nel caso dell'originale "Friends and Family" per l'operatore telefonico statunitense MCI, che nel 1991 ha generato 10 milioni di nuovi iscritti in meno di 2 anni – i programmi di affiliazione possono funzionare anche per i beni materiali. Per esempio, Unilever ha portato avanti un efficace referral program nel 1998 per il brand Dove: lo schema prevedeva che i clienti ordinassero gratuitamente una confezione di sapone per un amico segnalato, ricevendo anch'essi una confezione di sapone. Ricompensare sia il se-

Figura 8.6 **Gli 8 strumenti per la crescita aziendale attraverso l'incentivazione e l'ottimizzazione del WOM positivo**

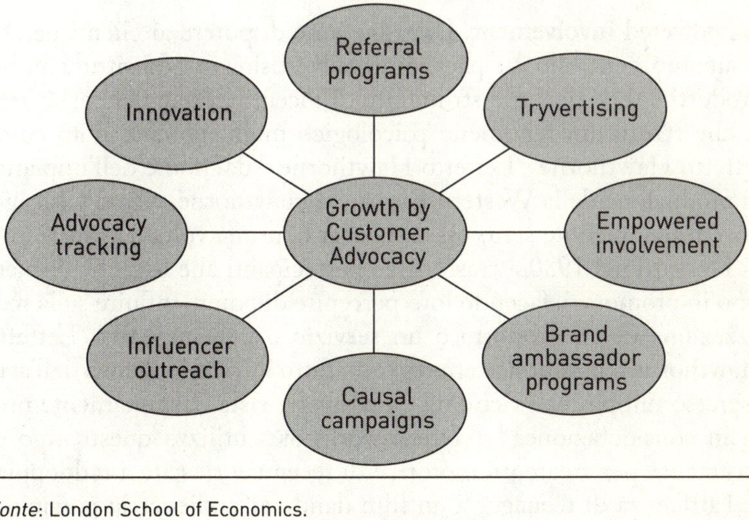

Fonte: London School of Economics.

gnalatore sia il segnalato ha sortito un effetto psicologico molto forte, perché ha dato al primo una giustificazione psicologica non basata solo sull'interesse personale. In termini di stimolo alla crescita, questo programma, "Condividi un segreto", è stato un successo, contribuendo a una crescita delle quote di mercato del 10 per cento.

Tryvertising. Termine di marketing relativamente nuovo, il tryvertising (combinazione di *try* o *trial* – provare, prova – e *advertising*) è una variazione del sampling. Il presupposto è che, invece di distribuire gratuitamente campioni prova a chiunque all'interno di un mercato target, il tryvertising distribuisce campioni in maniera selettiva agli utilizzatori leader – l'ideale sarebbe farlo con prodotti e servizi non ancora usciti sul mercato. L'obiettivo è sia quello di rimuovere le barriere di prezzo alla prova, sia di utilizzare le armi dell'esclusività e della scarsità per trasformare i "privilegiati" partecipanti al programma in promotori. Nel settore tecnologico è questo il meccanismo alla base dei betatest, che trasformano i consumatori leader in promotori dando loro un saggio dei prodotti non ancora lanciati sul mercato. Anche la moda utilizza iniziative di tryvertising, incentivando il processo di crescita aziendale invitando i trendsetter a partecipare a prove esclusive.

Empowered involvement. L'attribuzione di potere ai clienti perché assumano controllo su packaging, advertising o addirittura nuovi prodotti e servizi, è uno strumento di incentivazione del passaparola che sfrutta un fenomeno psicologico molto potente noto come "effetto Hawthorne". L'effetto Hawthorne – dal nome dell'impianto di produzione della Western Electric a Hawthorne, vicino Chicago, dove il fenomeno è stato osservato per la prima volta dai ricercatori di Harvard nel 1930 – trasforma i partecipanti alle ricerche di mercato in promotori, facendo loro percepire di potere influire sulla realizzazione di un prodotto o un servizio o una iniziativa. L'effetto Hawthorne è il semplice effetto "l'ho fatto io", conseguenza dell'aver espresso un'opinione richiesta e dell'averla vista concretamente presa in considerazione. La Dreamworks SKG utilizza questo tipo di strumento per creare promotori, e di recente è riuscita a raddoppiare l'affluenza di teenager a un film dando all'audience la possibilità di scegliere il titolo del film stesso attraverso un sondaggio web. I sondaggi web, le votazioni tramite sms e altre innovazioni nella tecnologia dedicata alle comunicazioni interpersonali sono una prova di come il coinvolgimento empowered sia diventato una soluzione veloce, scalabile e conveniente per generare passaparola positivo, e di conseguenza crescita.

Brand ambassador programs. Questo strumento si basa sull'idea di invitare i consumatori migliori e più soddisfatti a diventare ambasciatori del brand. Il programma funziona attribuendo a consumatori selezionati particolari privilegi, sia per se stessi, sia da condividere con gli amici. Tali privilegi possono includere offerte esclusive, inviti speciali, anteprime su nuovi prodotti, anticipazioni sulle vicende dell'azienda. L'idea è quella di fornire agli ambassador materiale di promozione del brand. L'Oréal, O'Neill, Siemens e Unilever, per esempio, portano avanti programmi di questo genere, fornendo ai fan del brand i propri biglietti da visita brandizzati: in questo modo i brand ambassador si sentono membri privilegiati, anche perché i biglietti contengono codici speciali che consentono loro di condividere promozioni esclusive con amici e colleghi.

Causal campaigns. Si tratta di abbracciare una buona causa come posizionamento strategico e strategia di marketing. Appoggiare una buona causa non solo aumenta le vendite in modo diretto fornendo un ulteriore "motivo di scelta" – come la sponsorizzazione della fondazione di Lance Armstrong per la ricerca e l'educazione sul cancro da parte della Nike nel 2004 – ma fornisce anche ai consumatori attuali un'ulteriore motivazione per passare parola. L'impatto sulle vendite può essere di proporzioni titaniche. Sponsorizzando una buona causa, le aziende possono mobilitare i propri consumatori a creare una vera e propria forza vendita di volontari mossi da un impellente bisogno di evangelizzazione.

Influencer outreach. Non è tanto uno strumento di per sé quanto un approccio strategico al targeting, dove invece di rivolgersi direttamente alla massa il focus si sposta sugli *influencer*, che vengono influenzati perché possano a loro volta influenzare la massa attraverso il passaparola. Gli influenzatori, come si ama definire oggi gli opinion leader, rappresentano il 10% di qualsiasi target; sono quelli che offrono consigli e suggerimenti ad amici e colleghi, spesso su loro sollecitazione. Quegli amici e quei colleghi cui ci si rivolge quando si deve scegliere un nuovo prodotto o servizio. Gli influencer in quanto gruppo, sono stati individuati per la prima volta nel 1940 in uno studio della Columbia University sull'influenza dei media. Lo studio rivelò che la maggioranza delle persone era relativamente immune all'influenza diretta dei mass media, ma subiva quella indiretta delle persone di cui sapeva di potersi fidare. Queste persone furono definite opinion leader, e si è scoperto in seguito che gli opinion leader, a differenza della massa, subivano l'influenza dei mass media e delle azioni di marketing; da qui il termine doppio-flusso di influenza – influenzare gli influenzatori che poi influenzeranno le masse con il passaparola. Il programma influencer outreach consiste nell'individuare gli influenzatori all'interno di un target e poi coinvolgerli utilizzando gli strumenti per stimolare l'advocacy per trasformarli in promotori.

Advocacy tracking. Monitorando i livelli di WOM positivo attraverso il net promoter score, relativamente a prodotti e servizi, le aziende possono capire cosa stanno facendo di giusto e di sbagliato e dove andare ad agire per migliorare le cose. Apple, per esempio, monitorando dall'inizio il WOM generatosi intorno all'iPod, ha colto segnali di buzz negativo relativo alla batteria del prodotto, costosa e difficile da riparare. Il problema si è ingigantito velocemente quando due possessori di iPod hanno girato un video intitolato "Gli Sporchi segreti dell'iPod" e lo hanno postato in rete, dove è stato visto 1,4 milioni di volte. Ascoltando il buzz negativo e agendo per rimediare – correggendo il difetto con un'innovazione – la Apple è riuscita a evitare un disastro di immagine ancora più grande.

Innovation. Infine, clienti, acquirenti, consumatori consiglieranno un prodotto o un servizio quando ne vale la pena. Proprio come la pubblicità, che funziona solo quando c'è qualcosa che merita di essere pubblicizzato, il WOM positivo genererà una crescita solo se ci sarà qualcosa che merita il passaparola. Questo significa che la chiave della crescita attraverso il WOM positivo è realizzare qualcosa di innovativo. L'utilizzo della psicologia del passaparola è molto utile per capire come realizzare prodotti e servizi degni di essere consigliati. Si tratta di offrire un prodotto o un servizio in grado di fornire un'esperienza stra-ordinaria, proprio perché di solito le persone tendono a parlare di ciò che va oltre le loro aspettative. Positivamente o negativamente. Si tratta quindi di identificare le aspettative prioritarie di un dato target – diverse dai bisogni e dalla soddisfazione – e produrre un'esperienza che vada oltre.

Box 8.2 **I sistemi di misurazione del buzz online**

Per monitorare il buzz online attualmente ci si può avvalere di diversi sistemi in grado di monitorare in rete l'opinione su un brand o su un'impresa e le sue attività. Con "opinione" intendiamo quell'insieme di percezioni e relazioni create dai pareri pubblicati su Internet. Queste opinioni libere influiscono decisamente sull'impresa e sul valore dei suoi prodotti, servizi e marche; a sua volta, l'influenza dell'opinione trascende l'ambito in cui è stata espressa per passare a configurare scenari concettuali più generali relativi all'impresa o al brand. L'analisi dell'opinione presenta una serie di vantaggi rispetto alle classiche ricerche di mercato:

- coloro che esprimono le opinioni lo fanno senza la consapevolezza di essere esaminati;
- gli elementi di opinione e valore contenuti nelle opinioni sono aperti, non sono predefiniti in un questionario;
- coloro che esprimono le opinioni hanno una certa esperienza in relazione alla impresa o al brand e quindi la loro visione può fortemente influenzare il pubblico target.

I sistemi di monitoraggio dell'opinione permettono alle imprese di individuare, analizzare e monitorare il loro "clima sociale", cioè lo spazio generato dall'insieme di percezioni e relazioni che creano le opinioni pubblicate su Internet riguardo all'impresa stessa. Le tecnologie utilizzate per monitorare le opinioni in rete individuano, estraggono e analizzano le informazioni a partire da dati qualitativi provenienti da Internet attraverso diverse fasi e processi. Nell'insieme, la piattaforma tecnologica funziona come una "macchina del clima sociale", i cui elementi di lavoro sono:

- *capture*: in uno stesso momento si possono avere decine di migliaia di opinioni che circolano in Internet riguardo a un'impresa, un prodotto o un brand, con un maggiore o minore grado di influenza. I software individua-

Segue

no queste opinioni mentre dei team umani selezionano quelle che si riferiscono ad aspetti considerati di interesse strategico per l'impresa, il prodotto o il brand;
- *labelling*: in una secondo momento, le informazioni derivate dalle opinioni si confrontano con le variabili considerate come strategiche (marca, prezzo, comunicazione ecc.) e che formeranno successivamente delle mappe concettuali. Dalle stesse opinioni si traggono informazioni su chi le ha espresse, sul Paese e il mezzo di provenienza;
- *mining*: con le informazioni ottenute si disegnano delle mappe che rappresentano lo stato dell'opinione, si generano statistiche che riassumono l'evoluzione della stessa e si stabilisce se la sua traiettoria futura sarà più o meno positiva;
- *feedback*: a partire dai siti in cui si parla di un'impresa, un prodotto, un brand, si individuano i siti dove probabilmente si parlerà di essi in futuro e si comincia a tenerne traccia.

Per aiutare a interpretare l'opinione relativa all'impresa o a un particolare evento, e affinché i responsabili/manager possano comprendere più efficacemente il mercato, alcuni sistemi prevedono mappe interattive, indicatori, statistiche e grafici che riassumono l'informazione analizzata. Le differenti mappe identificano:

- gli elementi specifici sui quali la rete sta esprimendo pareri, evidenziando il numero di valutazioni positive e negative per ogni elemento;
- le correlazioni esistenti tra concetti, valutazioni e mezzi analizzati;
- i differenti profili di chi ha espresso le opinioni segmentati per tipologia (clienti abituali, potenziali, opinion leader) e anche per le loro intenzioni di acquisto o raccomandazione.

9. Dall'advertising all'advertainment

Non cercare di persuadere,
ma diverti e stimola la conversazione

Il branded entertainment e il valore dell'esperienza

La comunicazione pubblicitaria è spesso stata associata all'arte della persuasione, ovvero alla capacità di indurre i consumatori ad "assumere atteggiamenti" e a "modificare comportamenti", convincendoli della buona qualità di un prodotto. Non ci soffermeremo sull'origine di un approccio persuasivo alla pubblicità, che arrivò a sperimentare l'utilizzo di messaggi subliminali (dal latino *sub limen*, "sotto la soglia" della consapevolezza), oggi proibiti per legge. Sono fortunatamente lontani i tempi in cui negli Stati Uniti venivano trasmessi nei cinema, durante la proiezione di alcuni film, fotogrammi contenenti le scritte "mangia pop-corn" e "bevi Coca-Cola" per aumentarne le vendite. La consapevolezza e i mezzi nelle mani dei consumatori hanno reso la vita dura ai tecnici della persuasione occulta e del monologo delle marche che sentenziano di lavare ancora più bianco. Oggi le informazioni su aziende e prodotti sono a portata di click e ogni mezzo di comunicazione non solo può essere oscurato semplicemente cambiando canale, ma può anche essere depurato dei messaggi pubblicitari grazie a strumenti come i video recorder digitali, i blocca pop-up, i feed RSS. Per questo nella società postmoderna il marketing – che difficilmente potrà sempre rispettare la regola del *permission marketing*, cioè di attendere il consenso delle persone per potergli parlare – dovrebbe sempre più puntare a "intrattenere" le persone più che a bombardarle di messaggi irrilevanti e noiosi.

Riportiamo nuovamente le parole di Walker Smith, presidente

della società Yankelovich, che nel 2004, nel corso della presentazione di una ricerca all'American Association of Advertising Agencies a Miami, dichiarò che l'intrusività del marketing e della pubblicità era all'origine della crescente resistenza del consumatore e della perdita di efficacia del marketing. Nello studio, ripetuto nel 2005, il 60% degli intervistati dichiarava di avere un'opinione molto più negativa sulla pubblicità rispetto al passato e il 65% se ne sentiva costantemente bombardato; il 69% dei consumatori era poi interessato a strumenti che potessero permettergli di bloccare la pubblicità e addirittura il 56% dichiarava di evitare di comprare prodotti che lo sommergevano di pubblicità. Paradossalmente il 55% ammetteva di gradirla! (era il 47% nel 2004). «La resistenza al marketing non è un desiderio improvviso di smettere di comprare. I consumatori vogliono interagire con le marche. Sono intelligenti, tecnologicamente avanzati e con poco tempo a disposizione. Vogliono un marketing che mostri maggior rispetto e attenzione per il loro tempo. Finché non miglioreremo il nostro approccio con i consumatori, essi continueranno a resistere e a chiudersi ai messaggi pubblicitari delle aziende» ammoniva Walker Smith.

In termini pratici, secondo la ricerca, si dovrebbero inviare messaggi precisi e rilevanti verso persone realmente interessate, e allo stesso tempo dare a loro maggior potere *ricompensandoli per il tempo e l'attenzione prestata.*

Advertainment è un neologismo, composto dalle parole *advertising* (pubblicità) ed *entertainment* (intrattenimento), quest'ultima dal latino *intra-tenere*, indicando la capacità di "tenere dentro": ovvero catturare l'attenzione e mantenerla all'interno di un ambiente o di un'esperienza. Allo stesso modo sono nati i concetti di *infotainment*, nel campo della informazione, e di *edutainment*, in quello della formazione. Dal punto di vista del marketing, il termine denota una spiccata capacità non solo di attirare l'attenzione, ma anche di gratificarla. Come abbiamo già spiegato, semplificando, una buona campagna deve essere necessariamente *enjoyable* o *valuable* (si veda in proposito a p. 63, nel capitolo 4), cioè deve puntare o su vantaggi di tipo economico (sconti, promozioni, premi), oppure sulla rilevanza proprio in termini di *entertainment*, proponendo un'esperienza significativa dal punto di vista emozionale. Il divertimento può quindi essere considerato quella valuta pregiata con cui l'azienda remunera l'attenzione corrisposta, rispondendo così alle problematiche descritte dalla ricerca di Yankelovich. Si tratta, in definitiva, di una strategia win-win, sia per l'azienda che comunica, sia per le persone coinvolte: come abbiamo visto, una comunicazione davvero rilevante per le persone, oltre che ad avere una fruizione di tipo *pull*, può essere in grado di innescare meccanismi di diffusione spontanea, ottimizzando l'efficacia e l'efficienza degli investimenti.

Un'altra ricerca, di Nielsen, ha dimostrato che quasi tutti i possessori di videoregistratori digitali – noti con gli acronimi PVR e DVR, rispettivamente Personal Video Recorder e Digital Video Recorder – utilizzano la funzione di avanzamento rapido per saltare gli spot commerciali dei programmi tv, e questo vale sia per chi segue i programmi in diretta, sia per chi registra e li guarda a distanza di giorni. I dati ricavati da Nielsen potrebbero essere utili agli inserzionisti e ai grandi network per sviluppare nuovi modelli di business adeguati all'era digitale, ma sembra che questi continuino a fare orecchie da mercante, non curanti delle nuove abitudini dei telespettatori.

La convergenza tra i diversi media e la diffusione delle piattaforme digitali stanno diventando, soprattutto all'estero, luoghi di sperimentazione di soluzioni originali e creative. I Chemical Brothers, gruppo tecno dell'etichetta Virgin Records, all'inizio del 2005 utilizzarono il primo spot interattivo sulla tv digitale per lanciare l'album *Push the Button* (è disponibile il video, vedi "ShotCode" in appendice): sotto forma di "attacco pirata" alla trasmissione, lo spot invitava gli spettatori a premere un tasto rosso per entrare nel mondo del gruppo e ascoltare in anteprima le tracce del nuovo album. Un'altra delle strade seguite da aziende e agenzie alla ricerca di una vita oltre i 30 secondi – per utilizzare una ottimistica definizione di Joseph Jaffe, autore di *Life After the 30-Second Spot* – è il "long-form commercial": marchi come Nike, Microsoft, Ford, Skyy Vodka e Coca-Cola hanno creato dei veri e propri mini-film incentrati sul prodotto e visibili dai relativi siti web. In maniera analoga Pirelli e BMW hanno scelto di puntare sul grande cinema diffuso via internet come mezzo per valorizzare il proprio brand e le proprie attività. *The Call* (è disponibile il video, vedi "ShotCode" in appendice) è stato il primo cortometraggio di PirelliFilm, diretto da Antoine Fuqua e interpretato da John Malkovich e Naomi Campbell, mentre Uma Thurman è la star del secondo corto dal titolo *Mission Zero* girato da Kathryn Bigelow, regista di *Strange Days* e *Point Break*. Nel 2001 BMW ha dato inizio a una serie di otto mini-film disponibili su Internet dal titolo *The Hire*, visti da più di 100 milioni di persone; alla realizzazione hanno partecipato produttori come David Fincher, Ridley e Tony Scott, registi quali Ang Lee, John Frankenheimer, Wong Kar-Wai e attori come Clive Owien, Madonna e Forest Whitaker. I dvd dei relativi film sono stati distribuiti gratuitamente a opinion leader o tramite riviste come *Vanity Fair*, oppure iscritti a festival come quello di Cannes.

In Italia il concetto di advertainment prende per lo più forma di stucchevoli telepromozioni e di spot dallo stile nazional popolare, figli del Carosello e della tradizione della commedia all'italiana, come per esempio quelli di Lavazza, Wind e Tim: mini situation-comedy caratterizzate da un tono medio, situazioni quotidiane, personaggi fissi e uno stile prevalentemente comico. Alla ricerca di una maggiore interattività e coinvolgimento è stata la campagna di Tim realizzata nel 2001 dall'agenzia Armando Testa, che univa il formato della fiction all'interattività con il pubblico introdotta dai reality show: i telespettatori erano infatti chiamati a partecipare in prima persona al viaggio in barca a vela delle tre protagoniste inviando un sms per determinare l'esito dello spot.

Casi più complessi e interessanti di advertainment sono gli *alternate reality games* (ARG). Si tratta di giochi cross-mediali che mescolano l'esperienza del videogioco con la vita reale in una specie di caccia al tesoro che si muove tra interattività ed entertainment, realtà e mondi virtuali. Gli ARG sono intrinsecamente narrativi: gli autori producono delle storie che poi distribuiscono agli utenti in vari formati e su vari media, dilazionando le informazioni e i contenuti in un arco di tempo prolungato. Il cuore della narrazione è solitamente la rete, da cui poi la storia si irradia attraverso vari canali: e-mail, blog, forum, annunci sui giornali, telefono, televisione. L'obiettivo è coinvolgere i giocatori in un'esperienza multisensoriale.

L'origine del genere degli ARG come lo conosciamo oggi risale al 2001, con l'uscita di *The Beast*, il titolo non ufficiale del gioco legato al film *AI* di Steven Spielberg (in italiano *IA*), e con quella di

Majestic, un gioco commerciale prodotto dalla Electronic Arts. Altro ARG da ricordare è *I love bees*, realizzato dall'agenzia specializzata 42 Entertainment per promuovere *Halo 2*, altro gioco per Xbox. Queste particolari forme di advertainment sono in grado di alimentare la creatività dal basso degli utenti e di coinvolgerli a tal punto da formare ampie comunità dedicate alla soluzione dei giochi e alla creazione di *user generated content*, che rappresentano una parte integrante di molti ARG. Il tipo di narrazione frammentaria e misteriosa, che comprende una dimensione di casualità, porta infatti gli utenti ad aggregarsi e a colmare i vuoti narrativi.

Dal punto di vista del marketing gli *alternate reality games* sono campagne altamente "esperienziali" che oltrepassano gli ordinari registri e contesti della comunicazione, riuscendo a scuotere l'attenzione e a spostare sempre più in avanti i confini della partecipazione delle persone. Il genere può essere considerato l'espressione della più generale evoluzione dei media e della nostra crescente capacità e disponibilità come consumatori di accettare ed esplorare più media in parallelo e contemporaneamente.

La complessità degli ARG può variare anche negli strumenti impiegati. Per esempio, General Motors ha utilizzato un mezzo classico come l'*outdoor*: di affissione in affissione, venivano rivelate le parole della frase "This-is-the-last-time-you-will-ever-have-to-feel-alone-on-our-nation's highways", il tutto coordinato dal sito web dell'azienda. Peccato che la frase sia stata scoperta prima del dovuto per un bug nel sistema informatico dell'azienda!

Ricola, la marca svizzera nota in tutto il mondo per le sue caramelle di alta qualità, ha lanciato negli USA "Ricola Thanks a Million": un'incredibile caccia al tesoro in cui i partecipanti dovevano riuscire a catturare un testimonial a dir poco inusuale per vincere sino a un milione di dollari. L'attore protagonista del gioco è stato infatti ingaggiato da Ricola per "tossire" nelle strade, nei parchi e presso i luoghi maggiormente affollati di numerose cittadine statunitensi. I cacciatori iscritti al gioco tramite l'apposito sito web, dovevano, seguendo le segnalazioni inviate loro per posta, recarsi nei luoghi per individuare il "tossitore misterioso" e, entro sessanta secondi dall'emissione del colpo di tosse, offrirgli una caramella Ricola.

In Italia, in occasione del lancio della nuova Twingo, in rete e in tv si sono sprecati news e servizi sulla mega-festa Renault conclusasi con la consegna del primo esemplare dell'autovettura a un giovane ed emergente attore italiano. Successivamente, la casa automobilistica francese ha dato il via a una caccia collettiva alla Twingo rubata al testimonial della campagna da un fantomatico ladro vestito da ninja, che disseminava indizi in rete sotto forma di video, audio o testi per spingere gli utenti a cercare il bottino del suo furto.

Con il dissolversi dei confini tra tecnologie digitali e televisione e di fronte a utenti sempre più cross-mediali, si aprono dunque al mondo pubblicitario nuove strade per soddisfare le esigenze di consumatori sempre più alla ricerca di intrattenimento ed emozioni. L'advertainment rappresenta per la pubblicità un'occasione per mettersi alla prova ibridandosi con generi e linguaggi narrativi differenti, attraverso molteplici piattaforme reali e digitali.

Con l'advertainment si possono indicare inoltre una serie di promozioni interattive veicolate sul Web sotto forma di intrattenimento, come videogiochi, cartoni animati, filmati e siti multimediali. Una delle applicazioni più utilizzate è l'*advergame*, che unisce informazione pubblicitaria, aspetto ludico e interattività. Si tratta di giochi interattivi progettati e distribuiti dalle aziende per intrattenere gli utenti mentre sono esposti alla pubblicità di brand, prodotti o servizi. I risultati di un progetto ben riuscito possono essere davvero strepitosi in termini sia di tempo dedicato al gioco da parte degli utenti, sia di viralità innescata spontaneamente: spesso, infatti, sono proprio gli advergame il fulcro di campagne di marketing virale. I livelli di integrazione dell'ambiente di gioco con il contenuto di advertising sono, secondo quanto teorizzato comunemente, tre:

- *il livello associativo:* dove la gratificazione dell'esperienza di gioco si collega con il brand o il prodotto per associazione, curando che il contenuto sia congruente con l'immagine del brand;
- *il livello illustrativo:* dove si pone il prodotto o servizio al centro dell'attenzione del giocatore esemplificandone le caratteristiche, per esempio facendone il traguardo delle azioni di gioco;
- *il livello dimostrativo:* dove si spinge di più sulla leva dell'interattività, consentendo all'utente di fare delle prove del prodotto, sempre all'interno dell'ambiente ludico e della narrazione del gioco.

Uno studio dell'Università del Michigan ha rilevato come la memorizzazione di informazioni quando si gioca a un videogame è 10 volte superiore a quella che si ha guardando la tv: un marchio presente in un gioco si memorizza, quindi, più facilmente e più a fondo di quello mostrato in uno spot televisivo. Del resto si tratta, come la maggior parte delle applicazioni internet, di uno strumento utilizzato in modo attivo e interattivo. Tra i vantaggi degli advergame c'è anche la quantità di informazioni che le aziende riescono ad acquisire sul consumatore tramite il gioco, per accedere al quale è di solito necessario registrarsi. L'advergame è poi relativamente economico nella realizzazione e nella distribuzione: lo si può pubblicare sul sito aziendale o su portali dedicati, oppure segnalare tramite e-mail. Inutile aggiungere che meccanismi come i concorsi o i premi incrementano di molto il coinvolgimento degli utenti e stimolano il passaparola.

Box 9.1 **Case history**

Campagna: AppealNow.com (è disponibile il video, vedi "ShotCode" in appendice)
Sito: www.appealnow.com
Anno: 2005
Agenzia: Nitro London
Obiettivi e risultati: L'obiettivo era di incoraggiare gli automobilisti a fare ricorso contro le multe ingiuste per divieto di sosta attraverso il sito AppealNow.com. La campagna virale ha utilizzato una serie di video virali collocati sul sito dell'azienda. Immediatamente il sito del tabloid regionale Evening Standard li ha pubblicati in prima pagina attirando l'attenzione anche dei notiziari televisivi. Il traffico è immediatamente aumentato del 3.560% e il sito è schizzato al 113.176° posto nel ranking Alexa. Attualmente il sito è conosciuto a livello mondiale e sono oltre 4 milioni le persone che hanno visto i video virali.

Campagna: NZ Army Recruitment
Sito: www.army.mil.nz
Anno: 2005
Agenzia: Saatchi & Saatchi
Obiettivi e risultati: "Force9" è un gioco interattivo online creato per attrarre potenziali reclute dell'esercito neozelandese. I giocatori sono impegnati in diverse missioni in territorio nemico. Per questo sono stati creati 4 banner interattivi direttamente legati al gioco e alle missioni che indirizzavano l'utente al sito web. Nelle prime quattro settimane ci sono stati più di 25.000 click sui

Segue

banner, 41.152 visite a "Force9" che si sono convertite in 5.000 registrazioni. I visitatori sono stati 79.160 e 10.971 gli utenti che si sono registrati nei primi tre mesi e mezzo. L'esercito ha raggiunto i propri obiettivi di nuove reclute ed è addirittura migliorato il livello medio delle persone che si sono presentate alle selezioni.

Campagna: Xbox Origen (è disponibile il video, vedi "ShotCode" in appendice)
Sito: www.origenbox360.com
Anno: 2005
Agenzia: AKQA
Obiettivi e risultati: L'obiettivo era di generare entusiasmo fra le persone per il lancio della Xbox 360 senza utilizzare i linguaggi iperbolici tipici del marketing: il rischio era quello di essere crocifissi nei forum frequentati dal pubblico dei giocatori. Per questo bisognava incuriosirli con abilità e discrezione: "Cosa diavolo c'entrano due conigli bianchi e un grande albero con la Xbox 360?". Questa domanda ha tenuto impegnati i giocatori per le settimane precedenti al lancio del sito. Dopo il lancio, avvenuto praticamente senza promozione, si sono fatte filtrare a poco a poco alcune informazioni alimentando la curiosità e le conversazioni nei forum. Alla fine è stato rivelato che si trattatava del paradiso dei giocatori: 1,5 milioni di visite al sito (una media di 27.713 al giorno), senza alcun tipo di campagna promozionale alle spalle.

Il marketing esperienziale

Si suppone che il consumatore contemporaneo preferisca vivere immerso in esperienze di consumo anziché acquistare meri prodotti e servizi. Il consumo postmoderno si riassumerebbe così nell'immersione in esperienze costituite da incontri affascinanti, spettacolari, dalle mille sfaccettature. In maniera sotterranea o manifesta, gli anni Ottanta hanno visto l'estetizzazione del quotidiano e il suo corollario, l'edonismo, penetrare il territorio del consumo. Il consumatore viene percepito oggi come un essere emozionale, in cerca di esperienze sensibili che lo facciano interagire con i prodotti e i servizi del sistema di consumo. Tutto ciò conduce gli esperti di marketing a stemperare la visione funzionalista e utilitaristica del consumo con una visione detta *esperienziale*, la quale mette in rilievo i valori edonistici e la soggettività dell'individuo.

Tradizionalmente legata alla microeconomia e alla psicologia (sia comportamentista che cognitivista), la visione funzionalista del consumo si concentra sulla ricerca di informazioni e sul processo d'influenza delle scelte del conumatore, al fine di ottimizzare le transazioni di individui considerati isolatamente. Nella prospettiva esperienziale, al contrario, il consumatore non cerca tanto di massimizzare un profitto, quanto di ottenere una gratificazione edonistica nell'ambito di un contesto sociale. Il consumo scatena infatti sensazioni ed emozioni che, lungi dal rispondere semplicemente a dei bisogni, vanno a toccare l'ambito della ricerca identitaria del consumatore. Secondo i sociologi, non è più il lavoro, e quindi la produzione, il vettore di costruzione identitaria dell'individuo, ma il consumo. Mentre la domanda che un tempo si ponevano filosofi, poeti e moralisti era "si lavora per vivere o si vive per lavorare?", il dilemma che affligge i nostri contemporanei assume, piuttosto, questa forma: "si consuma per vivere o si vive per consumare?".

Oggi si consuma soprattutto per esistere (identità), e non soltanto per vivere (bisogni). È attraverso il consumo che si costruisce e si rafforza la propria identità, che versa in condizioni sempre peggiori a causa della disoccupazione, della precarietà, del divorzio, del crollo della famiglia, della mobilità. Non si tratta più, semplicemente, di "fare i propri acquisti", ma di "vivere delle esperienze" e, più spesso, delle esperienze "integrate", poiché queste fanno appello a tutti i sensi dell'individuo.

Prima di analizzare l'approccio di marketing esperienziale, occorre precisare che, dal punto di vista del marketing, l'esperienza è diversa dall'apprendimento. Quest'ultimo, in linea generale, si definisce come l'insieme dei cambiamenti favorevoli e dei progressi ottenuti dall'individuo che dà prova delle sue capacità tra i suoi simili. L'esperienza alla quale si interessa il marketing è quella vissuta dall'individuo e, soprattutto, dal consumatore prima, durante e dopo l'atto d'acquisto. L'esperienza di consumo si svolge, quindi, in un arco di tempo che può essere suddiviso in quattro grandi fasi:

- l'esperienza di eccitazione iniziale, che consiste nel ricercare, pianificare, sognare ad occhi aperti, ponderare (economicamente) o immaginare l'esperienza;
- l'esperienza d'acquisto, che comprende la scelta, il pagamento, il confezionamento, l'incontro con il personale e con il luogo di vendita;

- l'esperienza propriamente detta, che include la sensazione, la sazietà, la soddisfazione/insoddisfazione, la trasformazione;
- l'esperienza di ricordo, che include soprattutto le fotografie, per rivivere l'esperienza passata, che si fonda sul racconto di storie e sulle chiacchierate con gli amici a proposito dei giorni passati, che passa appunto per l'archiviazione del ricordo.

L'esperienza di consumo si definisce come il fatto di provare qualcosa di bello o di brutto, provocato intenzionalmente o meno, e di considerarlo come un qualcosa che arricchisce il pensiero e che è decisivo per la sua organizzazione. Questa esperienza può essere di natura sentimentale, morale, religiosa, etica o estetica. È anche costruzione di significati sotto forma di esperienza, cioè di messa in scena dell'individuo, con l'accento posto sul sensualismo e sull'importanza del vissuto.

È in questo senso che l'esperienza di consumo è stata teorizzata come vissuto personale e soggettivo, spesso carico di emozionalità, del consumatore. Se inizialmente il territorio privilegiato del consumo esperienziale era quello del divertimento, oggi sembra che esso si sia esteso a tutti i settori del consumo. Con ironia, alcuni riassumono lo stesso consumo odierno nel piacere di essere immersi in una banalità di foggia "disneyana"!

Quando ci si pone dal punto di vista dell'azienda, l'esperienza appare come una nuova categoria di offerta che si affianca ai comfort, ai prodotti e ai servizi, delineando un quarto tipo di offerta. Per il fornitore una buona esperienza è un'esperienza indimenticabile o significativa, se non straordinaria e ottimale, che permette al consumatore di attivare tutti i suoi sensi, che produce emozioni (in marketing si parla spesso di esperienza emozionale o di emozione come cuore dell'esperienza di consumo) o che trasforma persino l'individuo. Si tratta di coinvolgere i consumatori in un percorso indimenticabile, offrendo loro un'esperienza, o, meglio ancora, trasformandoli grazie alle esperienze in cui li si guida.

Gli esperti pensano che il valore economico dell'offerta cresca quando si passa dall'offrire comfort all'offrire esperienze. Infatti, il marketing esperienziale si collega alle esperienze vissute dal cliente, esperienze che si generano quando egli si imbatte, subisce o vive alcuni avvenimenti. Queste esperienze, più che valori funzionali, possiedono valori sensoriali, emozionali, cognitivi, comportamentali e relazionali. Il cliente non percepisce la situazione in termini di categorie strettamente definite, ma in termini di consumo nel suo insieme.

Per una migliore comprensione delle tipologie di esperienza di consumo, si può utilizzare il quadro semiotico dei valori delle esperienze (*figura 9.1*). L'oggetto dell'esperienza deve coniugare valori d'uso (pratico e critico) e valori esistenziali (utopico e ludico). In parole povere, il consumatore vuole tutto e il contrario di tutto. Egli si aspetta dall'oggetto dell'esperienza, e dal marchio che lo produce, non solo la riproducibilità dell'esperienza e la diminuzione del rischio percepito, ma anche nuove sensazioni, emozioni ed esperienze. Il marchio sarà allo stesso tempo un dispositivo in grado di industrializzare le esperienze, ma anche un attore capace di dare prova di fantasia; da qui la necessità di un accorto dosaggio di ripetizione e innovazione nella produzione delle esperienze.

Il marketing esperienziale si pone quindi il problema di come

Figura 9.1 **Tipologia delle esperienze di consumo**

PRATICA Utile Funzionale Pratico Tecnico	UTOPICA Evasione Avventura Sogno Metamorfosi Trasgressione
CRITICA Essenziale Sobrio Basico Economico Necessario Vantaggioso	LUDICA Evasione Divertimento Scenografia Gadget Sorpresa Provocazione Humour

Fonte: B. Heilbrunn, *La consommation et ses sociologies*, citato in Cova e Louyot-Gallicher (2006).

produrre, o co-produrre insieme al consumatore, queste esperienze di consumo. Malgrado si sia pienamente compreso, nella prospettiva di questo tipo di marketing, che il consumatore non è un attore passivo che reagisce a determinati stimoli, ma piuttosto un attore attivo, nonché il produttore delle proprie esperienze di consumo, le imprese hanno tuttavia cercato di agevolare la realizzazione di queste esperienze. I distributori, poi, hanno anche cercato, a partire dagli anni Ottanta, di trasformare il punto vendita in un ambiente adatto a produrre esperienze (*shopping experience*); in tal senso, si è lavorato attentamente sull'ambiente d'acquisto, cioè sul punto vendita, nel tentativo di re-incantare il consumo. Ma il fenomeno ha subito una svolta particolare dalla fine degli anni Novanta, con la volontà, da parte dei produttori, di far vivere ai consumatori delle esperienza di marca (*brand experience*) attraverso l'immersione in contesti esperienziali brandizzati. In questo modo, la creazione e la gestione di contesti esperienziali sono diventate un'attività specifica del brand management, che cerca di facilitare l'immersione del consumatore in un ambiente ricco di suggestioni. Certamente il consumatore può fare esperienza della marca al di fuori di questi contesti, a casa sua per esempio, ma per l'impresa i contesti esperienziali più importanti sono quelli che le permettono di controllare e supervisionare attentamente il processo di accesso all'esperienza e l'esperienza stessa. Oggi sono quattro i tipi di contesto esperienziale più diffusi:

- i negozi monomarca, o *brand store*, sul modello degli Apple Store, delle NikeTown, degli Audi Forum, che forniscono un'esperienza di negozio e della marca. In quelli che vengono definiti navi ammiraglie (*flagship stores*) della marca, il consumatore trova un arredamento meraviglioso, rifiniture perfette e un'attenzione al minimo dettaglio finalizzati a promuovere esperienze di negozio sempre più divertenti e sempre più simili a quelle che si potrebbero vivere a Disney World;
- le fabbriche della marca, o *brand plants*, come l'Autostadt della Volkswagen a Wolfsburg, la Crayola Factory a Two Rivers Landing in Pennsylvania, l'Heineken Experience ad Amsterdam, dove si può vivere un'esperienza di fabbricazione (*factory experience*). Oggi il confine tra l'attrazione turistica e la fabbrica è

sempre meno evidente, al punto che la visita di molte fabbriche è a pagamento come per il museo della marca, che spesso è all'interno o adiacente alla fabbrica. È molto incerto anche il confine con i parchi a tema, come dimostra la catena dei Legoland. L'insieme rappresenta un tentativo di immergere il consumatore, per un tempo maggiore che nel negozio monomarca, nella storia e nel processo produttivo dei prodotti;

- le feste della marca, o *brand fests*, come le varie celebrazioni e i raduni organizzati da Harley-Davidson o Ducati, che favoriscono l'esperienza di festival (*festival experience*). Questi eventi legati al marchio rappresentano, per il consumatore, un'opportunità di fare esperienza tangibile della marca attraverso il contatto diretto. L'immersione, in questo caso, è facilitata dal fatto di offrire ai partecipanti la possibilità di sviluppare e/o rafforzare le relazioni fisiche con il personale e con i prodotti. In questo caso, il contesto è effimero e mobile: ci si avvicina a ciò che si prova durante gli spettacoli dal vivo;
- i siti di marca, o *web brandsites*, come quelli della Mini o della Nutella, ormai concepiti per permettere di vivere un'esperienza virtuale (*virtual experience*). Mentre la maggior parte degli scritti sull'esperienza di consumo sottintende un riferimento a un contesto reale, sia esso naturale o artificiale, lo sviluppo di Internet ha condotto ad accettare la possibilità di una natura virtuale del contesto dell'esperienza, il tutto accentuato dallo sviluppo delle cosiddette tecnologie immersive, utilizzate soprattutto nei giochi online.

Qualunque sia il tipo di contesto esperienziale (di marca o meno) l'impresa deve stare attenta a che esso sia, contemporaneamente, circoscritto, rassicurante e tematico. Sono queste, infatti, le tre caratteristiche basilari che agevolano la focalizzazione del consumatore e, di conseguenza, la sua immersione. Nello specifico:

- il contesto deve essere circoscritto. Deve avere dei limiti precisi, poiché questo consente, contemporaneamente, la rottura e l'evasione dal quotidiano e segnala l'ingresso in un mondo a parte, uno stile incantato, dove tutte le preoccupazioni e le irritazioni della vita quotidiana spariscono. I *flagship stores* sono tipicamente una sorta di enclave dove ci si può concentrare su tutto ciò che il marchio propone, senza l'intrusione di elementi esterni, cioè di qualsiasi altra marca;

- il contesto deve essere rassicurante. Deve essere ben sorvegliato, poiché questo elimina la necessità di prestare attenzione a se stessi, alle proprie cose ecc., necessità che è invece tipica della vita quotidiana. I consumatori non vogliono confrontarsi con i problemi di tutti i giorni e preferiscono ambienti e attività più edulcorati e controllati, che riducono la possibilità di rischio;
- il contesto deve essere tematico. Si è già ampiamente insistito, a proposito dei punti vendita, sulla necessità di tematizzare il contesto esperienziale, poiché la tematizzazione funziona da abito simbolico del contesto che consente di dare senso all'atto di consumare. Il tema può essere un'attività, un'epoca, un luogo, un marchio, o una combinazione di questi elementi; deve essere fortemente distintivo. In tutti questi casi, l'impresa deve fare un lavoro di enunciazione e di concretizzazione materiale del tema.

L'impresa deve allora lavorare per enunciare e materializzare il tema. Ciò implica la creazione di effetti teatrali e di messa in scena del prodotto o servizio aziendale in offerta, nonché del consumatore, attraverso grandi sforzi che influiscano sulla scenografia complessiva come il design dell'ambiente e l'atmosfera del luogo (Carù e Cova, 2007). Tutto ciò si realizza attraverso un meccanismo sensoriale e immaginifico che tende a sovra-stimolare i sensi e l'immaginario del consumatore, in modo da aumentarne la focalizzazione e da accelerarne l'immersione:

- la sovra-stimolazione dei cinque sensi avviene grazie a un layout polisensoriale che serve a mobilitare la vista, l'udito, l'odorato, il gusto e il tatto;
- la sovra-stimolazione dell'immaginario passa per la messa in atto, costantemente rinnovata, di racconti, storie, narrazioni, immagini costruiti intorno alla marca, in un approccio di tipo ludico conosciuto come *shoptainment*.

Questo nuovo marketing smuove le passioni e solleva discussioni animate. Secondo i suoi sostenitori, il marketing tradizionale non offre che alcune regole pensate per poter capitalizzare sulla nascente economia esperienziale. Esso non presenta altro che una visione analitica, razionale e meccanicistica dei clienti, dei prodotti e dei concorrenti. Le sue metodologie sono state sviluppate per rispondere all'esigenze dell'era industriale e alle prime fasi della società dei consumi, ma non alla rivoluzione dell'informatica, della marca e delle comunicazioni così come le conosciamo oggi. Il marketing tradizionale si caratterizza per tre elementi fondamentali:

- si concentra sugli attributi del prodotto e sui benefici per il consumatore;
- la concorrenza si esercita soprattutto nell'ambito di categorie di prodotto ben definite, che rappresentano il campo di battaglia per i production manager e i brand manager;
- i clienti prendono delle decisioni relativamente razionali; risolvono i propri problemi in tappe successive e intraprendono una serie di azioni ponderate e ragionate.

Il marketing esperienziale affronta invece la situazione in termini di consumo e s'interroga sulla possibilità di adattare i prodotti a ogni situazione, su come concepirli per renderli appetibili, su come confezionarli e trasmettere questa esperienza. In questo modo, il cliente si lascia guidare più dal suo istinto e dalle emozioni che non dalla logica.

In tal senso, il marketing esperienziale può essere considerato l'erede del marketing situazionale apparso negli anni Settanta, tentando di stabilire un collegamento tra le caratteristiche ambientali e la percezione che ne ha il consumatore. Si tratta di stimolare i cinque sensi, attribuendo un senso al consumo. Il marketing esperienziale non sostituisce il marketing classico, ma rappresenta una nuova prospettiva associata a una visione postmoderna della società.

Box 9.2 **Esempi di marketing esperienziale**

Coca-Cola

Il marketing esperienziale deve consentire al consumatore di avere piena e totale esperienza del prodotto. Coca-Cola ha realmente creato l'evento nell'evento in occasione di diverse manifestazioni sportive: Coppa del Mondo e Giochi Olimpici. Il marchio è diventato lo sponsor di quelli che vivono l'evento, e

Segue

quindi è intimamente legato alle emozioni sprigionate dall'evento e ai momenti vincenti. Coca-Cola vuole rappresentare la bibita di coloro che partecipano all'evento. Con il messaggio "Enjoy Coca-Cola" (che ha sostituito "Always Coca-Cola"), che significa "Vivi l'istante", Coca-Cola ha saputo sfruttare le emozioni e capitalizzare le associazioni simboliche. Inoltre, Coca-Cola ha cambiato registro comunicativo. Dopo aver insistito a lungo sul marchio e i suoi valori, nel 2001 ha lanciato una campagna di comunicazione mondiale non più basata esclusivamente sul marchio ma sul consumatore, mettendo in scena i momenti di vita e i valori del marchio. Si tratta di scenette di vita familiare, realizzate da giovani creativi con un linguaggio autentico, con esperienze vissute da tutti e al centro delle quali ritroviamo la marca.

Sephora

I negozi Sephora, appartenenti al gruppo LVMH, vendono cosmetici e profumi. Le vendite di questi negozi, presenti in 180 città, registrano un tasso di crescita tre volte maggiore, in media, di quello dei grandi magazzini. Sephora ha cambiato il modo in cui le persone acquistano cosmetici grazie al suo concetto di vendita originale e ai suoi negozi esperienziali. L'illuminazione studiata, i codici cromatici, l'esposizione dei flaconi di profumo come se si trattasse di un museo e altri elementi non funzionali conferiscono a questi punti vendita un fascino e un'atmosfera unici.

Il fun shopping

Il *fun shopping* è apparso negli Stati Uniti all'inizio degli anni Novanta. Viene definito anche *retailtainment*, neologismo formato dalla contrazione delle parole *retail* (vendita) e *entertainment* (divertimento, intrattenimento). L'assunto è che il consumatore si trovi lì innanzitutto per divertirsi, e solo in un secondo momento per comprare. Evidentemente con successo, poiché le persone entrate in un negozio di questo tipo ci ritornano e acquistano durante le visite successive. L'obiettivo è aumentare sia la quantità sia la qualità del tempo che il consumatore trascorre nel negozio. Questo fenomeno tende a diffondersi anche in Europa. Possiamo citare la catena italiana di articoli sportivi "Giacomelli", i cui negozi si distinguono per l'atmosfera e il design innovativi: gli effetti di luce, i maxischermi che proiettano filmati pubblicitari, i poster delle celebrità sportive contribuiscono ad attirare una clientela appassionata di sport. Nike ha realizzato concretamente il concetto di *fun shopping* con le NikeTown, vere e proprie città con svariati negozi, ciascuno dedicato a uno specifico sport e con un'atmosfera innovativa: proiezione di filmati sportivi, spot colorati ecc.

Il new urbanism

Gli individui, soprattutto coloro che vivono in città, sempre più spesso sognano un ritorno ai valori del passato, alla qualità della vita nei piccoli villaggi. È

Segue

per questo che gli americani hanno costruito delle vere e proprie piccole cittadine – come Seaside (cittadina fatta di case in legno, nella quale è stato girato il film *The Truman Show*, con Jim Carrey) – realizzando in questo stile anche spazi commerciali. Il nuovo centro commerciale City Place, aperto vicino West Palm Beach in Florida, è di fatto un villaggio, con il suo campanile e le case in stile italiano, che si può visitare in auto, poiché sopra i negozi ci sono degli appartamenti. In Francia, vediamo emergere questa tendenza con le nuove case molto stilizzate, soprattutto per quanto riguarda la facciata, costruite a Marne-la-Vallée e con la città di Val d'Europe.

Guerrilla marketing: arsenale alternativo[1]

Il mito del guerrilla marketing

Dalla guerra[2] alla guerrilla[3]. Dal marketing convenzionale al guerrilla marketing. È questa la simmetria concettuale alla base delle nuove sfide di mercato. Un passaggio teorico che, alla luce dei codici militari tipici del marketing, rilegge tattiche, strategie e rapporti di potere fra imprese e consumatori, creando nuove espressioni comunicazionali. Tradizione e innovazione.

L'origine e il significato della parola "guerrilla" sembrano risalire alla resistenza spagnola durante l'occupazione napoleonica. I guerri-

[1] Questo paragrafo è stato scritto da Michele Sabatini. Esperto di marketing e comunicazione non-convenzionale, in particolare di guerrilla marketing, Sabatini lavora presso l'ufficio strategico-progettuale dell'agenzia di comunicazione integrata Zig-Zag a Roma. Si occupa della realizzazione di piani di marketing e comunicazione, di progetti editoriali e di ufficio stampa.

[2] *Guerra*: conflitto fra Stati, nazioni, popoli (in genere, fra comunità indipendenti) condotto con mezzi militari, cioè con l'uso delle armi. Vedi Battaglia (1972).

[3] *Guerrilla* (o *guerriglia*): guerra di scaramucce e di imboscate. Nella lingua attuale: forma particolare di guerra condotta da unità (bande) costituite principalmente da elementi irregolari contro le truppe regolari dello stesso Stato o di uno Stato esterno, che agiscono per lo più per mezzo di imboscate, rapidi attacchi di sorpresa, colpi di mano, valendosi dell'appoggio della popolazione e della perfetta conoscenza dell'ambiente sociale e della natura dei territori dove si svolge la lotta. Per questo assume quasi sempre carattere di guerra civile diretta ad abbattere il regime costituito o a liberare il paese dallo straniero che lo occupa). Vedi Battaglia (1972).

glieri, inferiori per armi, mezzi e numero di uomini, combatterono sfruttando e massimizzando le risorse di cui disponevano: la conoscenza del territorio, il naturale legame con la popolazione e la possibilità di contare su individui più motivati.

A ciò pensava Jay Conrad Levinson quando, a supporto soprattutto delle piccole e medie imprese, nel 1982 coniava il termine "guerrilla marketing". Per Levinson questo approccio rivoluzionario ha il compito di raggiungere i tradizionali obiettivi di marketing ricorrendo ad azioni non convenzionali, a basso costo ma ad alto impatto emotivo.

Vent'anni dopo il guerrilla marketing si è fatto conoscere come lo strumento non convenzionale per eccellenza, di grande efficacia e costi contenuti, in grado di dar vita ad attività promozionali a partire da piccoli budget.

Tuttavia, il principio fondante del guerrilla marketing non sta nelle ristrettezze delle risorse con cui è possibile operare, quanto nell'amplificare il risultato che si può raggiungere con le risorse a disposizione. È questa la giusta lettura del principio dell'effetto sorpresa, della *disruption*, ovvero la capacità di generare il massimo risultato con il minimo sforzo, rompendo gli schemi grazie alla creatività.

La guerriglia non è infatti mai fine a se stessa, ma si propone sempre di favorire, direttamente o indirettamente, la riuscita dell'operazione militare su un altro livello, quello politico. Di qui il necessario riconoscimento del vero valore della tattica guerrigliera: il consenso delle popolazioni, ottenuto grazie alla risonanza folklorica e mitologica dell'azione realizzata. Un consenso in grado di diventare notizia, passaparola, viralità, tanto che, per quanto equipaggiato per le piccole imprese, il guerrilla marketing ha finito per intrigare anche grandi aziende, come Nike e Sony, solo per citarne alcune, che ne fanno ampio uso.

Tempo, energia, immaginazione. Il patrimonio genetico del *guerrilla marketer* ha fatto in modo che la filosofia guerrigliera non si fermasse a Levinson, ma si reinventasse ogni giorno stimolando una molteplice riflessione teorica che ha finito per nobilitare ed elevare l'originaria formulazione di un insieme di panacee del marketing in un vero e proprio filone sociale di studi. Da una scintilla è nato un fuoco, alimentato dai contributi più eterogenei. Un processo di evoluzione e sedimentazione che ha generato pensieri e teorie critiche, a volte anche contrastanti con quanto affermato in origine.

Non siamo però di fronte alla sconfessione del maestro da parte dei suoi discepoli, quanto alla codificazione del guerrilla marketing come scienza. Per dirla con Claude Lévi-Strauss (1980), il padre dello strutturalismo francese, il mito è dato dall'insieme delle sue versioni.

Allo stesso modo il guerrilla marketing è un processo inconcluso, capace di rigenerarsi da se stesso e di far convivere versioni e opinioni diverse o discordi. Una poetica di marketing aperta ai contributi più disparati, sulla scorta della sua forza propellente: la tensione creativa. È una traiettoria, e il suo studio una questione di prospettiva. Ci si può immergere nel fenomeno e vivere nel momento rilevando le varie correnti, oppure osservare tutto dall'alto per un arco di tempo più lungo, cogliere la differenza tra confine e frontiera e godersi quest'intensità unica. In tal senso il guerrilla marketing è mito come totalità delle sue versioni.

Tante anime eppure una soltanto. O meglio un'anima sola come sommatoria di diverse esperienze alla ricerca di un unico scopo. Per questo il guerrilla marketing è una filosofia più che una strategia: una scelta radicale rispetto ai principi che regolano i rapporti tra comunicazione e realtà. Massimo risultato con il minimo sforzo.

Stickering, newsmaking, installazioni ambientali, strumenti multimediali, teatrali iniziative on the road. Il guerrilla marketing, nato dalle controculture comunicative degli anni Novanta e Duemila, è tutto questo e ancora di più. Si nutre di un insieme di tecniche e approcci non convenzionali che puntano a generare grande visibilità in poco tempo e con investimenti non eccessivi. Attacca, morde, fugge e, almeno inizialmente, non si fa riconoscere. Stupisce con effetti sorpresa e novità creative. Linguaggi, simboli e azioni spettacolari alla ricerca di attenzione, per farsi riconoscere e apprezzare, per alimentare l'affinità, per costruire *brand equity*.

In un mondo in cui, per imporsi all'attenzione del destinatario, il messaggio deve distinguersi, facendosi largo fra sovrastimolazione di immagini e di informazioni, il guerrilla marketing veste i panni della *guerriglia comunicativa*.

La guerrilla come sovversione dei principi di comunicazione

> ...in un'era dove l'informazione è diventata il principale dei beni e ha il potere solo chi controlla i media, la mossa vincente è data dalla guerrilla, intesa come forma di comunicazione parallela ai media tradizionali.[4]

Nelle parole di Umberto Eco troviamo il fondamento dell'idea di guerrilla intesa come risorsa per chi non ha accesso ai mezzi di comunicazione di massa, come tecnica di espressione e di azione alternativa alle strategie dominanti in ambito militare, sociale, artistico.

Un nuovo modo di pensare, di vedere le cose e di agire iniziato nell'ambito delle controculture e delle avanguardie artistiche, per trovare poi applicazione nel mondo della comunicazione, del marketing, della pubblicità. La guerrilla comunicativa parte dalla critica militante ai luoghi comuni, agli stereotipi sociali costruiti dai media. Un esempio è il *culture jamming*, movimento e pratica di sabotaggio culturale con la finalità di contestare l'invasività dei messaggi pubblicitari ed elevare l'individuo da ricevente passivo a consumatore critico.

La comunicazione guerriglia è quindi un intervento nel processo comunicativo, di cui veste i panni della causa e dell'effetto: interventi realizzati da seguaci riuniti in piccoli gruppi che generano effetti sovversivi attraverso pratiche come falsi scoop, travestimenti, inversioni di senso dei messaggi pubblicitari. Un insieme di metodi e tecniche ispirati dai principi fondamentali dello *straniamento* e della *sovraidentificazione.*

Il primo si basa su sottili cambiamenti della rappresentazione del quotidiano. Interpretazioni inconsuete di avvenimenti abituali che producono, per mezzo di spostamenti di senso, significati imprevisti. Lo straniamento è distanza dall'esistente, creazione in attori e spettatori di un allontanamento dai rapporti consolidati che mette in discussione la loro stessa naturalezza.

Viceversa, la sovraidentificazione esprime apertamente quegli aspetti del consueto che, seppur conosciuti da tutti, sono allo stesso

---

[4] Dalla relazione di Umberto Eco "Per una guerriglia semiologica" al convegno "Vision '67", New York; ora in Eco (1973).

tempo indicibili tabù. La sovraidentificazione porta alle estreme conseguenze i modelli di pensiero, i valori e le norme acquisite. Prende sul serio tutte le conclusioni e implicazioni proprio nel momento in cui non possono essere espresse e per questo vengono occultate. Annulla completamente la distanza, identificandosi con la logica corrente e avendola a cuore più di quanto faccia il sistema stesso (Sabatini, 2007).

È questo il caso dei *billboard bandits*, che utilizzano la forza espressiva dei testi e delle immagini dei manifesti pubblicitari cercando di rivoltarli, completandoli o apportandovi modifiche, semplicemente attraverso l'aggiunta o l'omissione di caratteri o parole, stravolgendo così del tutto il contenuto dei messaggi.

O ancora dei *provos* (provocatori), un gruppo antiautoritario, non violento ed ecologista *ante litteram*, fonte di ispirazione dei movimenti giovanili di protesta sorti in Europa e in America negli anni Sessanta. Composto da una confraternita di artisti, teppisti e visionari, tra il 1965 e il 1967 il movimento instaurò per le strade di Amsterdam una fugace e illegale repubblica anarchica fondata sull'happening e sulla burla. Anarchici per dichiarazione, furono abbastanza scaltri da non prendersi mai troppo sul serio, così che i loro progetti fossero sempre talmente esagerati da rimanere irrealizzabili. Da ricordare il "Witte fietsen plan" (piano delle biciclette bianche), che prevedeva la socializzazione del principale mezzo di trasporto di Amsterdam: biciclette bianche venivano messe a disposizione gratis in tutta l'area urbana. I provos volevano fare piazza pulita delle automobili e del traffico, ma la polizia sequestrò subito tutte le biciclette incustodite. A chi pensate si sia ispirata l'Adidas con le sue biciclette azzurre disseminate per Milano?

Se, secondo Dieter Kunzelmann, i provos furono i primi in Europa a trasformare la strada da luogo della protesta politica ad *agorà*, come dimenticare tra i guerriglieri della comunicazione *Luther Blissett*?

Luther Blissett è un nome multiplo preso a prestito da un famoso quanto scarso centravanti del Milan dei primi anni Ottanta del secolo scorso. Uno pseudonimo collettivo dietro il quale ha operato un numero imprecisato di performer, artisti, riviste underground, operatori del virtuale e collettivi di squatter americani, europei e italiani negli anni Ottanta e Novanta. Un personaggio collegiale, ma anche un personaggio collage. "Un'opera aperta" che ha segnato la stagione della *controinformazione* e del *mediattivismo*, ovvero farsi media da sé per promuovere finalità sociali modificando/contestando il rapporto produttori-fruitori della comunicazione. Un fenomeno sociale e politico che è stato al contempo forma culturale e sperimentazione di linguaggi e forme comunicative, cavalcando le tecniche del *camouflage* e del *fake/falsificazione.*

Box 9.3 **Case history**

3M

Per lanciare il nuovo prodotto Scotchshield (è disponibile il video, vedi "ShotCode" in appendice) (una pellicola che rende corazzata la superficie su cui viene applicata), 3M ha trasformato la pensilina di una fermata dell'autobus di Vancouver in una cassaforte a cielo aperto, infilando nell'intercapedine di vetro trattata con Scotchshield un bel malloppo di banconote tale da incuriosire i passanti, espressamente invitati a provare a prenderli. Numerosi sono stati i tentativi di sfondare i vetri, tutti filmati. L'attenzione guadagnata presso i media è stata straordinaria, sia a livello locale, sia a livello nazionale. Non da ultimo, poi, i tentativi di attacco al vetro così blindato hanno dimostrato la veridicità della promessa del prodotto più di una pubblicità classica, in cui tutto, ormai, ha l'aspetto artefatto e sempre meno genuino.

Wrangler

Wrangler Jeans ha realizzato un'originale campagna di guerrilla marketing in tre diverse città tedesche. Giganteschi blocchi di ghiaccio da una tonnellata sono stati riempiti di jeans e piazzati in giro per le città come fossero caduti dal cielo, sfondando alcune macchine parcheggiate. Molte persone si sono messe a giocare con il ghiaccio per capire cosa si nascondesse al suo interno. Le fotografie dei blocchi di ghiaccio sono poi finite nei negozi nell'ambito della nuova campagna "Wanted" (è disponibile il video, vedi "ShotCode" in appendice), in cui il ghiaccio la fa da padrone.

Ariel

Ariel ha utilizzato il nastro che trasporta i bagagli di un aeroporto (è disponibile il video, vedi "ShotCode" in appendice) in maniera alquanto inusitata. I passeggeri in attesa dei bagagli si sono trovati sotto gli occhi il loro peggior incubo: una serie di valigie aperte che rivelavano all'interno ammassi di biancheria sporca e stropicciata. Lo sgomento e l'imbarazzo generali hanno lasciato spazio alla sorpresa quando è comparsa una valigia con biancheria bianchissi-

Segue

ma e stirata firmata Ariel, che conteneva una serie di sampling di prodotto da prendere e portare a casa.

Ikea

Durante la settimana del design Ikea ha trasformato la città di New York in una grande esposizione a cielo aperto. Durante la campagna "Everyday Fabulous Exhibit" (è disponibile il video, vedi "ShotCode" in appendice) i team di designer hanno trasfigurato gli spazi cittadini allestendo fermate degli autobus, parchi giochi, uffici postali, vagoni della metropolitana, cabine telefoniche, cinema con accessori e mobili Ikea. Un'imponente attività di guerrilla in grado di creare una memorabile brand experience, dimostrando come il buon design possa rendere favoloso ogni spazio e migliorare la vita di tutti i giorni. Le foto dei surreali allestimenti hanno fatto il giro del mondo rimbalzando da blog di marketing, cool hunting e design a quelli personali e di brand fan.

Lines

Il signor Petal Veil è stato lanciato come guru internazionale della bellezza, consulente delle star e inventore di una nuova filosofia chiamata Minimal Beauty. Interpretato da un attore professionista, ha girato l'Italia alla ricerca di una ragazza in grado di interpretare il concetto di cura di sé. Eppure, nonostante centinaia di articoli sui giornali, Petal Veil non esiste, il suo nome è solo la traduzione di Lines Velo e Lines Petalo Blu.

Danny The Dog

Per promuovere in Italia il film *Danny The Dog* è stato creato un sito web che racconta la storia del film come se fosse reale: un giovane ragazzo asiatico è tenuto in catene e costretto a combattimenti clandestini. Per oltre un mese il presunto proprietario del sito ha cercato aiuto per trovare l'aguzzino attraverso petizioni online e volantinaggi in strada. Alla fine Danny è stato liberato e il film è uscito nelle sale cinematografiche.

L'arte della guerrilla, ovvero la guerrilla nell'arte

Invenzione, creatività, innovazione, originalità. Il guerrilla marketing è anche e soprattutto questo, una spugna rigorosa capace di attrarre esperienze e reinventarne delle altre. Il *guerrilla marketer* è un artigiano capace ancora di rubare il mestiere con gli occhi. Più semplicemente, un osservatore attento e mai improvvisato, che si gode il lusso di potere e avere tanto da imparare. Anche dall'arte, laddove essa incontra la guerriglia comunicativa e assume le forme della guerriglia artistica.

Forse non conosceremo mai la vera identità di Banksy (De Carolis, 2008), il fantomatico *street artist* inglese, ma di certo conosciamo la bellezza delle sue realizzazioni, gli apprezzamenti della critica e le quotazioni del suo lavoro. Sappiamo che ha scelto la strada per esprimersi, come hanno fatto tanti altri, writers in testa. In definitiva, speriamo che mai venga identificato (sebbene nel luglio del 2008 gli sia stato dato un nome, ma noi continuiamo a sperare che si tratti di un falso scoop) perché è un guerrigliero, che con le sue leggendarie azioni ha accresciuto con il tempo il suo mito. Un guerrigliero dell'arte. *Guerrilla art.*

La *guerriglia artistica* rappresenta un linguaggio sovversivo, un mix di cultura alta e bassa. La volontà di denudare il sistema dell'arte – e i suoi sclerotizzati meccanismi culturali – attraverso provocazioni e *détournement.* Il détournement è un particolare metodo di straniamento che modifica il modo di vedere oggetti e immagini comunemente noti inserendoli in contesti diversi. Utilizzato soprattutto in ambito artistico con i collage e i montaggi, può essere applicato anche a concetti e frasi. La guerriglia artistica trae origine dalle avanguardie artistiche del XX secolo e tocca tutta la *performance art*, che si manifesta in istallazioni, happening, body art, graffitismo e post graffitismo.

Nella sua accezione più specifica (rispetto alle *performing arts*), performance art è un'espressione entrata in uso negli anni Settanta a designare ciò che in precedenza si indicava con happening, vale a dire una performance il cui autore è, a tutti gli effetti, colui che la esegue o la dirige. Caratteristica di questi eventi spettacolari è lo *slittamento* che si osserva dal medium naturale di una determinata arte verso media che sarebbero propri di altre. Un movimento multidisciplinare in cui è di fondamentale importanza il rapporto immediato tra l'interprete-autore e il pubblico.

In questo modo le arti performative (musica e teatro in particolare) hanno potuto rivendicare il fatto di essere uniche e irripetibili, artefici di un evento che si crea all'istante e che non è semplicemente una delle varie interpretazioni possibili di un'opera già esistente. Di qui l'esperienza dei futuristi, dei dadaisti e dei surrealisti.

Ai temi di happening e performance potremmo legare il concetto proposto da Tatiana Bazzichelli di "arte come pratica reale"

(2001), spostando l'attenzione da una concezione di arte come originalità immodificabile a una concezione di arte come pratica di vita, gestualità quotidiana, relazioni collettive orizzontali: un'arte che non sia unicamente frutto dell'operato di un singolo genio, ma possibilità di intervenire personalmente e collettivamente nella creazione di un prodotto artistico che diventi un processo impermanente, fluttuante e contaminabile da chiunque voglia prendervi parte. Anche da questo il marketing sta imparando. Pensiamo alla performance degli artisti di Drop Drop, che hanno creato collettivamente e in diretta un maxi-billboard per il lancio europeo della campagna Nike Dunk "Be True".

E poi la pratica del *networking*. La rete come arte attraverso l'uso creativo delle tecnologie. Il networking considera tutte quelle pratiche artistiche (quindi non solo la net art) che si sostanziano nella creazione di reti (network) e nella condivisione e libera manipolazione dei contenuti. Uno scenario di fenomeni underground sviluppatisi in Italia nell'ultimo ventennio, dalle reti BBS a Internet, dal movimento punk alla più recente comunità hacker e alle attività derivate come i netstrike, gli hackmeeting, le telestreet. Quindi hacktivism, o meglio hacking sociale, in cui alla sperimentazione sulla tecnologia e sul codice di programmazione si associa l'idea di condivisione delle risorse e della conoscenza. Ma anche riflessione sul nuovo ruolo dell'artista e autore che si fa networker, operatore di reti collettive, ricollegandosi alle pratiche artistiche delle neoavanguardie degli anni Sessanta (prima fra tutte Fluxus), alla mail art, al situazionismo, a Luther Blissett (Bazzichelli, 2006; Sabatini, 2007).

Risonanza folklorica e dimensione narrativa

La guerriglia è una lotta militare, ma è anche e soprattutto una lotta politica. Il raggiungimento dell'obiettivo specifico è altresì finalizzato a un ritorno in termini di sostegno popolare all'obiettivo politico. Perché ciò avvenga, ogni azione deve essere programmata in modo che la sua dimensione folklorica investa la comunità, costruendo e alimentando una vera e propria mitologia del guerrigliero e della causa per cui si combatte. È per questo che le azioni di guerriglia agiscono sempre su un doppio livello: uno *militare* e uno *politico*.

L'azione militare, vale a dire l'imboscata, il sabotaggio che diventano racconto, folklore, mito del guerrigliero. È possibile traslare anche al mondo del marketing e della comunicazione lo sdoppiamento concettuale dell'azione di guerriglia in piano militare e politico, permettendoci di comprendere come realizzare una efficace campagna di guerrilla marketing.

Andrea Natella (2008) ha colto questa prospettiva producendo una definizione della meccanica di azione del guerrilla marketing semplice ed efficace. La progettazione e la realizzazione delle campagne deve sempre prevedere che ogni intervento sul piano militare abbia, oltre a un'efficacia immediata limitata dal territorio d'azione, anche un'efficienza in termini di risonanza folklorica dell'azione stessa. Così, da ogni azione di guerrilla che si rispetti, deve scaturire necessariamente notizia, passaparola, viralità, in grado di attecchire sui media tradizionali e non, Internet *in primis*.

Secondo Natella (2008), una campagna efficace dovrebbe essere «concepita e sviluppata come un'unica azione integrata in grado di dimostrare la propria efficienza su entrambi i piani», sia militare, legato al territorio dell'azione (reale o virtuale che sia), sia politico, legato all'immaginario e alla risonanza folklorica, valutabile dalla capacità dell'operazione di sviluppare passaparola, di generare newsmaking, di diffondersi viralmente sul Web (sulla spinta di una necessaria strategia complementare di *seeding*). Invece spesso si assiste ad azioni di street marketing o sul Web progettate su un unico piano d'intervento e quindi non in grado di mettere in atto il potenziale della vera guerrilla, risultando in questo modo "promozioni creative" più che azioni di guerrilla marketing.

Oltre all'efficienza interna della campagna, è poi necessario valutare la sua coerenza esterna con le strategie di comunicazione dell'azienda e soprattutto con i valori del brand, che non devono essere dissipati dall'azione di guerrilla. Spesso, come suggerisce Natella, diviene strategico costruire «le campagne intorno a un concept di tipo narrativo». Una storia permette difatti di definire il messaggio, di legare il piano dell'azione e quello folklorico, di accrescere la memorabilità del messaggio, di agevolare il processo di comunicazione fra pari, di declinare più facilmente la campagna su una pluralità di mezzi, di contenere gli slittamenti semantici che derivano dal passaparola.

Tale approccio riconosce alla marca la possibilità di posizionarsi e crescere all'interno di una tessitura narrativa, permettendo al consumatore di essere protagonista di esperienze e coinvolto in un'operazione di cooperazione testuale.

La dimensione narrativa garantisce il passaggio della marca dal piano militare a quello politico e pone le basi affinché essa sia presente in tutte le successive fasi comunicative: dal passaparola alla conversione in notizia. La marca assume così un valore mitologico, facendo propri e veicolando gli aspetti innovativi, curiosi o estremi della campagna. La marca diviene protagonista della trama di un racconto che esprime i suoi valori.

In questo processo il consumatore assume un ruolo attivo di attenzione e cooperazione interpretativa. Il suo mondo si confronta con la storia narrata dalla campagna e, inevitabilmente, con i desideri, i valori e i comportamenti della marca. Grazie alla dimensione narrativa il consumatore diviene partecipe dell'esperienza della marca vivendo in un gioco di ruolo che ne valorizza le competenze comunicative. Quanto più sarà coinvolto dalla sceneggiatura della campagna di guerriglia, tanto più il consumatore risponderà all'azione e metterà in campo le proprie competenze immergendosi in un'esperienza che ne riconoscono l'intelligenza e il ruolo produttivo (Natella, 2008).

Interessante, a tal fine, citare la tecnica degli *alternate reality games* (ARG), l'ultima evoluzione dell'*advertainment* che, memore delle lezioni di Vladimir Propp, intende ammaliare il consumatore con una serie di misteri e avventure collocate nel contesto quotidiano, facendolo relazionare per mesi con personaggi e ambientazioni consone al prodotto reclamizzato. La sua natura narrativa fa sì che questa tecnica si presti particolarmente ai prodotti dell'industria cinematografica e ai videogiochi. I consumatori assumono dei ruoli e finiscono per divenire dei giocatori, scendendo in campo e frequentando le diverse ambientazioni. In questo modo essi finiscono per divenire delle vere e proprie casse di risonanza, veicolando il messaggio e amplificandone la notiziabilità. Ultimo esempio in ordine di tempo è l'innovativo ARG creato dall'agenzia 42 Entertainment di Pasadena (USA) per il lancio del nuovo episodio della saga cinematografica di Batman, *The Dark Knight*. La campagna ha catturato schiere di proseliti che, in attesa dell'uscita nelle sale della pellicola, hanno potuto immedesimarsi nelle avventure dei principali personaggi del film (Harvey Dent, Joker, Batman ecc.) attraverso una serie di iniziative on e offline (Rossi, 2008).

Uno degli ambiti in cui il guerrilla marketing funziona molto bene è quello delle cause sociali, grazie, in particolare, all'impatto emotivo che esso produce. Utilizzato in quest'ottica il guerrilla marketing può invitare a cambiare un comportamento o un atteggiamento, ovvero divenire uno strumento importante per le campagne di sensibilizzazione sociale che negli ultimi anni hanno significato grandi investimenti e bassi risultati.

Un esempio di guerrilla marketing creativo ma soprattutto intelligente viene dalla Nuova Zelanda, con il finto incidente di Matakana Road, una strada molto pericolosa sui cui transitano, ad alte velocità, circa 8.000 vetture al giorno. Dopo innumerevoli quanto fallimentari tentativi di persuadere gli automobilisti a rallentare, si è deciso di affidarsi al marketing non-convenzionale per dialogare con le persone: è stato inscenato un finto incidente stradale con tanto di feriti, paramedici, poliziotti, pompieri e, naturalmente, con la segnaletica opportuna. Le auto rallentavano in prossimità dell'incidente e poco dopo incontravano un cartello con scritto: "Un incidente è l'unica cosa che ti fa andare piano?"[5].

Altro esempio è l'azione di guerrilla marketing ideata dal designer belga Pieter-Jan Fraussen, studente all'ultimo anno del St. Lucas Hogenschool di Anversa, Olanda, che ha pensato bene di tempestare la strada principale della sua città di 60 cuscini con su scritto: "Ancora troppe persone dormono per strada. Firma la petizione su www.stoparmoede.nu" (*stop armoede = stop poverty*). L'obiettivo della campagna pubblicitaria era quello di sensibilizzare la popolazione belga al problema dei senzatetto, concentrati specialmente nella città di Anversa. L'idea ha riscontrato molto successo, attirando l'attenzione dei media locali, della tv nazionale e di alcuni giornali. Un ottimo modo per far parlare di un problema diffuso attraverso un mezzo decisamente anticonvenzionale e interessante[6].

---

[5] Vedi Fait (2008). Vedi anche www.bloguerrilla.it

[6] Vedi anche "Pillows agains poverty", www.osocio.org

Apologia del guerrilla marketer

Nello scenario che abbiamo dipinto il guerrilla marketer depone le armi e diviene interprete principale del cambiamento, proponendosi come mediatore culturale tra mondi differenti: il mercato, le aziende, le persone. Ma anche la rete, l'arte, la cultura.

Il guerrilla marketer è un traduttore istantaneo della complessità del nostro tempo. Creativo e sensibile, non deve aver paura di poter conoscere la paura. Egli è come un bambino, perché possiede la capacità e un po' l'incoscienza di meravigliarsi di fronte alla cose, perché non si fa bloccare dai pregiudizi di fronte a un'occasione d'apprendimento. È paziente, perché conosce il sacrificio dell'attesa e l'importanza della ridondanza. Per questo ha imparato a essere coerente.

Il guerrilla marketer ascolta, non disturba le persone, osserva. Combina molteplici armi e attacchi, ma il suo non è mai un monologo, perché cerca sempre l'interazione e il dialogo. Ragiona sempre in modalità *low budget* e sa di doversi dedicare al proprio talento, perché la creatività è frutto di un duro lavoro. Di allenamento.

Il guerrilla marketer detta le regole, ma ha anche il coraggio di trasgredirle innovandole. Per questo è possibile essere guerrilla marketer nel rispetto ma al di là della tradizione di Levinson. Anzi, è un vero guerrilla marketer colui che riesce a innovare la tradizione. Per questo il guerrilla marketing è mito come insieme delle sue versioni.

Il guerrilla marketer è un uomo in ascolto che ha scoperto l'importanza del tutto come mezzo di comunicazione. Ovvero *tutto* è mezzo di comunicazione in un mondo ove la vita stessa dei media trova il suo valore più veritiero nella partecipazione degli utenti, quasi che i motti di McLuhan, "il mezzo è messaggio" e "l'utente è il contenuto", si fondessero in una nuova versione del paradigma comunicativo: "l'intero è il messaggio" (De Biase, 2008). L'ecosistema dell'informazione si fa comprendere soltanto nella sua globalità come rete di persone e quindi molteplicità di relazioni. Un sistema così concepito ha un unico caposaldo: la sincerità delle persone e delle loro relazioni. L'unico modo per intercettarle è porsi allo stesso livello di sincerità, smettendola di aggredirle ma piuttosto conversando.

Il guerrilla marketer è in realtà un maestro d'armi, un attore coscienzioso delle tecniche a sua disposizione, non un interprete pentito, convertito da un'improvvisa crisi etica. Egli è il combattente che, dinanzi all'esercizio di tattiche e strategie, sconfigge la noia della ripetizione. Non c'è solo *guerrilla noia* nella riproposizione di format di campagne altrui rielaborate, c'è anche il rischio dell'assuefazione[7]. Il fake e la citazione sono lesivi nella misura in cui abbandonano la loro natura di scorciatoia cognitiva in quanto stereotipi, facendosi passare essi stessi come atti originari di conoscenza. Solo quando non si avrà più voglia di imparare, di ricercare, di mettersi alla prova si avrà uno scadimento dal piano sostanziale a quello formale. Allora potremmo parlare di guerrilla noia, non di guerrilla marketing, ma forse i guerrilla marketer saranno già estinti, soppiantati dai mercenari.

C'è però una speranza che è una grande forza: il consumatore. O *prosumer*, consum-autore, consum-attore. Il guerrilla marketer e il consumatore guerrigliero. Il maestro e il suo discepolo, dove l'uno e l'altro sono sia maestro sia discepolo. Perché di là da false promesse, senza confondere guerrilla marketing e il mondo affine della *communication guerrilla*, ci sarà sempre un contratto sottinteso: si sta parlando di marketing e sempre dovremmo fare i conti con il profitto.

La novità sta nella bi-direzionalità del rapporto, nel dialogo instauratosi fra due mondi che hanno scoperto di avere bisogno l'uno dell'altro. Scambio reciproco di conoscenze e informazioni che è produzione di contenuto originale. La realizzazione nel mondo del mercato dell'opinione pubblica critica o borghese. Quella sfera pubblica razionale che Jürgen Habermas ha identificato in ristrettissimo arco temporale nella società borghese dell'Inghilterra di inizio diciottesimo secolo, capace di organizzarsi in piccoli circoli di discussione dove la gente elaborava razionali discussioni che producevano consenso, ovvero la legittimazione di una norma o di un'istituzione attraverso la partecipazione diretta degli attori che se ne sarebbero avvalsi. Un tempo brevissimo, prima che i giornali, da gazzette letterarie di commento per pochi,

---

[7] Vedi post di Piernicola De Maria, "Guerrilla noia", *One Marketing*, 24 marzo 2007, http://www.onemarketing.it/24/03/2007/guerrilla-noia

divenissero prodotto di massa sancendo l'evoluzione dell'opinione pubblica dall'ecologia della partecipazione diretta a quella della partecipazione mediata, ovvero della rappresentazione (Thompson, 2000).

Può sembrare strano, ma Internet, con il suo essere protesi mediatica, ovvero con la sua capacità di dare una dimensione spaziale fittizia all'imponderabilità della globalizzazione, può garantire il ripristino di questa dimensione di dialogo critico tra cittadini e istituzioni, soprattutto nel mondo del mercato tra azienda e suoi consumatori.

Il guerrilla marketer è quindi un pioniere, un traghettatore che, forte delle sue esperienze di navigatore cross-mediale, può relazionare il consumatore con nuovi format verso interazioni ben più soddisfacenti di quelle conosciute. Il guerrilla marketer è un esploratore. Non è un educatore, ma un maestro di vita. È una porta aperta su un nuovo modo di vedere le cose.

Guerrilla marketer e consumatore guerrigliero. Maestro e discepolo ora più che mai, ora che non ci sono più conflitti da combattere ma solo da sanare.

10. Dal media planning al media hunting

Cambia il tuo media planner con un "cool hunter" della comunicazione

La professione del "cool hunter"

Tra la fine degli anni Ottanta e l'inizio degli anni Novanta, il sistema moda è costretto ad abbandonare alcune certezze consolidate e ad accettare il repentino passaggio da un timing ciclico e stabile a un funzionamento caotico e spiazzante, in cui l'auto-espressività dei giovani trovava sempre più inadeguate le previsioni estetiche di analisti, consulenti di moda e, naturalmente, stilisti. Le mode spontanee, chiamate in questo decennio *street style*, si trasformano da ostacolo a fonte inesauribile di spunti creativi, e l'atto creativo della moda comincia a dipendere meno dall'estro dello stilista e più dalla capacità di catturare quei "segnali di mode future" che si celano dietro l'auto-espressività delle nuove generazioni. In questi anni la figura del creatore di moda subisce una seconda mutazione: dopo il passaggio da *couturier* a stilista, avvenuto negli anni Sessanta, il mestiere del creativo si riconfigura, trent'anni dopo, nel senso del *trend searcher*, del ricercatore di tendenze, del *cool hunter*.

Per tutti i mutamenti sociali e culturali di cui si è ampiamente parlato, da questo momento in poi parlare di tendenze, piuttosto che di mode, sembra avere molto più senso. L'idea che il cambiamento del gusto debba seguire una traiettoria calcolabile e prevedibile è stata pian piano soppiantata da un nuovo concetto del cambiamento, più conforme ai ritmi e agli scenari postmoderni: la tendenza, a differenza della moda, non è pensata e costruita da qualcuno per noi e su di noi, bensì è qualcosa di non sempre prevedibile e di durata variabile, verso cui ci si proietta spontaneamente.

Le grandi metropoli del mondo sono diventate le fucine di input multiculturali. Le suggestioni architettoniche dei grandi centri urbani, la musica, il cinema, l'arte, la fotografia, la tecnologia, sono gli stimoli culturali che alimentano la creatività del sistema moda e di altre industrie creative.

A fronte di tutto ciò, i grandi nomi del *fashion system* e non solo hanno compreso la necessità di fondare l'ideazione dei loro prodotti sul *cool hunting*, cioè sulla "caccia alla novità", una basilare analisi degli scenari socio-culturali che aiuti a cogliere sul nascere le nuove tendenze di consumo.

Questo tipo di ricerca nasce negli Stati Uniti in risposta al bisogno delle multinazionali di trovare nuovi strumenti per identificare i segnali latenti di tendenze originali, fresche e anticipatrici. Prima del 1995 erano i designer e gli esperti di marketing delle stesse aziende che andavano nelle periferie urbane a "testare" i modelli di nuove scarpe da basket tra i giovani fratelli neri; o che giravano per le vie di Los Angeles notando la tendenza tra le ragazze a vestirsi come i *cholos* messicani. All'inizio era un'attività svolta dai brand più innovativi, magari quelli con un team giovane e un forte dipartimento marketing, che già avevano intuito l'importanza di "scendere" fra i consumatori e cogliere le loro esigenze e i loro gusti. In altre parole, avevano capito che la creatività doveva avere un carattere "trasversale" e non "verticale", che attraversasse gli umori sociali e i ritmi culturali, che cavalcasse la propensione ad anticipare le tendenze da parte di quei soggetti "socialmente più rilevanti".

Dopo la metà degli anni Novanta questa pratica di "saccheggio" dalla strada da parte delle aziende comincia a concretizzarsi nella forma di un nuovo profilo professionale e si inizia ufficialmente a parlare del *cool hunter*.

Sulla stampa americana appaiono i primi articoli che raccontano di nuovi ricercatori cool che lavorano per le agenzie di ricerca di mercato o per le aziende merceologiche. Tra il 1997 e il 1999 le riviste americane che contano o "fanno tendenza" – *New Yorker Magazine*, *Times*, *Vogue*, *Cosmopolitan*, *Sunday* – riportano servizi su questa neonata professione, a metà strada fra la comunicazione d'impresa, la ricerca socio-antropologica e la vita mondana, sul cui nome vi era ancora poca chiarezza. *Trend spotter*, *fashion arbiter*, *cult sear-*

cher, *cool hunter*, erano tutti sinonimi per indicare una figura in grado di fiutare con largo anticipo quali sarebbero state le prossime tendenze di sicuro successo. Inizialmente, a quanto pare, questi guru della moda basavano le loro osservazioni più che altro su intuizioni e sensazioni "di pancia" (*gut feelings*) per captare lo stile, l'abito o l'accessorio che di lì a qualche anno sarebbe diventato un must. E nei primi tempi questo approccio funzionò. Le multinazionali cominciarono a pagare molti soldi per affidarsi alle raccomandazioni delle agenzie e ai maestri del cool hunting, e il fenomeno prese piede così velocemente da avvolgere questa nuova professione in una sorta di mito, tanto che ben presto, i cool hunter divennero loro stessi cool!

Si inizia a parlare del fenomeno della *trendology*, dell'importanza di fare ricerca sui "movimenti" e i mutamenti della società, di intercettare i simboli e i segnali che possono provenire dal mondo dell'arte, della moda, del gusto, del vivere sociale delle tribù giovanili, comprendendo che le "novità" convergono nella trasformazione dell'immaginario socio-culturale.

In quegli anni il numero delle agenzie di cool hunting cresce notevolmente, e le società di ricerche di mercato aprono nuovi uffici appositi; diventano note agenzie sorte già nei primi anni Novanta: BrainReserve, Sputnik, Zandl Group, Lambesis, Youth Intelligence, Look-Look, tutte con sede propria a New York (nel 1992 in Italia era nato il Future Concept Lab). Seguendo ognuna una metodologia, stilano report periodici per l'industria, in cui restituiscono i risultati di osservazioni e analisi dei segnali che provengono dalla strada e dai gruppi di riferimento. Attorno a queste attività iniziano a circolare molti soldi. Le multinazionali pagano anche 15-20mila dollari per un report multi-client e centinaia di migliaia di dollari per progetti specifici di ricerca sul campo. Alcune tra le 500 aziende Fortune come General Motors, Disney, Nike, Coca-Cola, si rivolgono alle agenzie di cool hunting per essere "oltre la curva", per acquisire la conoscenza di come si orienteranno i consumi, e quindi quel potere che è nelle mani di pochi e volubili giovani consumatori, riconosciuti come trendsetter nei loro gruppi di riferimento. Presto, però, le aziende clienti si rendono conto che non vale l'assunto secondo il quale "se il cool hunter ha individuato una nuova tendenza, questa si trasformerà automaticamente in un business di successo".

Molte aziende sono rimaste bruciate per aver basato le proprie strategie sulle indicazioni dei cool hunter: poteva accadere che un'azienda si affidava a ricerche di mercato, produceva, immetteva dei beni nel circuito di vendita e nessuno comprava. Vari insuccessi hanno dato concretamente prova di quanto tale attività avrebbe dovuto necessariamente fondarsi su una solida metodologia di ricerca e su dati oggettivi piuttosto che su sensazioni empiriche e approssimative. Questa richiesta da parte delle aziende clienti, finisce per indurre le agenzie a dotarsi di metodologie di ricerca pragmatiche, basate su una rete di ascolto sul campo per la "rilevazione dei segnali della strada".

In breve, l'attività viene riorganizzata sguinzagliando nuovi professionisti più preparati e con le idee chiare su cosa/come/dove cercare indizi, iniziando a costruire una serie di contatti sul territorio per identificare i trendsetter, e a pianificare un rigoroso lavoro di analisi dei dati provenienti dal campo, per tracciare connessioni e captare segnali basati su indicazioni oggettive.

Dunque ci fu un consolidamento dell'attività di cool hunting e una delucidazione sulle competenze e la metodologia di lavoro seguita dai cacciatori di tendenze. Parlare di cool hunting alla base dell'attività di un'azienda non significa certamente solo spiare i teenager per strada e il loro modo di abbigliarsi. Fare cool hunting significa temporalizzare, contestualizzare l'idea di un nuovo prodotto secondo gli scenari attuali, o meglio secondo l'andamento *in fieri* degli scenari socio-culturali. Significa analizzare il presente per capire dove si sta andando, come si sta muovendo la società, cosa le piace e cosa cercherà in un prossimo futuro; è in un certo senso anticipazione, che non vuol essere però predizione – non può esserlo d'altronde.

I cool hunter non sono profeti né sensitivi, come spesso si legge sui giornali, bensì persone in grado di parlare il linguaggio del nostro tempo, di vedere e cogliere segni che ai più sono nascosti; sanno muoversi tra i vari dispositivi culturali di cui la società dispone, sanno interpretarne i ritmi. Il loro compito essenzialmente è catturare il messaggio latente e decodificarlo, dare risalto dunque a qualcosa che già esiste ma che non è ancora un bisogno, un desiderio determinato.

Box 10.1 **La mappa Radar Trend, uno strumento per muoversi fra le "emergenze"**

La mappa Radar Trend è una mappa di tipo cognitivo, un sistema planare senza direzionalità, con nessun giudizio di tipo qualitativo, che adotta la logica del cespuglio. Si tratta, in sostanza, di una forma di rappresentazione geografica dei trend individuati e delle loro relazioni con i quattro poli che la mantengono in tensione:

- *essere*: la spiritualità, i valori dell'anima, la trasparenza e la semplicità volontaria;
- *emozione*: i valori dell'autenticità e dei sentimenti esibiti con coraggio, un'area carica di valori caldi e passionali;
- *avere*: i valori del possesso e dell'identità attraverso l'esibizione;
- *tecnologia*: l'irruzione dell'innovazione tecnologica e scientifica come valori guida del cambiamento.

Nelle periferie della mappa, non nel centro, si trovano tutte le emergenze della contemporaneità. Per esempio, nell'area della semplicità, molto sbilanciato sull'essere, c'è il "paradiso perduto", che fa riferimento a tutte quelle persone che

La mappa Radar Trend

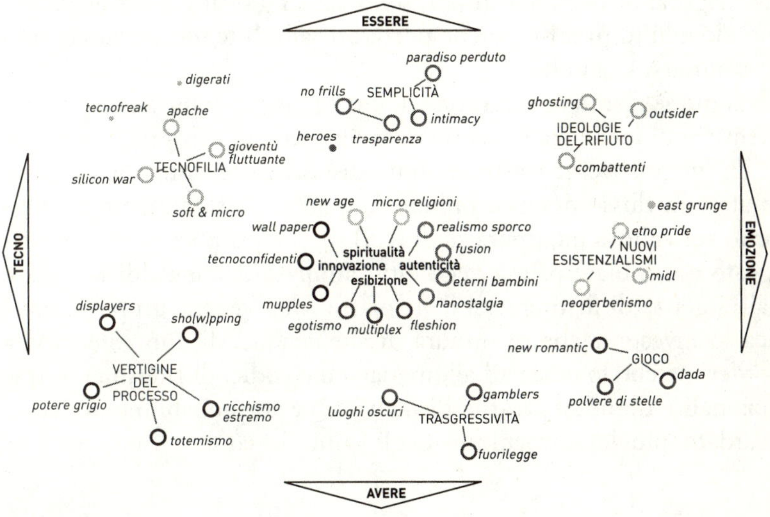

Fonte: RadarTrend.com

Segue

decidono di affrancarsi dalla società per vivere in maniera autentica e serena una vita spirituale in comunità di tipo monastico/spirituale. Nel centro della mappa, invece, i segnali autentici dettati dalle periferie vengono fagocitati e restituiti in chiave mainstream andando a perdere la loro autenticità per cui, per esempio, il paradiso perduto diventa "new age". Sulla chiave simbolica dell'emergenza "periferica" si innesta, quindi, al centro, un sistema di consumi che coinvolge la massa.

La tendenza è quella forma di "soggettività particolare", quello stile di vita seducente che possiede un potenziale aggregativo, un appeal tale da contagiare molte altre persone. Gli individui in grado più di altri di anticipare, "lanciare" una tendenza, sono i cosiddetti "soggetti zero" o "consumatori alfa"[1], cioè coloro che per primi iniziano a vestirsi, comprare, mangiare in un determinato modo che attrae e che nel giro di poco contagia tutti gli altri che vogliono apparire altrettanto cool. Sono anche detti trendsetter se sono l'oggetto di studio dei cool hunter e degli uffici marketing di qualsiasi azienda merceologica. Sono ragazzi un po' ai margini della società, che non rientrano nel mainstream, ma sono dotati di una forza espressiva tale da "contaminare" in breve i loro coetanei e le altre generazioni. Del resto, dagli anni Sessanta in poi, sono stati i giovani a influenzare il mondo adulto proprio perché portatori sani di tendenze suscettibili a tramutarsi in mode.

Il meccanismo di diffusione di una tendenza comprende più elementi: ogni tendenza ha dietro di sé una ecologia propria, nasce cioè in un luogo specifico, attraverso un dispositivo/evento che la mette in atto, un flusso di emozioni che la guida, e naturalmente un soggetto zero che la incorpora su di sé. Il soggetto zero è colui che è disposto a cambiare prima degli altri, animato dall'insoddisfazione e dall'esigenza di distinguersi dalla massa. Una visione un po' romantica lo investe anche di un'aura di alienazione, di uno stile di vita borderline che lo porta ad allontanarsi dai codici di riferimento tradizionali e quindi a crearne di nuovi. Questo probabilmente ha riguardato più le sottoculture degli anni Sessanta e Settanta (per

---

[1] Definizione coniata da Irma Zandl, fondatrice della Zandl Group, una delle più influenti società statunitensi di cool hunting.

esempio quella Punk), per le quali il disagio sociale e la volontà di ribellarsi al sistema hanno giocato un ruolo fondamentale, ma è altrettanto vero che dietro l'esigenza di un cambiamento vi sono sempre forti emozioni in contrasto e la presa di distanza dai meccanismi correnti: i soggetti zero cercano nella moda, come nella cultura in generale, un'affermazione rivoluzionaria e sono disposti a correre dei rischi per potersi distinguere.

Coloro che risultano essere cool sono quelli che cercano sempre di esprimersi al meglio, nei modi più chiari e suggestivi, e ciò è indiscutibilmente vero per il pubblico degli adolescenti e dei ventenni di cui i cool hunter si preoccupano. La persona cool non ha altra scelta che cambiare, e con ciò fornisce un'altra qualità determinante ai fini del cool hunting; i soggetti zero sono guidati da un'infinita fame di novità.

Dunque, per capire come nasce una tendenza bisogna considerare prima di tutto i flussi emozionali e i dispositivi che innescano il cambiamento. Dietro un'innovazione di stile, breve o duratura che sia, vi è sempre un evento o un meccanismo che dà inizio a qualcosa; può essere la musica, la condizione sociale, la droga, la sessualità, l'etnia o anche tutte queste cose, come nel caso della sottocultura punk. Un congegno che dà il via a un nuovo stile di essere e di apparire, all'insegna di un flusso emozionale, che presto o tardi raccoglierà i suoi proseliti. Naturalmente vi è anche un luogo specifico, elemento fondamentale della matrice generativa di una tendenza. È lo spazio in cui si respira un'effervescenza culturale, in cui si "vive" qualcosa anche solo attraversandolo. Non si tratta di spazi fisici precisi, di territori localizzati, ma di luoghi, o meglio "nonluoghi" (Augè, 1993), forme particolari di località "deterritorializzate" che pur nel loro anonimato assumono una forte valenza socio-culturale (come le stazioni, le fabbriche in disuso, i quartieri suburbani, le metropolitane, o qualsiasi altro fenomeno spazio-culturale). Per esempio, il luogo simbolo della sottocultura punk fu la boutique Sex di Vivienne Westwood a Londra: un palcoscenico sociale che divenne presto il raduno di studenti d'arte, emarginati, tossicodipendenti, ribelli che si riconoscevano in quella rivoluzione simbolica. Detto ciò, la diffusione di una tendenza e quindi il passaggio dai soggetti zero alla maggioranza anticipatrice, e da questa a quella tardiva, avviene per contaminazione culturale, per quel passaggio virale dei codici del linguaggio, di qualsiasi tipo esso sia, che permette la diffusione di una tendenza su larga scala.

Malcom Gladwell (2000) parla di "comportamenti contagiosi" che si diffondo all'interno di una società proprio come dei virus, trasmessi da piccoli gruppi di persone (i Connettori) fuori dall'ordinario, che hanno come loro peculiarità quella di essere socialmente incisivi, di fare da collante sociale nella diffusione di un'idea. Può accadere che un soggetto zero (un Innovatore) inizi a indossare un determinato oggetto, o a frequentare un dato locale, o ad ascoltare un particolare stile musicale; a questo punto un Connettore, attraverso la sua rete di relazioni sociali e legami deboli, nonché l'abilità a muoversi in universi culturali differenti, fa sì che quell'idea raggiunga il suo "punto critico" diventando una tendenza e in alcuni casi una moda.

Per quanto riguarda poi la durata, ogni tendenza può avere un andamento diverso: vi sono tendenze come "fuochi di paglia", il cui processo di crescita avviene lentamente per poi raggiungere una forte affermazione, ma ridiscendere altrettanto rapidamente; altre invece si affermano con più facilità e sopravvivono più a lungo. Certo è che ogni tendenza, che si trasformi o no in moda, ha un suo ciclo di vita costituito da tre fasi: introduzione, picco di massima popolarità e diffusione, declino. In altre parole, le tendenze possono raggiungere il loro punto critico in modi diversi, in funzione di chi ha diffuso il "virus", dell'impatto che ha avuto e del contesto in cui è avvenuto.

Oggi i trend si muovono e cambiano in tempi molto ristretti, il sistema deve continuamente rinnovarsi al fine di reagire prontamente alle novità in arrivo dalla strada e in particolar modo nei tempi di crisi, in cui tutto è giocato sulla novità e la creatività, che cambiano la struttura dalla radice. In tempi normali, invece, il "problema tendenza" non esiste e nella moda lo stilista effettua piccoli cambiamenti alla collezione (ogni sei mesi) senza essere costretto a rivedere la propria struttura. Sta qui la differenza tra mode e tendenze: mentre la moda non è altro che il consolidamento di una tendenza, quest'ultima deve essere necessariamente anticipazione.

Ed ecco che i soggetti zero/trendsetter, che danno il via a una tendenza vivendola sulla loro pelle, diventano l'oggetto d'osservazione privilegiato dai cool hunter; e questi ultimi, il referente/guida privilegiato dalle aziende.

In realtà, la possibilità di sbagliare è insita in questo tipo di lavoro. Fare marketing previsionale significa affidarsi alle intuizioni, dietro le quali è sempre presente il rischio dell'errore e del ritardo. Il fattore tempo da solo spesso può decretare l'insuccesso di un nuovo prodotto: dall'avvio della produzione fino alla messa sul mercato, la tendenza può essersi già esaurita, quindi il tempo del cool hunter non può essere il tempo cronologico, ma quello interno al dispositivo che crea la tendenza e che può dare l'illuminazione su ciò che sarà il prossimo futuro.

È anche vero che il villaggio globale ha reso accessibile a tutti essere cool. Oggi ognuno di noi può essere un trendsetter poiché la società è sempre più aperta a stimoli diversi. Ma il lavoro dei cool hunter resta in ogni caso necessario, dato che a complicare le cose vi è anche il fatto che i trendsetter non sono gli stessi per ogni settore merceologico. Un soggetto zero nella moda non lo è necessariamente anche nel settore food o dell'high-tech, e figure sempre più esperte in grado di fornire notizie dettagliate sui gusti dei trendsetter sono indispensabili alle aziende per accrescere la loro incisività sul mercato.

Dunque, è importante la prospettiva di analisi, capire quali sono le esigenze profonde degli individui, piuttosto che suggerire solamente le caratteristiche di un prodotto; entrare nei dispositivi con il minor impatto possibile, intuire le situazioni più "fertili" culturalmente, riconoscerle e cogliere i giusti segnali. Tentare di tracciare possibili scenari futuri, trasformando in maniera eloquente determinate suggestioni, dà all'azienda un più ampio margine di creatività e può ridurre il rischio d'errore proprio perché si tratta di studi fatti ad ampio raggio sull'andamento generale dei consumi.

I cool hunter inviati dalle agenzie sul territorio raccolgono migliaia di dati su ciò che piace ai trendsetter e che quindi ha buone probabilità di diventare popolare in futuro, li elaborano e li passano alle aziende in qualità di suggerimenti chiave per orientarsi nella produzione. New York, Tokyo, Singapore, Londra, Berlino sono sicuramente tappe fondamentali, le metropoli più battute, ma la linea guida, in questa fase di raccolta di informazioni, è *partire dal centro per andare verso la periferia, dove le tendenze culturali sono in continuo fermento.* Quello dei cool hunter è quasi un lavoro giornalistico: passano al setaccio strade, locali, negozi e quartieri più in voga o che stanno per nascere; scrutano tutti gli scenari culturali ufficiali come il cinema, il teatro, gli eventi musicali e gli spettacoli più importanti, così come le manifestazioni fieristiche (che siano di moda, design o altro); raccolgono volantini, flyers di esposizioni e concerti, frequentano gallerie d'arte, mercatini, e tutti quei luoghi e contesti dove si concentrano folti gruppi di persone. Il materiale che i cool hunter presentano all'azienda è per la maggior parte iconografico, per questo motivo lo strumento principale del mestiere è la macchina fotografica, per restituire immagini di oggetti, persone, luoghi, gadget che secondo la propria competenza possono essere rielaborati dall'azienda e destinati a diventare oggetti di tendenza.

L'obiettivo è andare sul campo, osservare – quasi come un antropologo – e scovare il dato interessante, quel particolare che secondo il proprio fiuto potrà diventare un must; per questo motivo, e perché il lavoro del cool hunter è principalmente giocato sull'anticipazione, sono soprattutto i luoghi in cui le subculture fermentano l'oggetto d'osservazione privilegiato; quei "neo-luoghi" del substrato sociale in cui coloro che evitano la moda ufficiale inventano un proprio look e modo di essere.

Osservando il quadro generale dei dati raccolti in vari punti di una metropoli, e guardando anche come questo cambia da un mese all'altro, il cool hunter è in grado di disegnare una mappa della nascita e dei movimenti delle nuove tendenze in tutto il Paese. E confrontando ciò che dicono e fanno i soggetti zero con ciò che dice e fa la massa, sei o dodici mesi dopo è possibile rintracciare quelle idee che sono in grado di fare il passo dalle sottoculture cool alla maggioranza.

Il cool hunter si preoccupa di cogliere da alcuni segni spia le dinamiche fenomenologiche della cultura attuale puntando soprattutto sull'individuazione di aree geografiche leader (basti pensare alla Londra degli anni '65-'75, nonché alla New York anni Ottanta, e ai fenomeni come il mod e lo street style). Anche se non esistono schemi di lavoro universalmente validi, è possibile individuare alcuni punti chiave della professione a cui ricorrono più o meno tutti i cool hunter: oltre all'analisi ininterrotta dei fenomeni sociologici e culturali di riferimento, è necessario avere una mappatura di quei contesti, quelle situazioni e quegli scenari considerati rilevanti per la nascita di nuovi stili; è necessario sapere come muoversi, dove ricercare; ed è indispensabile avere una rete di contatti in ogni città e luogo osservato – proprietari di negozi trendy, PR dei locali, giornalisti, fotografi – attraverso cui tenersi costantemente aggiornati e poter essere dunque nel posto giusto al momento giusto.

L'osservazione diretta della realtà è fondamentale nella ricerca di tendenze, e presuppone ovviamente un panorama di fonti infinite, la cui importanza può dipendere da variabili soggettive del singolo cool hunter, come il gusto personale, la sensibilità, le possibilità logistiche, il budget economico. Ma vi sono ambiti della realtà, sia a livello socio-culturale sia a livello istituzionale, che non possono essere sottovalutati. Il mondo dell'arte contemporanea (come festival, mostre, gallerie) per esempio, ma anche, come già accennato, i fenomeni giovanili, le culture underground, così come le nuove tendenze del turismo, della vita notturna (locali, ristoranti), il culto dei centri benessere, dei club ecc. Solitamente, quando una tendenza è destinata a emergere, la si può trovare ovunque, nei tessuti che la gente sceglie di indossare, in quello che ama guardare in tv e al cinema, in ciò che vorrebbe brevettare, dappertutto.

Una fonte molto interessante oggi è anche quella della blogosfera. È sempre più in crescita il numero di community nate in Internet intorno a un elemento di aggregazione comune, che molto spesso è uno stile, una passione, un interesse, ma può essere un look, un gusto musicale, un brand o, più facilmente, tutte queste cose insieme. Una "legge del branco" trasportata nel mondo virtuale e telematico. Di fatto la community è un vero e proprio centro di aggregazione, che nasce e si sviluppa su un network quando un sufficiente numero di persone, unite da interessi in comune, portano avanti e sviluppano una discussione creando una complessa rete di relazioni interpersonali, sviluppata grazie ai mezzi che il network stesso mette a disposizione. Molte comunità virtuali legate al consumo si formano spontaneamente fra gli utenti di un prodotto-marca, oppure vengono indotte da un'azienda che le promuove e le ospita sul proprio sito.

È naturale, oggi, che molti dispositivi di induzione passionale, che creano e muovono le tendenze, sia possibile intercettarli anche nella rete. Chi fa parte di una community indossa determinati vestiti, ascolta una certa musica, va a quei concerti, e il compito dei cool hunter è appunto quello di scovare, nell'odierno magma di eterogeneità, quell'elemento di continuità che ritorna in ogni forma di espressione artistica e non solo. Inoltre, molte community nascono come scambio di esperienze, informazioni e suggerimenti reciproci intorno a un dato prodotto, senza dunque un interesse commerciale, almeno in una fase iniziale. Divengono così potenti *influencer* del consumo, svolgendo la funzione di opinion leader, di connettori, e anche di stimolo per chi produce.

MySpace è sicuramente il più popolare di questi luoghi virtuali, prevalentemente legato alla sfera musicale, che vanta quasi 60 milioni di membri; ma vi sono anche Blogger, YouTube per il videoposting, Flickr per la fotografia, e altri più elitari come A Small World e Beautiful People (entrambi fondati da scandinavi), dove si entra solo su invito.

Un interessante sviluppo del Web 2.0 è Ning, una piattaforma per creare social network in modo gratuito e veloce. Permette infatti di creare community personali e personalizzabili a proprio piacimento, consentendo alle tribù incentrate su passioni comuni di incontrarsi in un proprio spazio virtuale di nuova generazione, pubblico o privato, dove condividere informazioni, video, blog ecc. Anche Ning, come i social network generalisti, ha l'obiettivo di stimolare la collaborazione fra gli utenti della rete che già si conoscono. Infatti, una volta creata la rete digitale sulla piattaforma, la stessa tende a diffondersi e ad allargarsi dal gruppo originario. A differenza di MySpace e del suo concorrente Facebook – diventati troppo grandi, alla stregua di metropoli dove i rapporti tra gli abitanti rischiano di diradarsi – la piattaforma punta sul contesto particolare e non generalista come fattore di successo: Ning permette ai singoli utenti di decidere la direzione e il tono del social network, invece di seguire quanto fissato dall'alto, come su MySpace. Di fatto, Ning mette insieme due nuove tendenze di Internet: da una parte il bisogno di maggiore libertà nell'uso degli strumenti, dall'altra la voglia di ritrovarsi in comunità più piccole, con interessi di nicchia.

Quello delle community è un trend che non poteva non attirare le grandi corporation, sempre ansiose di raggiungere al meglio questa promettente fascia di consumatori: Coca-Coca, Apple e Procter&Gamble sono state tra le prime a lanciare prodotti all'interno di queste reti e sponsorizzare specifiche aree e servizi comunitari. Così, mentre il marketing trova nelle community una fonte inesauribile di dati e studia i profili degli utenti per indagare gusti e preferenze, le comunità virtuali diventano il luogo di incubazione degli scenari futuri. Seguire l'evoluzione di tali contesti per anticiparne le tendenze, conoscerli a fondo e poterne sfruttare il "potere" è la chiave principale per il successo di qualunque processo di propagazione.

Verso il centro media 2.0

Se il cool hunter è il cercatore di tendenze, il *media hunter* è il cercatore di media. Provocatoriamente, il media planner tradizionale può essere paragonato a un impiegato che resta nel suo ufficio e decide quali media utilizzare senza conoscere il mondo fuori. *Il media hunter è un cool hunter della comunicazione in cui risuona lo spirito della contemporaneità*. Per questo motivo:

- è sempre connesso con i blog di tutto il mondo in cerca dell'ultima novità (magari è un blogger lui stesso);
- non ragiona per formati standard ma scopre e crea nuovi formati;
- non conosce solo le grandi concessionarie ma anche i piccoli editori (nanopublishing);
- non si lascia spaventare dalla complessità di realizzazione dei progetti;
- sa cogliere le "occasioni" (non solo di prezzo) al volo.

Purtroppo i centri media tradizionali basano il proprio operato su ricerche e metodologie che difficilmente riescono a rendere conto dei rapidi cambiamenti di fronte al quale si trova a dover operare il marketing manager.

I media planner si dedicano principalmente a elaborare dati basati su ricerche tradizionali, più che a individuare nuove opportunità di comunicazione per il brand. Concordiamo con Tony Gherardelli, docente dell'Università La Sapienza di Roma, quando sostiene che troppo spesso si vedono agenzie e centri media con gestioni fordiste del personale, con schiere di account dalle grandi potenzialità e in età giusta per poter intercettare stili e tendenze che vengono forzati in orari "nine to five" a eseguire lavori di back-office che ne mortificano la creatività a scapito di una logica impiegatizia basata sul presidio del cliente.

Al contrario, l'entertainment manager di Red Bull trascorre parte del suo tempo sul campo a scoprire nuovi talenti da valorizzare per il proprio brand.

Si tratta quindi di conoscere e saper utilizzare al meglio gli strumenti esistenti per poter aiutare le aziende a percepire e cavalcare i segnali deboli della società e capire quali sono le direzioni del divenire. La difficoltà consiste nel fatto che ogni mese nascono nuove tendenze, siti e applicazioni interessanti, potenziali veicoli di comunicazione, ed è difficile per la maggior parte delle organizzazioni più grandi essere connesse con le novità e sapersi muovere con velocità e flessibilità, cambiando spesso processi e strumenti di lavoro.

Esiste, infatti, un paradosso nel marketing tradizionale: si analizza il passato per "prevedere" il futuro, si descrive il futuro guardando al passato.

Per parecchi anni questo è stato reso possibile dall'esistenza di una "società di massa" che in qualche modo replicava i suoi comportamenti di acquisto nel tempo. Quando però l'evoluzione socio-economica ha preso una svolta discontinua, i modelli di ricerca basati sull'analisi dei dati passati sono andati in crisi proprio per la difficoltà di riuscire a governare le dinamiche evolutive contemporanee. Oggi è necessario entrare in contatto con la società, viverci dentro, comprenderne il divenire per poterne cogliere le tendenze. Gli strumenti di cool hunting o trend research studiano, sempre in maniera previsionale e senza certezze matematiche, quali sono le tendenze in divenire, le emergenze della contemporaneità che possono poi essere riprese dalla maggioranza delle persone e quindi evolvere da latenze underground a movimenti mainstream.

In questo senso il media hunter, così come sostenuto da Gerken (1994) nella sua teoria dell'interfusione e della "sponsorizzazione degli scenari", che spiegheremo meglio nel nono punto, dovrebbe aiutare le aziende a sintonizzarsi sugli scenari futuri prevedendo quali nuovi mezzi, eventi e luoghi andare a sponsorizzare. Per questo è fondamentale passare da una logica statistico-matematica di planning a una socio-culturale rappresentata dal *media hunting*.

Questa prospettiva assume una grande rilevanza nel marketing. Come ha ben evidenziato Di Nallo (1998), la ricerca di marketing non risulterà più una fotografia dell'esistente, ma *prevederà* le istanze del consumatore *prima* che egli ne abbia la consapevolezza. Si trasforma inoltre la visione del rapporto azienda-consumatore. Il consumatore non rappresenta più un terreno di conquista sul quale le aziende si lanciano per piantare più bandierine possibili, ma egli è, al pari dell'azienda, all'interno di flussi comunicativi che tendono a modificare ambedue. Il marketing viene allora interpretato come condivisione.

Figura 10.1 **Come orientare il media planner nel Web 2.0?**

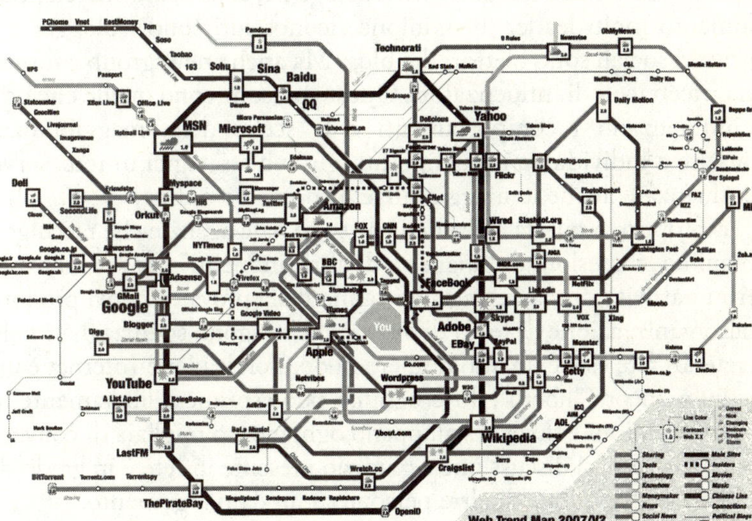

Fonte: Information Architects Japan (www.informationarchitects.jp).

Occorre quindi andare verso il "centro media 2.0", che coniuga competenze di marketing ad altre più socio-antropologiche, e già alcune agenzie si sono mosse in questa direzione. Per esempio, l'attività di *seeding* di una campagna virale, che sia video, advergame o altro, segue dinamiche diverse dalle pianificazioni classiche basate su copertura, pressione, GRP (Gross Rating Point, un indice misura la pressione esercitata sul consumatore da una certa azione pubblicitaria) ecc., dal momento che l'obiettivo non è quello di colpire più persone possibili ma di attirare l'attenzione degli influenzatori.

Che si parli di *sneezer*, *mavens*, *senders*, *hub*, *alphas* o *bees*, è comunque possibile ricondurli a due distinte categorie in base alla loro funzione all'interno del processo di diffusione virale:

- opinion leader riconosciuti, coloro che agiscono spesso autonomamente su un vasto network professionale;
- diffusori sociali, chi si adopera per far girare un messaggio tra i propri contatti o tra gli appartenenti alla propria comunità.

A prescindere dalle categorie merceologiche, si può affermare che al momento molti leader di opinione riconosciuti sono i blogger e i diffusori sociali sono i lettori dei blog. Ma anche newsgroup e forum sono ricettacoli di influenzatori. Queste persone sono quelle che oggi influenzano i comportamenti e le scelte della maggioranza. Riuscire a individuare i touchpoints, gli hub strategici in rete, serve a influenzare anche le maggioranze. E non solo online.

È proprio in questa direzione che sono nate agenzie che raccolgono online le adesioni di blogger e di altri "influenti" per poi coinvolgerli in attività di marketing, che vanno dalla prova di nuovi prodotti all'organizzazione di team di *buzzer* che vengono sguinzagliati nella rete. In rete esiste un alto numero di opinion leader e Internet è un medium ancora "libero", dove ognuno può esprimere liberamente le proprie opinioni e dove si sviluppano ogni giorno migliaia di conversazioni. Qualsiasi discussione e giudizio presente in rete è in grado di influenzare l'opinione di altre persone su un dato argomento.

Le attività di *buzz marketing* consentono quindi di sviluppare e alimentare le conversazioni attorno a un brand, prodotto/servizio o a un video virale e di monitorare e analizzare le conversazioni generate in rete. Tali attività puntano a coinvolgere quei pubblici di *in-*

fluencer che favoriscono la diffusione delle notizie. Il tutto è finalizzato a generare interesse e curiosità più generali rispetto a un sito, a un prodotto o a un contenuto multimediale. In generale le attività di buzz marketing e di tribe relation possono essere utilizzate strategicamente e in sinergia con altre attività *above* e *below the line* per:

- veicolare accessi a un sito web;
- portare alla *call-to-action* (indurre l'utente a fare qualcosa) rispetto a eventi localizzati;
- sensibilizzare sull'uscita di un nuovo prodotto;
- generare buzz mediatico rispetto a un prodotto o a una campagna.

Dopo aver elaborato una strategia di approccio rispettosa dei codici simbolici e psicologici del gruppo di riferimento (questa fase dovrà essere gestita da un antropologo esperto di comunicazione e delle tribù online, o meglio ancora grazie all'aiuto di un *mediatore simbolico*, appartenente alla comunità stessa), si potrà dare il via a una fase di relazione finalizzata a segnalare notizie o a coinvolgere gli influencer nelle attività della marca (solo quelle rilevanti per il gruppo!), come per esempio una nuova campagna virale o il lancio di un nuovo e atteso prodotto.

Il contatto con gli influencer è spesso un lavoro psicologico che richiede di essere avviato in modalità diverse a seconda dei casi. Quando avviene senza rivelare le proprie identità e finalità, questo tipo di attività è stato definito in maniera negativa *infiltration*, vale a dire l'infiltrazione, spesso prontamente smascherata, nelle comunità virtuali e nei social network al fine di influenzarne gli atteggiamenti e i comportamenti. Le conversazioni generate o alimentate grazie a questo tipo di attività possono infine essere monitorate attraverso sistemi di analisi quantitativa e semantica delle conversazioni, strumenti molto utili per l'azienda per capire la qualità delle proprie attività, dei propri prodotti e la capacità di coinvolgimento delle stesse (*box 10.2*).

Viralmanager distingue fra due strategie di *seeding*: localizzato e di guerrilla. Definisce *seeding localizzato* un metodo di inseminazione finalizzato, per esempio, a generare alte conversioni (o *click-through*) dal contenuto virale a una pagina di vendita. Poiché le persone sono già interessate al messaggio del contenuto virale o è pro-

Box 10.2 **Mailing list seeding vs strategic seeding**

L'immagine mostra i diversi impatti delle differenti strategie di inseminazione virale. Per un successo veloce e breve, le mailing list hanno un grande impatto, mentre per un virality duraturo è più funzionale lo "strategic seeding", vale a dire il posizionamento strategico del contenuto virale in molteplici e selezionati network di riferimento (siti, blog, forum, newsgroup ecc.).

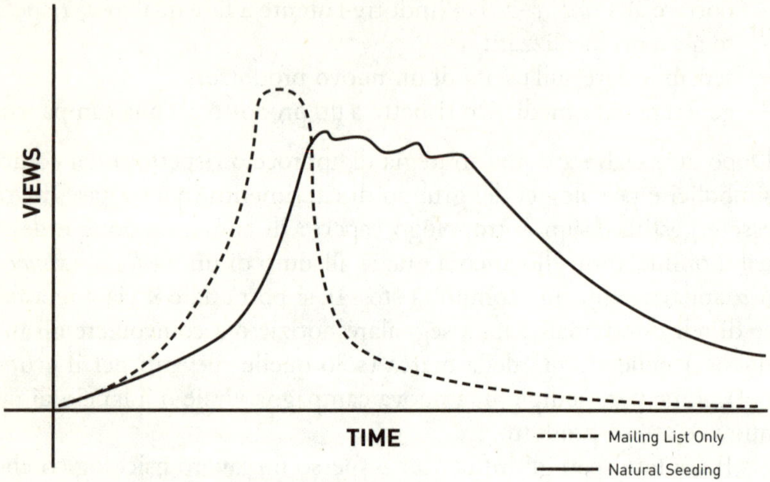

Fonte: nostra elaborazione da Viralmanager.com

Analizzando il grafico si osserva:

- una rapida salita e discesa del mailing list seeding: questo è largamente collegato al fatto che le mailing list spesso non contengono molti "influenzatori", il tipo di persone che è più propenso a passare una campagna agli amici;
- un assorbimento più lento del natural seeding: il natural seeding spesso richiede del tempo per avere effetto, dovuto alla natura lenta dell'inseminazione attraverso un alto numero di blog, comunità ecc. di influenzatori chiave;
- un altipiano più lungo del natural seeding: l'altipiano riflette il numero di conversazioni avviate sulla campagna tra le comunità. La lunghezza dell'altipiano è collegata solitamente alla quantità iniziale di seeding;
- una differenza di altezza delle code lunghe: una campagna inseminata naturalmente avrà solitamente una più alta coda rispetto a una campagna di sole mailing list. Questo è dovuto alla quantità di *referrers* generati da una campagna di inseminazione naturale.

babile che possano esserlo, sono più propense a cliccarci sopra e a passare il contenuto alle persone appartenenti al proprio network sociale che hanno idee simili. Anche se l'audience complessiva raggiunta con questa forma di seeding è più piccola, il traffico generato è di livello molto più elevato. I tipi di siti inseminati con questo metodo possono essere community, portali, forum, blog, social network e database di mail di clienti, fondamentalmente nicchie di utenti interessati all'argomento e al messaggio contenuto nel supporto virale.

Il *seeding di guerrilla* è il metodo più ampiamente utilizzato. Mira a dare al contenuto virale la massima quantità di esposizione possibile con l'obiettivo di creare una massa critica che ne permetta la diffusione virale. Anche se è in grado di realizzare molte visioni, con questa tipologia di seeding i rapporti di conversione sono solitamente abbastanza bassi. Questo metodo si pone poco il problema della tipologia di persone che va a raggiungere e, spesso, il gruppo di persone più propense a diffondere il contenuto virale è composto principalmente da giovani influencer patiti del computer. Grazie all'ampia audience che può raggiungere, questo tipo di seeding può essere utilizzato per creare o incrementare la brand awareness e diffondere la corporate identity. I tipi di siti inseminati con questo metodo includono i siti virali degli influencer, i siti che raccolgono e categorizzano link, i siti di upload video e gli aggregatori di contenuti.

Concludiamo questo capitolo ricordando che «nelle epidemie i messaggeri contano: sono loro che permettono ai messaggi di diffondersi. Ma il contenuto del messaggio è altrettanto importante. E la qualità specifica di cui un messaggio necessita per avere successo è la capacità di fare presa, ovvero di attecchire per poi diffondersi» (Gladwell, 2000).

Componente fondamentale per raggiungere il punto critico è, quindi, il fattore presa, cioè la capacità di un messaggio di essere in grado di colpire, propagarsi spontaneamente e rimanere nella memoria di lungo periodo del destinatario.

La vischiosità (*stickiness*) del messaggio dipende da fattori sia strategici che operativi, ma in ultima analisi, come accennato nella prima parte di questo capitolo, risiede nella straordinarietà del messaggio/prodotto. Una buona strategia di seeding farà il resto. Se da

Box 10.3 **Effetto virale atteso vs effetto virale reale**

Generalmente si è soliti immaginare l'effetto virale in termini di una curva esponenziale, alla stregua di una parabola ascendente che da zero si impenna verso l'alto. Tuttavia, la realtà dell'andamento di una campagna di marketing virale è molto più complessa di una semplice curva esponenziale.

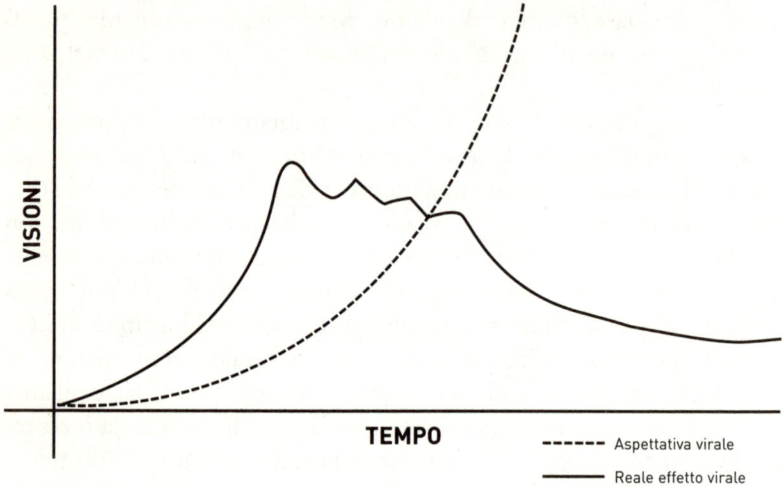

Fonte: Viralmanager.com

Analizzando la curva virale si evidenziano tre aree di interesse:

- *la spinta iniziale*: è simile alla classica curva esponenziale, e mostra l'impulso iniziale che una campagna ottiene generalmente al lancio;
- *l'altipiano*: rappresenta "la conversazione della comunità" intorno alla campagna, su blog, forum, social network ecc.;
- *la coda lunga*: è l'eredità di una campagna virale ed è generata dalla quantità enorme di referrers usualmente generati da un contenuto virale.

L'aspetto più interessante della curva virale reale è la coda lunga, che mostra come le campagne virali continuino a generare traffico, calamitando interesse oltre il periodo virale iniziale del lancio. A volte le campagne virali sono in grado di generare dei re-seeding spontanei, grazie al fatto che vengono riprese dagli utenti in momenti e contesti lontani da quelli in cui sono state inseminate. Questo aspetto, spesso trascurato dai *marketer* nello sviluppo delle loro strategie di marketing, è la dimostrazione del valore delle campagne di marketing virale, il cui effetto, a differenza di quelle tradizionali, continua a prodursi nel tempo.

un lato soltanto il pubblico decreta la viralità di un contenuto, è altrettanto vero che per la riuscita di una campagna di marketing virale sia l'agenzia sia il centro media dovrebbero essere entrambi specialisti della materia, in modo da lavorare in sinergia senza commettere errori che ridurrebbero drasticamente la viralità della campagna.

Box 10.4 **Un esempio di "media hunting": Brico IO su YouTube**

YouTube come nuovo mezzo di comunicazione alla stregua di mezzi più classici e affermati? Questo il messaggio della campagna di comunicazione di Brico IO, catena dedicata al fai-da-te del Gruppo Coop Lombardia.

Per il più popolare canale di *self broadcasting* è stata infatti appositamente realizzata una campagna integrata per il lancio degli elettroutensili Brikstein, nuova linea di utensili della catena. "Con gli elettroutensili Brikstein, hai smesso di fare fatica!", recita il claim della campagna. Il concept – che sottolinea la capacità dei nuovi utensili di alleviare gli sforzi e le fatiche tradizionalmente associati ai lavori di bricolage – è stato declinato su tre mezzi: uno spot televisivo, uno spot radio e un video realizzato *ad hoc* per YouTube, nel rispetto delle estetiche, della grammatica e delle logiche relazionali proprie del canale.

The Worker's Beat (è disponibile il video, vedi "ShotCode" in appendice) – così s'intitola il video pubblicato su Internet – è infatti una risposta al video di culto *Amateur* di Lasse Gjertsen, che conta oramai più di cinque milioni di visite, in cui il protagonista (lo stesso Lasse) suona piano e batteria utilizzando la tecnica dello *stop motion,* componendo ritmo e melodia attraverso il montaggio di centinaia di frammenti di registrazione video.

«La scelta di utilizzare YouTube come canale di comunicazione è anche dettata dalla volontà di alimentare il buzz intorno alla campagna – spiegano gli ideatori della campagna. – Tuttavia, il nostro obiettivo principale è stato quello di mettere in evidenza come non si possa "viralizzare" lo spot televisivo, come spesso ci chiedono clienti e centri media. Nei canali "user generated" è necessario cambiare tecnica ed estetica, rideclinando il concept della campagna secondo dinamiche "relazionali" e cercando di stimolare o prendere parte a una conversazione.»

Così, ispirandosi all'opera di Lasse e agganciandosi alle narrazioni sviluppatesi intorno al famoso "YouTube producer" e alle nuove estetiche del mezzo, anche *The Worker's Beat* utilizza la tecnica dello *stop motion* per il montaggio video, mixando i suoni reali degli elettroutensili Brikstein. Il tutto senza alcun ritocco in postproduzione. *The Worker's Beat* è stato interamente ripreso e registrato in concomitanza con la realizzazione dello spot radio, il cui trattamento creativo evidenzia la facilità di utilizzo degli elettroutensili, che diventano veri e propri strumenti musicali.

[illegible]

[illegible] tra 1, [illegible] e [illegible] pubblico [illegible] di [illegible] spazio, [illegible] [illegible].

[illegible]

11. Dal broadcasting al narrowcasting

Non ci sono solo i mezzi di massa: pensa a quanto è lunga la coda

La Coda Lunga che cambierà il mondo

Nella lista del media hunter, come è naturale che sia, non ci sono solo i mezzi di comunicazione di massa. La tv è inflazionata: se vent'anni fa bastavano tre spot per raggiungere il 50% della popolazione americana, oggi ne servono ottantacinque. Oltre a questa crescente frammentazione interna ai singoli media, rispetto al passato esistono centinaia di mezzi diversi che catturano l'attenzione delle persone. Negli anni Settanta, quando il vinile era ancora il principale supporto musicale, l'ascolto dell'ultimo album d'importazione era addirittura un evento di fruizione collettiva, quasi un rituale in gra-

Figura 11.1 **La frammentazione dei media**

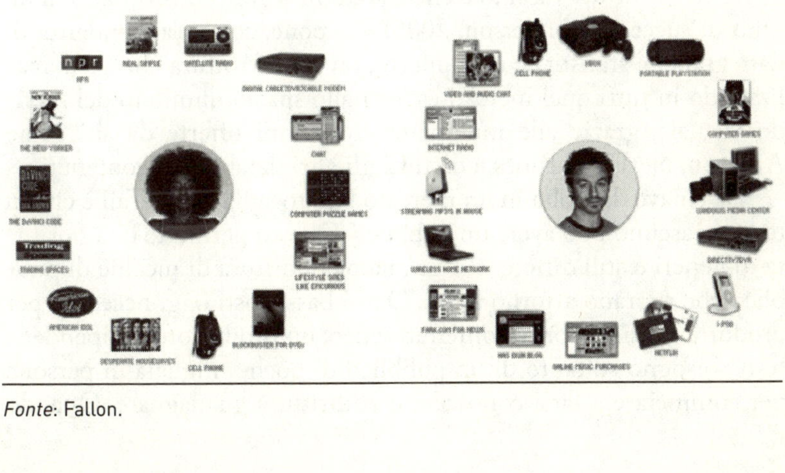

Fonte: Fallon.

do di calamitare l'attenzione e di impegnare il tempo di un gruppo di amici. I brani musicali degli anni Ottanta arrivavano a durare sei minuti, oggi una hit radiofonica non deve superare i tre minuti e mezzo. Questi sono solo alcuni esempi che ci fanno capire come il tempo di attenzione delle persone dedicato a un singolo mezzo sia drasticamente diminuito, distribuito oggi fra nuove opportunità.

E sono davvero tante le opportunità per lo "spettatore" postmoderno, il quale si trova di fronte un'offerta sempre più diversificata e frammentata. Così come frammentate sono anche le modalità di fruizione, che passano dal palinsesto alla fruizione *on demand*.

Di fatto, l'economia e la cultura si stanno muovendo da mercati di massa a milioni di mercati di nicchia grazie alle tecnologie, che hanno reso più facile per i consumatori trovare e comprare prodotti un tempo difficilmente reperibili. Tutto sta cambiando grazie alle nuove dinamiche nella distribuzione di prodotti digitalizzabili, come la musica, i film, ma anche i software e i libri, grazie allo spazio di esposizione infinito, al download digitale, al mercato *peer-to-peer*.

Questi concetti sono alla base di una nota teoria di Chris Anderson: quella della *Long Tail*, la Coda Lunga. Chris Anderson è attualmente chief editor di *Wired*, una delle riviste più autorevoli della nuova economia, ma prima di subentrarvi, alla metà del 2001, è stato per sette anni giornalista dell'*Economist* a Londra, Hong Kong e New York. Scritto nell'ottobre del 2004, l'articolo – dal titolo, appunto, "The Long Tail", che apparve anche nella versione stampata di *Wired* in tutto il mondo e che è stato in seguito trasformato in un libro di successo (Anderson, 2006) – espone, con un'abbondanza di dati, grafici e statistiche di supporto, l'evidente rottura che si sta realizzando in tutti quei mercati esposti allo spazio illimitato del mondo virtuale, grazie alle innumerevoli opzioni offerte da siti come Amazon, NetFlix, iTunes e da tutti gli altri database di contenuti.

La chiave di svolta in un mercato basato sulla Long Tail è che in teoria ciascuno può avere un pubblico. Questo permette una fioritura di generi e stili differenti e un'analoga fioritura di nicchie di pubblico che ruotano attorno a essi. Dati i bassi costi oggi necessari per produrre musica, libri e contenuti video, un produttore indipendente ha bisogno soltanto di un pubblico di poche migliaia di persone per cominciare a farsi conoscere o addirittura guadagnare. Quando le pubblicazioni non dipendono più dai limiti dello spazio e del tempo, tutti possono diventare star.

La teoria della Coda Lunga rappresenta la nostra cultura e la nostra economia, che si stanno sviluppando spostandosi da un'alta concentrazione di prodotti e mercati in voga, in cima alla curva di domanda, verso un vasto numero di nicchie nella coda: dalle cosiddette *hit* alle *misses*.

Dal momento che i costi di produzione e di distribuzione diminuiscono, specialmente online, vi è una minore necessità di raggruppare prodotti e consumatori in un contenitore unico. In un'era priva delle costrizioni derivanti dallo spazio fisico dell'esposizione e della distribuzione, beni e servizi di nicchia possono essere economicamente attraenti allo stesso modo di quelli di massa. Un esempio di quanto detto è la previsione secondo cui la domanda dei prodotti non reperibili nei tradizionali negozi è potenzialmente uguale a quella dei prodotti che lo sono. Ma lo stesso vale per i video non reperibili sulle emittenti tv in un dato giorno, e per le canzoni non passate alla radio. In altre parole, piccoli mercati, che presi individualmente non vendono abbastanza bene attraverso la distribuzione tradizionale, possono ora rivaleggiare con il grande mercato. La condizione si riferisce nello specifico all'area chiara del grafico delle vendite riportato nella *figura 11.2*, che mostra una curva di domanda standard che può essere applicata a qualsiasi tipo di industria, da quelle dell'intrattenimento a quelle di beni durevoli. L'area più scura della curva rappresenta i mercati di massa, che hanno dominato i nostri mercati e la nostra cultura per gran parte dell'ultimo secolo; l'area chiara quella delle nuove nicchie, che hanno una crescita inarrestabile.

La tradizionale economia di vendita al dettaglio impone che i negozi abbiano solo i prodotti di massa, poiché lo spazio di esposizione è poco e costoso. Ma i venditori online (da Amazon a iTunes) possono virtualmente immagazzinare tutto, e il numero dei prodotti di nicchia reperibili supera quello dei prodotti di massa di parecchi ordini di grandezza.

Questi milioni di nicchie costituiscono la Coda Lunga, che è stata largamente trascurata fino a poco tempo fa in favore della piccola testa dei prodotti di massa. Quando ai consumatori vengono of-

Figura 11.2 **La Coda Lunga**

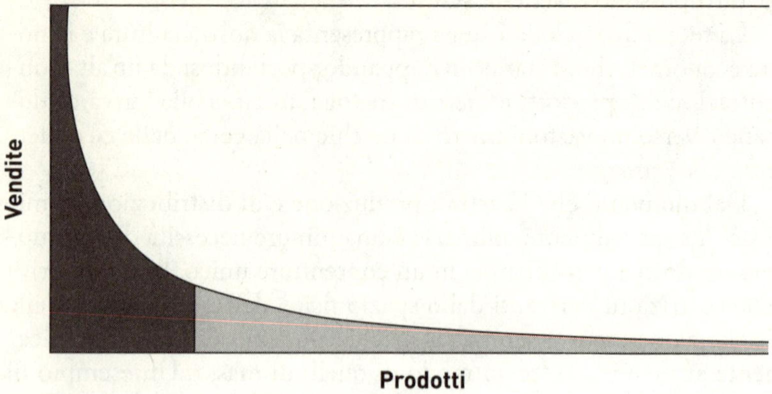

Fonte: Anderson (2006).

ferte infinite scelte, si rivela la vera domanda ed essa risulta meno di massa di quel che pensiamo. Il volume di business prodotto dalle nicchie di mercato, infatti, è uguale o superiore al volume di business generato dai mercati di massa. Internet, quindi, ha modificato i meccanismi di distribuzione:

- il nostro intrattenimento non è più legato al mondo fisico, è diventato virtuale;
- in un mercato basato sulla Coda Lunga ciascuno può avere un pubblico;
- la Coda Lunga permette una fioritura di generi, stili, media differenti che si rivolgono a nicchie di pubblico che ruotano attorno a essi.

Questo concetto può essere applicato tranquillamente anche ai media. Spesso costa meno e produce performance maggiori investire su piccoli media di nicchia che sui grandi media, dal momento che sui media più importanti c'è un maggiore affollamento pubblicitario, una maggiore resistenza alla pubblicità, una minore affezione degli utenti.

Le nuove tecnologie, combinate a un utilizzo esteso e permanente della rete, garantiscono l'alimentarsi e l'evolversi di nuove nicchie di mercato e mercati di nicchia. La possibilità per milioni di utenti di avere accesso alla rete e utilizzare i nuovi media (dato il loro basso costo) sta incrementando a dismisura la produzione di materiali multimediali, siano essi testo, immagini, animazioni, video ecc. Questa enorme mole di prodotti multimediali viene riversata interamente in rete, generando, di conseguenza, miliardi di pagine internet, di cui molti milioni sono costituite da blog, video blog, raccolte di podcast, raccolte di foto e spazi/pagine personali.

Ognuno di questi canali, nonché di questi contenuti, ha un pubblico pressoché indeterminato, che può variare da poche decine di persone fino a migliaia e milioni di utenti. La grande forza della rete e della possibilità di accesso a essa sta nel fatto di riuscire ad aggregare milioni di persone sparse nel mondo attorno a interessi, gusti e informazioni comuni. Ognuno è in grado di creare in rete un proprio diario, un proprio spazio e condividerlo come desidera e con chi desidera. Ognuno ha e può avere un suo pubblico, più o meno allargato. Questa è, in sostanza, la morale della Coda Lunga.

In una giungla sterminata composta da milioni e milioni di pagine internet è difficile arrivare a conoscere tutti i siti, i blog, i canali video e foto e gli spazi di ogni utente che pubblichi online qualcosa di nostro gradimento e interesse. È arduo riuscire a trovare le informazioni che cerchiamo e che soddisfino realmente i nostri bisogni di sapere. Ed è per questo che nelle nostre ricerche quotidiane ci affidiamo ai motori di ricerca, ai lettori RSS, alle GoogleNews, ai Bulletin di YouTube, ai podcast, agli agenti di ricerca, ai tag di del.icio.us, Technorati, BlogBabel e a tanti altri sistemi di ricerca, filtraggio, aggregazione, catalogazione e fruizione dell'informazione e della conoscenza.

Le persone non si nutrono della totalità del sapere, ma di interessi specifici. Quanto più una nicchia è specializzata tanto più avrà successo. Ma per essere conosciuta e, quindi, frequentata, una nicchia deve poter emergere dal fondo della Coda Lunga e avere un pubblico di utenti che le garantisca la sopravvivenza. La potenza di fuoco dei mezzi broadcasting difficilmente potrà essere eguagliata, nel senso che il messaggio televisivo continuerà comunque ad arrivare nella casa di milioni di persone e ad avere un grande bacino di esposizione, ma continuerà, comunque e sempre, a parlare a una massa indifferenziata di utenti. Al contrario i metodi partecipativi e collaborativi propri della rete, potenziati dalla grande diffusione dei wiki, dei blog, degli space e, quindi, degli *user generated content*, rendono possibile per le aziende l'opportunità di conversare con le nicchie.

La distinzione fondamentale tra il *broadcasting* e il *narrowcasting* è che il primo parla a un pubblico di massa e indifferenziato, mentre il secondo conversa con una massa di nicchie specializzate. Il vecchio mercato dei media e dell'intrattenimento legato al mondo dei supporti fisici, con tutte le limitazioni di tempo e di spazio (in quanto a distribuzione e fruizione) di cui soffrono, ci ha costretto a vivere nel mondo della scarsità. Oggi, invece, il nostro intrattenimento è diventato digitale, liberandosi delle sue limitazioni fisiche e garantendoci l'accesso al mondo dell'abbondanza di beni, prodotti e servizi online. Oggi tutto è disponibile in rete e si sta già verificando il problema opposto, ovvero come selezionare, filtrare, etichettare, organizzare e fruire lo sterminato flusso di bit che viaggia nelle nostre reti. Se è vero che oggi è molto più facile riuscire a conversare con le nicchie ed entrare in meccanismi partecipativi e collaborativi di creazione in rete, è anche vero che è difficoltoso riuscire a trovare queste nicchie, soprattutto quelle giuste, cioè attendibili, autorevoli, di fiducia e che realmente soddisfino i nostri criteri di ricerca e le nostre esigenze informative.

La rete è zeppa di singole pagine e di siti web esclusivamente realizzati per caricare annunci testuali e banner pubblicitari, spesso indicizzati ai primi posti dei motori di ricerca e che nulla aggiungono al sapere condiviso in rete e alle ricerche degli utenti. Inoltre, il fenomeno dei blog ha generato una grande quantità di falsa e non-corretta informazione e ampiamente diffuso intere pagine web frutto di un copia-incolla selvaggio e indistinto praticato sui blog e i siti più autorevoli e affidabili d'informazione. È vero che scendendo lungo la coda ed esplorandola tutta si riesce a trovare una grande quantità di nicchie interessanti, ma si trova anche tanta immondizia e cattiva informazione, e la stessa cosa si può dire per molte delle hit che hanno sempre troneggiato i mercati e i mainstream media.

La vera potenza della Coda Lunga si rivela grazie al sistema delle raccomandazioni. Una nicchia è raggiungibile quando è inserita in un contesto di raccomandazioni, ovvero quando è segnalata, o meglio linkata da un'altra nicchia più autorevole e popolare. Sono le raccomandazioni che consentono di guidare e aiutare gli utenti in rete nella loro navigazione alla ricerca di ciò che più gli interessa. Tutti i servizi e le realtà presenti in rete si basano sul sistema delle raccomandazioni: Amazon, eBay, iTunes, Pandora, LinkedIn, MySpace, la blogosfera e i motori di ricerca. Con le raccomandazioni è possibile proporre agli utenti prodotti, siti, servizi, risorse, informazioni simili e in correlazione con ciò che essi ricercano. Google, il motore di ricerca più utilizzato al mondo, non fa altro che segnalarci e raccomandarci nella sua pagina dei risultati le pagine web più inerenti e più vicine alla nostra ricerca, ovvero quelle che dovrebbero risultare più utili ai nostri fini informativi.

Le raccomandazioni online sono l'equivalente del passaparola offline. Anche nella blogosfera esistono diversi nodi (o *hub*), alcuni più forti e altri più deboli attorno ai quali si sviluppano e ruotano i temi del giorno e i *thread* topici. I nodi più forti svolgono un po' il ruolo di agenda setting, mentre i nodi più piccoli tendono molto spesso a riportare le notizie dei primi generando il cosiddetto buzz mediatico e accrescendo in tal modo l'importanza di determinati temi, tag, thread e argomenti discussi nella blogosfera rispetto ad altri meno seguiti e approfonditi. Più una pagina web è linkata, più è ritenuta autorevole e affidabile; più una pagina web è linkata da fonti autorevoli e affidabili, più aumenta il suo *rank*, il suo "rango", nelle classifiche di Google ed è, quindi, visibile e, di conseguenza, visitata. D'altra parte, una pagina con meno rank e meno visitata che ottiene un link da parte di un hub forte accresce il valore del proprio rank, la propria affidabilità, la propria autorevolezza e la propria visibilità.

Chris Anderson sostiene che servono le raccomandazioni per guidare l'utente nella ripida discesa che porta alla riscoperta delle nicchie che costituiscono la Coda Lunga dei nuovi media digitali e dell'intrattenimento. Le parole d'ordine sono *personalizzazione* e *contestualizzazione*. Sono queste le caratteristiche fondamentali, per esempio, di Google AdSense, il circuito di affiliazione di Google che consente a tutti i publisher (ovvero quanti hanno un sito o delle pagine web) di ospitare sul proprio sito pubblicità contestuale sotto forma di annunci testuali, banner e video. Google AdSense è la piattaforma pubblicitaria per publisher più utilizzata in rete al punto che molti utenti creano delle pagine web con l'unico scopo di pubblicarci annunci pubblicitari e poter così ricavare profitto dalle percentuali guadagnate dagli AdSense e da altri sistemi di affiliazione.

AdSense è personalizzabile, perché consente agli utenti di scegliere liberamente in che parte del proprio sito posizionare gli annunci e in che formato (testuale, immagine o flash, video); inoltre, il fatto di essere contestuale, ovvero di pubblicare annunci di contenuto affine e complementare ai temi trattati sul sito del publisher, dovrebbe garantire agli AdSense di essere quanto più informativi e interessanti possibile per l'utente che li vede, li legge e ci clicca sopra. L'anima di AdSense è garantire agli utenti una pubblicità che sia quanto più affine possibile ai temi trattati sulle pagine del sito che stanno visitando, in modo da risultare il meno intrusivo possibile (anche se questo dipende molto da dove il publisher posiziona gli annunci sulle pagine del sito) e al contempo essere utile e garantire una percentuale di guadagno per l'ospitalità offerta dal publisher. Google AdSense non fa altro che sfruttare la Coda Lunga dei nuovi publisher, cioè di tutti coloro che aprono un blog, un forum, una community, un sito, un MySpace.

La teoria della Coda Lunga, infatti, ci insegna che quando tutti i beni sono disponibili allo stesso modo diventano tutti ugualmente appetibili, e che la somma delle nicchie sparse per la coda ci restituisce un mercato più vasto di quello finora esplorato e tanto osannato delle hit, il cosiddetto 20%, la testa della coda. Ciò vuol dire che anche il blog personale seguito da sole venti persone al giorno potrà generare un click in un mese su un annuncio AdSense e far guadagnare una percentuale al proprietario del sito. Gli AdSense, in sostanza, funzionano anch'essi come raccomandazioni. La caratteristica della contestualità li porta a essere una sorta di suggerimento per gli utenti. Il presupposto alla base degli AdSense (e anche degli AdWords, il programma pubblicitario di Google per gli inserzionisti) è quello di adattarsi alle ricerche degli utenti: quando un utente ricerca una determinata keyword appaiono determinati annunci contestuali alla query dell'utente; quando un utente si trova su un sito che tratta di marketing, molto probabilmente vi troverà annunci AdSense di varie agenzie, master e corsi relativi.

Anche nella blogosfera si innescano i meccanismi delle raccomandazioni. L'esempio più palese è il *blogroll*, la lista dei blog ritenuti fonti affidabili e autorevoli di informazione da parte del blogger. I network di blog (insieme di blog che trattano argomenti affini), per esempio, lavorano moltissimo sull'aspetto delle raccomandazioni, linkandosi tutti a vicenda e raccomandandosi l'un l'altro. Inoltre, all'interno della blogosfera si attivano meccanismi di vero e proprio passaparola online per generare buzz mediatico attorno a una determinata notizia: più una notizia viene pubblicata e ripubblicata da varie fonti, più aumentano la sua visibilità e autorevolezza in rete e, quindi, l'attenzione dei mainstream media.

La curva del "valore della comunicazione" e la strategia del marketing virale

Sulla base di quello che iniziava a succedere con lo spamming, cioè con l'invio via e-mail di grandi quantità di messaggi indesiderati, Seth Godin (1999) maturò la teoria del *permission marketing*. Secondo il guru americano, il tempo è scarso, e interrompere la gente può avere effetti indesiderati: i marketer dovrebbero perciò chiedere il permesso prima di comunicare con le persone. L'autore auspicava la fine dell'*interruption marketing*, il marketing che interrompe le persone durante la visione di un film o la lettura di un giornale con pubblicità inattese, impersonali e irrilevanti, che spingono i consumatori a evitare di prestare attenzione alla pubblicità. Nella prospettiva del permission marketing il pubblicitario, progettando quella che Godin (2000) definisce una *ideavirus*, crea un'idea e un ambiente in cui l'idea si può moltiplicare e diffondere (*figura 11.3*).

Un approccio strategico che in una fase iniziale si focalizza su una nicchia di persone con un messaggio rilevante, per poi arrivare al grande pubblico in un momento successivo, è quello solitamente utilizzato nelle strategie di marketing virale. A differenza del marketing classico, che si è sempre rivolto principalmente alla maggioranza della popolazione, il marketing virale punta a una nicchia di innovatori/influenzatori. Innovatori e adottatori precoci sono persone disposte a diffondere idee e novità, anche rispetto a nuovi prodot-

Figura 11.3 **Dall'interruption al permission marketing**

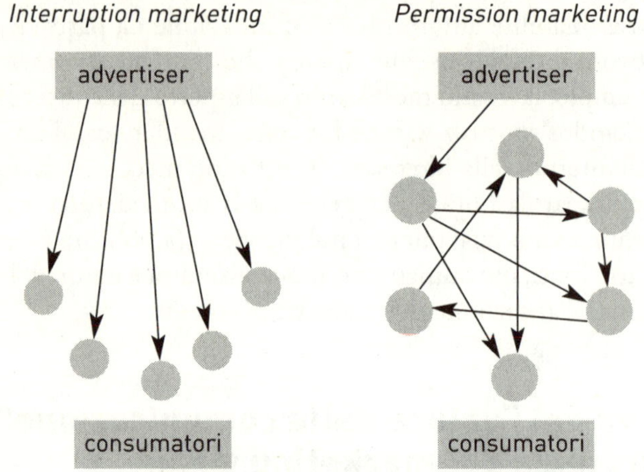

Fonte: elaborazione degli autori da Godin (2000).

ti e servizi. Le persone che compongono la maggioranza precoce e tardiva prestano ascolto a questi influencer. Per le imprese risulta quindi più performante ed economico rivolgersi a loro anziché direttamente alla maggioranza (*figura 11.4*).

Figura 11.4 **Il valore della comunicazione**

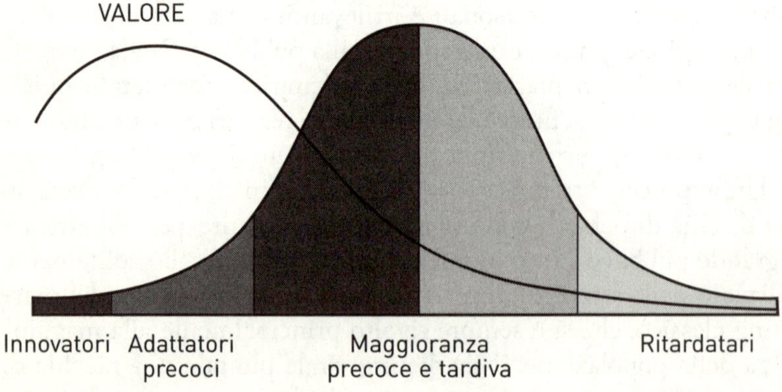

Fonte: Godin (2003).

Sebbene il viral marketing possa essere applicato anche in contesti di interazione tradizionale, come abbiamo già detto, il suo sviluppo e le sue applicazioni attuali sono rese possibili dalla diffusione di massa di Internet.

La velocità di propagazione di un'ideavirus, come la definisce Godin, aumenta spaventosamente grazie alle interconnessioni fra le persone rese possibili dai nuovi sistemi di comunicazione elettronica. Il mezzo utilizzato per trasmettere il virus ne determina infatti l'*agilità*, vale a dire la velocità di diffusione. Il classico esempio è Hotmail, il primo servizio di posta elettronica gratuito: se la radio ci ha messo 40 anni per arrivare a 10 milioni di utenti e la tv ne ha impiegati 15, a Hotmail è bastato 1 anno.

Le comunicazioni elettroniche (principalmente l'e-mail, ma anche i telefoni cellulari) hanno infatti costituito un "villaggio globale" composto da una serie di comunità reali e virtuali di persone che possono aggregarsi e interagire asincronicamente e a prescindere dal luogo in cui si trovano. Questi network facilitano lo scambio e la diffusione di informazioni in contesti diversi da quelli in cui sono emersi inizialmente. Per esempio, le relazioni e interconnessioni fra blog creano la cosiddetta blogosfera, termine usato per riferirsi ai weblog come a una rete sociale in cui le informazioni si diffondono a macchia d'olio.

I *network sociali* sono costituiti dai membri e dai nodi che li collegano fra loro. A differenza di quelli offline, sulla rete i network non sono costretti da limiti geografici e temporali, o condizionati da dinamiche relazionali legate a differenze di ruoli, status o classe sociale. Con il termine *social network* intendiamo definire i più diversi tipi di aggregazione di persone, per grandezza o per finalità, temporanei o duraturi nel tempo, che possono andare da un gruppo di amici sempre in contatto tramite instant messaging a frequentatori di un forum tematico. Internet ha infatti consentito la costituzione di neo-tribù telematiche: si tratta di piccoli gruppi formatisi in spazi ristretti, localizzati, intimi e in accordo con il desiderio di comunità emergente nella nostra società. Gruppi che si sono formati per consanguineità, affinità, passioni comuni, per condividere la quotidianità senza costrizioni di spazio e di tempo.

Come abbiamo visto, andando incontro a tale esigenza, negli ultimi anni sono nati alcuni siti propriamente detti di *social networking,* focalizzati su ambiti specifici – come la professione (LinkedIn.com), l'amicizia (Friendster e Orkut di Google), o più spesso le relazioni intime e gli incontri (il *dating* di portali come Supereva o Match) – oppure che, in maniera più trasversale, si caratterizzano come uno spazio di visibilità personale, utilizzabile in ambiti molteplici della vita personale (MySpace).

Comprendere le dinamiche e i collegamenti fra i network, il grado con cui trasportano informazioni, i nodi principali di diffusione, è fondamentale per attuare un'efficace strategia di marketing finalizzata a diffondere prodotti e comunicazioni fra le persone in maniera virale.

I network sociali sono infatti caratterizzati da diverse densità e al loro interno esistono molteplici sottogruppi. Vi sono network meno densi e coesi rispetto ad altri che permettono alle informazioni di confluire da un network all'altro[1]. È quello che Seth Godin chiama "vettore", vale a dire il modo in cui questo virus si diffonde fra un network e un altro. Se i cosiddetti nodi forti sono più numerosi e più influenti come fonti di informazioni, i nodi deboli sono come dei ponti che permettono il passaggio delle informazioni fra network diversi. I nodi forti sono ricchi di persone influenti, che hanno una maggiore centralità all'interno del network, i cosiddetti *early adopters* o, come li chiama Malcolm Gladwell, i *mavens* (esperti). È però attraverso i nodi deboli, in cui si trovano i *connectors* (connettori), che le informazioni confluiscono da un gruppo a un altro.

Affinché si sviluppi l'effetto moltiplicatore che è alla base del marketing virale e che consente alle idee di spandersi come dei veri e propri contagi sociali, è necessaria l'identificazione di coloro che si trasformeranno nei diffusori della campagna, i cosiddetti untori, o *sneezer* (letteralmente, coloro che starnutiscono, diffondendo l'epidemia). Il viral marketing punta a coinvolgere alcuni influencer con l'obiettivo di trasformarli in untori: sono loro che, una volta coinvol-

---

[1] La teoria su cui si basa tale analisi è quella della "forza dei nodi deboli" di Mark Granovetter (1973). Granovetter attribuiva ai nodi deboli una funzione di ponte che permetteva ai referenti di procedere da un sottogruppo (come una comunità virtuale) a un altro segmento (le altre comunità) del sistema sociale.

ti, diffonderanno la comunicazione agli altri. Nell'ambito della letteratura classica di marketing è facile imbattersi nella figura dell'opinion leader. Con questo termine s'intendono quelle persone che, grazie al loro status e al loro ruolo all'interno della società nella quale vivono quotidianamente, riescono, attraverso la diffusione delle loro opinioni, a infondere punti di vista e pareri nelle persone che li circondano.

Solitamente, in ambito locale gli opinion leader sono individualità rilevanti per il ruolo istituzionale o culturale che ricoprono; in ambiti più grandi sono in genere individui che hanno grande visibilità tramite i media classici – tv, radio e giornali. Che siano chiamati sneazer, untori, evangelisti, buzz agent, e-influentials, i diversi autori hanno dato a queste persone contagiose nomi differenti, ma fondamentalmente li hanno distinti in due figure con ruoli diversi e complementari: quelli che raccolgono le informazioni e quelli che le diffondono.

Chiaramente con Internet aumentano le potenzialità di propagazione delle idee. Gli opinion leader online sono capaci di sfruttare al meglio le proprietà interattive del mezzo per diffondere le proprie opinioni. I punti di forza su cui si basa la loro azione sono ottime capacità dialettiche che utilizzano su diversi fronti e un'ottima conoscenza dell'oggetto al centro dei confronti online. I loro luoghi d'azione preferiti sono le community, le chat nonché i blog. L'effetto degli e-opinion leader è, spesso, esplosivo: a poco a poco arrivano a conquistarsi la fiducia degli interlocutori trasformandosi per loro in un vero e proprio punto di riferimento: se si considera l'opportunità offerta dal Web di poter inoltrare contenuti e messaggi a un gran numero di persone a costo zero, si può apprezzare facilmente la loro portata. È stato stimato che la capacità d'influenza di un *e-opinion* (o opinion leader online) rispetto al classico opinion leader (che opera offline) è di otto a due: questo chiarisce come mai la loro figura è sempre di più al centro dell'interesse delle aziende, percependoli come importanti alleati o pericolosi nemici.

Il vantaggio di un approccio non-convenzionale

Il vantaggio reale di un approccio non-convenzionale è in primo luogo l'economicità. Ma questo è vero fino a un certo punto; è meglio dire che a parità di costo l'approccio non-convenzionale garantisce risultati maggiori.

Per comprendere appieno questo concetto è utile confrontare il flusso di un progetto di marketing convenzionale con quello di un progetto di marketing non-convenzionale. Il primo inizia con il lancio del prodotto sul mercato e con la successiva campagna di comunicazione declinata su vari mezzi; col passare del tempo la pressione della comunicazione va diminuendo e l'unica possibilità per mantenere alta la pressione è continuare a investire (*figura 11.5*).

Nel caso di un progetto di marketing non-convenzionale, invece, il flusso inizia già prima del lancio del prodotto creando un'attesa e un buzz in una massa critica di influencer attraverso attività spesso *unbranded*. Al successivo lancio del prodotto i risultati sono potenziati dall'effetto del buzz iniziale, innescando conversazioni sul prodotto anche in ambiti non inseriti nel piano di comunicazione (*figura 11.6*).

Abbiamo già ragionato sulle differenze fra una comunicazione broadcasting e una narrowcasting. Il broadcasting – con i media

Figura 11.5 **Il flusso di una campagna convenzionale**

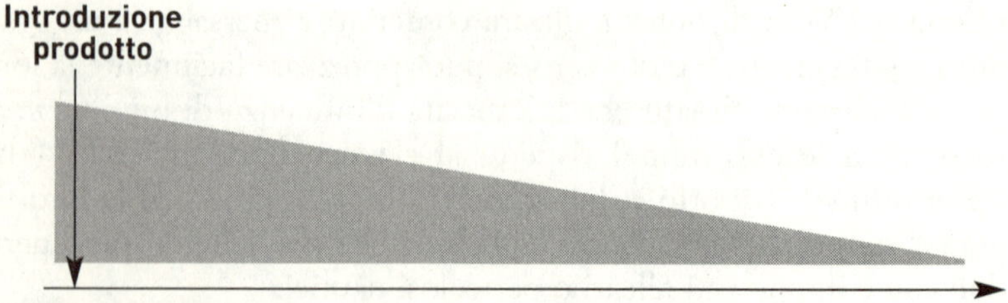

Mass Media (above the line e below the line) e Promotion
Selected Media
Trendsetter & Influencer

Fonte: Seisgrados

Figura 11.6 **Il flusso di una campagna non-convenzionale**

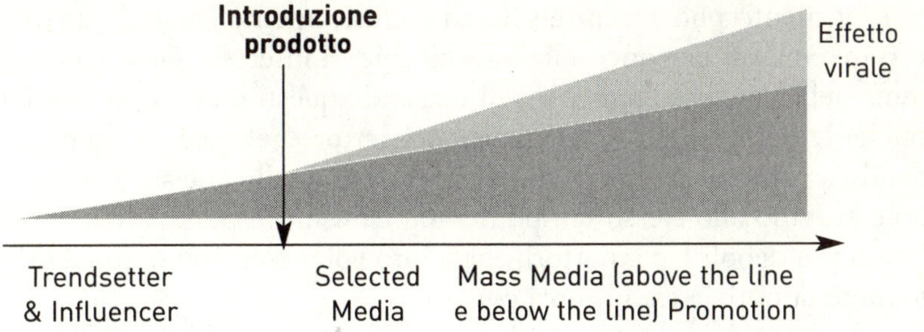

Fonte: Seisgrados

quali la tv, la stampa, la radio e il cinema che lo contraddistinguono – permette di parlare a una grande massa di pubblico, ma indifferenziata. Il narrowcasting, d'altra parte, consente di dar vita a delle vere e proprie conversazioni tra le parti in gioco e di arrivare a nicchie di mercato e di interesse spesso irraggiungibili con i mainstream media.

Le migliori strategie di marketing sono quelle integrate, che prevedono la giusta esposizione sui diversi media, garantendo così una copertura totale e complementare del messaggio. Ma ogni media ha i suoi tempi e i suoi spazi di esposizione e, soprattutto, i suoi codici e i suoi linguaggi di riferimento. Uno spot televisivo sarà concepito diversamente rispetto a un video per YouTube e, di conseguenza, anche i rispettivi tempi e momenti di esposizione saranno diversi. Conversare con le nicchie è diverso dal parlare al grande pubblico. Seguendo la linea del valore della comunicazione (si veda la *figura 11.4*), la strategia di marketing non-convenzionale mira a coinvolgere e a rendere partecipi prima di tutto i trendsetter e gli influencer, affinché essi stessi attivino processi di passaparola offline e raccomandazioni online. I trendsetter e gli influencer sono tra le persone più attive e presenti in rete e si nutrono di informazione altamente selezionata.

Attivare dei meccanismi di diffusione fra trendsetter e influencer porta a creare una sorta di massa critica di persone già a conoscenza e, quindi, sensibilizzate rispetto alla nostra comunicazione. Questo processo iniziale di inseminazione del virus e di sensibilizzazione di persone influenti all'interno dei loro network sociali e professionali di riferimento può avvenire solo ed esclusivamente andando a conversare con tali persone nelle loro nicchie di interesse. Spargendo il seme della conversazione e sensibilizzando questi utenti ci si assicura che le persone più specializzate nel settore nel quale stiamo andando a comunicare siano già al corrente di quello che sta avvenendo e attivino allo stesso tempo dei meccanismi di passaparola verso i nodi più deboli o connettori, che a loro volta contribuiranno a diffondere la notizia tra i propri contatti.

La strategia non-convenzionale, infatti, rivela la sua efficacia quando, dopo un'iniziale fase di inseminazione dell'idea virus e sensibilizzazione dei trendsetter e degli influencer, il prodotto viene lanciato al grande pubblico, ed è qui che l'effetto virale vero e proprio si rivela. È stata questa la strategia seguita da campagne di successo come SubservientChicken di Burger King (si veda il *box 4.2* nel capitolo 4). Le conversazioni, infatti, in principio inseminate in nicchie selezionate e limitate, cominciano ad attivarsi anche in ambiti e luoghi non pianificati in partenza. L'esposizione del messaggio su altri media dà un *boost* alle conversazioni, già alimentate e supportate da trendsetter e influencer precedentemente sensibilizzati. In questa fase, però, ricoprono un ruolo fondamentale soprattutto i nodi o hub più deboli, che rifacendosi a quelli più forti diffondono la notizia verso altri utenti.

Da lì in avanti, ogni altra esposizione del messaggio tenderà a generare dei picchi nella diffusione virale dello stesso. Avendo generato una massa critica già sensibile al messaggio, la diffusione sui mainstream media riesce a innescare nei pubblici potenti fenomeni di narrazione rispetto al marchio mettendolo al centro delle conversazioni delle persone. Quello che si crea è un effetto virale che genera continui picchi di diffusione ogni qualvolta l'argomento viene riproposto da qualche parte. Di conseguenza, oltre all'esposizione mediatica del messaggio pianificata sui vari media, il marchio è esposto e inserito in processi, ambiti e momenti comunicativi e narrativi che non erano pianificati o che non è possibile pianificare *a priori*.

La differenza tra flusso convenzionale e non-convenzionale è che il primo segue un andamento discendente, conseguenza della pressione pubblicitaria che tende a diminuire con il finire della pianificazione, mentre il secondo è stimolato e alimentato nel tempo per il semplice fatto che vuole raccontare una storia e rendere partecipi gli utenti dei suoi sviluppi, dove il primo approccio vuole invece presentare e vendere un prodotto. Il flusso non-convenzionale, in pratica, cerca di ridare un ruolo attivo e partecipativo agli utenti nella creazione della marca, e più ampiamente nella creazione del sapere condiviso, inserendoli in un contesto narrativo che va al di là della pura comunicazione commerciale sui media.

Visto alla luce della Coda Lunga, il flusso convenzionale tende a parlare a quel 20 per cento che rappresenta la testa del mercato, ovvero la parte scura del grafico (si veda la *figura 11.2*), mentre il flusso non-convenzionale tende a conversare con influencer e trendsetter, ovvero le nicchie nella parte chiara del grafico, al fine di innescare fenomeni di passaparola offline e raccomandazioni online tali da diffondere il messaggio tra le nicchie specializzate che popolano la Coda Lunga. La sapiente integrazione dei tempi e dei luoghi di esposizione dei messaggi nelle diverse fasi del flusso comunicativo può portare a risultati impensabili, se si riesce a inseminare l'ideavirus e ad attivare fenomeni di buzz mediatico sostenuti tali da creare quella massa critica sensibile alla nostra comunicazione e che agiscono da diffusori del virus.

12. Dal fare comunicazione all'essere comunicazione

Perdi il controllo e sii parte del flusso co-creativo

Competenza e resistenza del consumatore

Consumer made! User generated! Peer production! Come osservatori del management, abbiamo l'abitudine di coniare, con una certa regolarità, nuove parole d'ordine che stimolano e appassionano i dirigenti aziendali fintanto che rimangono d'attualità. L'ultimo grido consiste nel guardare ai consumatori come produttori e nel ritenere che in ciò sia insito un beneficio per le aziende. L'idea è che oggi i consumatori rappresentino le migliori fonti per lo sviluppo di nuovi prodotti e di nuove idee pubblicitarie, e che i manager possano raccogliere queste idee senza fatica – anzi, persino gratis. Con queste argomentazioni, la nuova parola d'ordine avrebbe ottime probabilità di trovare posto nel pantheon delle nuove panacee manageriali. In realtà, un'osservazione più attenta rivela che questa invenzione non è affatto peregrina, ma interpreta effettivamente le attuali tendenze dei consumatori. Tuttavia, applicarla potrebbe rivelarsi per le aziende più difficile di quanto sembri a prima vista, ed è quindi utile operare una chiara distinzione tra le varie possibilità offerte dai nuovi concetti.

Il *consumer made* è un tentativo di risposta alle più recenti mutazioni del consumatore. I cambiamenti in atto nelle cosiddette società "post-moderne", insieme alle rivoluzioni tecnologiche cosiddette "post-industriali" (prima fra tutte l'espansione di Internet), fanno emergere consumatori sempre più capaci di resistere alle iniziative di marketing delle aziende e in possesso di una sempre maggiore competenza in merito ai prodotti e ai marchi che utilizzano.

Ha scritto lo studioso irlandese Stephen Brown (2003, p. 37): «I consumatori attuali sanno reagire agli allettamenti del marketing. Essi possiedono un marketing reflex, un endogeno sistema di allarme che individua i messaggi commerciali in arrivo e, per quanto possano essere sofisticati, li neutralizza automaticamente». Il *marketing reflex* si è sviluppato sulla base di una rinnovata resistenza dei consumatori al marketing, e a questo proposito ci piace ricordare un'affermazione di John Johansson già riportata nel capitolo 2: «I nuovi anti-marketer non sono contro il libero mercato in sé [...] Gli anti-marketer di oggi, piuttosto, ritengono che il processo sia andato troppo lontano, che il sistema abbia raggiunto i suoi limiti e che il paradiso del consumatore si sia trasformato in una palude di commercialismo, consumo e materialismo. Per loro il marketing è uno dei maggiori colpevoli di ciò» (Johansson, 2004, p. 41).

Gli attuali "consumatori resistenti", per la maggior parte, non sono individui impegnati in una battaglia politica contro il mercato o contro il capitalismo, bensì persone comuni, non politicizzate, che trovano sempre più difficile accettare le esagerazioni e il cattivo gusto che ravvisano nel marketing e che, grazie ai più recenti strumenti tecnologici, hanno riconquistato (o hanno la possibilità di riconquistare) il controllo sul proprio comportamento di consumatori.

Il consumatore al potere

Tutto ciò accade perché Internet funziona da campo di addestramento dove l'individuo può imparare a sviluppare una forma nuova di rapporto con le aziende: un rapporto su base paritaria, reso possibile dal fatto che il nuovo consumatore può utilizzare le proprie relazioni con altri consumatori per acquisire informazioni su un prodotto o su un marchio senza dover ricorrere alla fonte aziendale. Mettendo in condivisione le loro esperienze, i consumatori stanno creando veri e propri contenuti online che possono rafforzare o contraddire le informazioni diffuse dalle aziende. Partecipare alla creazione di questi contenuti è un atto che offre ai consumatori l'impressione di avere un maggior controllo sui propri consumi e sulla propria esistenza. Grazie a Internet, i consumatori sono soggetti auto-diretti che fanno da sé, e ciò provoca un effetto dirompente sulle loro modalità di consumo: i consumatori contemporanei usano il mercato come strumento per acquisire potere e rafforzare così la propria autostima, allo stesso modo in cui gli impiegati, nel recente passato, usavano il posto di lavoro per sviluppare la propria identità.

Il risultato finale è quello che noi chiamiamo "consumer empowerment", ovvero trasferimento di potere al consumatore, il quale può esprimere il proprio rapporto con un'azienda in due modi diversi:

- *controllo del consumo*: i consumatori assumono il controllo su temi che li riguardano (per esempio, esercitando il controllo sui processi decisionali e sull'esperienza del consumo);
- *controllo del marketing*: i consumatori assumono il controllo su variabili che, convenzionalmente, sono predeterminate dagli uomini di marketing (per esempio, esercitando il controllo su variabili del marketing mix quali l'informazione sul prodotto, la distribuzione, la comunicazione ecc.).

Nel primo caso, per le aziende può non essere difficile mettere in atto opportune contromisure; il secondo caso può rivelarsi invece molto più problematico. Recenti esperienze hanno illustrato come può essere complicato interagire con questo tipo di "consumatore al potere". Si tratta di un consumatore più attivo, partecipativo, protagonista, creativo, orientato a comportamenti sociali e comunitari come mai prima d'ora. L'entusiasmo condiviso di alcuni consumatori a favore o contro un determinato brand si concretizza ormai in sistemi di apprendimento di gruppo fondati su esperienza diretta e competenza. La presenza di consumatori interessati, esperti e interconnessi è un dato di fatto ineludibile ma anche auspicabile per un riequilibrio del rapporto azienda/consumatore.

Ricordiamoci cosa accadde a Diet Coke e a Mentos all'inizio del 2006: la rete fu inondata di centinaia di video amatoriali che mostravano uno stravagante esperimento, nel quale una caramella Mentos grande come una monetina veniva lasciata cadere in una bottiglia di Diet Coke; la combinazione produceva una sorta di geyser di soda che schizzava fino a tre metri di altezza. Prudentemente, Coca-Cola prese subito le distanze dal fenomeno di questo esplosivo video virale, temendo una perdita di controllo sul proprio marchio. L'azienda tentò di contrastare sul nascere l'immediato passaparola, affermando che l'esperimento non aveva nulla a che fare con la personalità del marchio Diet Coke e che la bevanda andava bevuta e non utilizzata per esperimenti. Mentos, al contrario, ha tratto un'enorme vantaggio da un'esposizione pubblicitaria del valore stimato di dieci milioni di dollari, ottenuta grazie alla diffusione di un video virale che all'azienda non era costato nulla. Ma la storia non finì qui. Dopo l'iniziale tentativo di svincolarsi dal video virale, per tener fede ai propri canoni di marketing prestabiliti, alcuni mesi dopo Coca-Cola cambiò rotta, cercando di trarre vantaggio dall'episodio e sposando il progetto. Oggi le due aziende collaborano con i realizzatori dei video, che hanno dunque imposto il loro potere, vincendo l'iniziale resistenza di Coca-Cola.

Strategie aziendali di co-creazione

Le aziende hanno cercato di volgere a proprio vantaggio il nuovo potere dei consumatori. Il primo a sviluppare il nuovo approccio è stato uno studioso nordamericano, Coimbatore K. Prahalad, nel suo libro, scritto con Venkat Ramaswamy, *Il futuro della competizione. Co-creare valore con i clienti* (2004). Secondo Prahalad, le aziende vincenti di domani saranno quelle capaci di co-creare valori insieme ai loro consumatori. Per questo egli suggerisce di distinguere fra *contributo* e *cooperazione*, ovvero fra la co-creazione dell'offerta attraverso il coinvolgimento del consumatore nell'elaborazione dell'offerta aziendale e del marketing mix, da un lato, e la co-creazione dell'esperienza attraverso il coinvolgimento del consumatore nella creazione della propria esperienza, dall'altro. Eric Von Hippel (2005) distingue a sua volta la co-creazione con consumatori leader o consumatori creativi, sovente raggruppati in piccole comunità di fan appassionati e creativi, dalla co-creazione con la massa dei consumatori medi. Incrociare queste due dimensioni ci aiuta a identificare quattro tipi di strategie di co-creazione (*figura 12.1*), che consentono di reagire alle sfide poste dal nuovo potere del consumatore, e incorporano tutte un pizzico di consumer made:

Figura 12.1 **Tipologie di co-creazione**

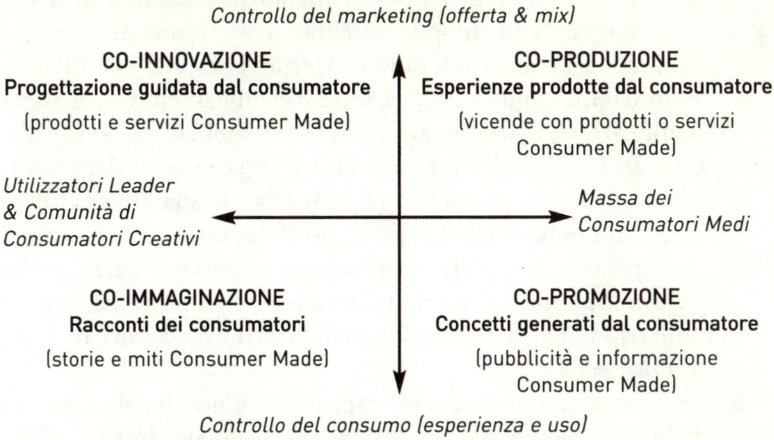

- *co-innovazione*: l'azienda coinvolge utilizzatori leader o comunità di utilizzatori nel processo di progettazione del nuovo prodotto o servizio. Questo coinvolgimento può andare da un semplice voto sul colore del futuro prodotto, come ha fatto Lenovo per il nuovo ThinkPad IBM, alla creazione di una piattaforma interattiva di progettazione del prodotto che consenta un vero e proprio design partecipativo, come hanno recentemente sperimentato Nokia con il programma "Share Your Ideas" o l'azienda di costruzioni italiana Andria con il programma "GioCo" (Giovani Coppie), che consente di progettare caseggiati con il contributo dei suggerimenti delle giovani coppie che vi andranno ad abitare (il programma è descritto più avanti, nel *box 12.2*). In alcuni casi, si può arrivare a una vera e propria cooperazione con comunità di utenti: un esempio è rappresentato da Firefox Mozilla (è disponibile il video, vedi "ShotCode" in appendice), un progetto open source il cui codice è stato sviluppato da 1.000 programmatori volontari;
- *co-promozione*: l'azienda coinvolge un gran numero di consumatori, generalmente attraverso un concorso, nella produzione di immagini e filmati per le sue nuove campagne pubblicitarie. Il richiamo che si viene così a creare costituisce già di per sé un'atti-

vità di comunicazione. Fra gli esempi, si possono ricordare i concorsi organizzati da Nutella per le migliori immagini a sostegno del suo slogan “Che mondo sarebbe senza Nutella?”; oppure Tiscali, che nel concorso a premi “Mettici la faccia!” ha utilizzato le immagini degli utenti, caricate dinamicamente sui banner in pianificazione. Talvolta, azioni di questo genere possono fallire: quando General Motors sollecitò i suggerimenti dei consumatori sotto forma di pubblicità online per la sua Chevy Tahoe (“Chevy Apprentice Challenge”), molti risposero con messaggi di protesta contro i SUV. La co-promozione può realizzarsi anche sotto forma di una più modesta produzione da parte del consumatore: rispondere a domande poste da altri utilizzatori, recensire prodotti ecc.;

- *co-produzione*: in questo caso il consumatore non fornisce più un contributo generico alla progettazione di un prodotto o di un marchio o alla definizione di una campagna pubblicitaria, ma partecipa nella sua qualità di consumatore. A questo scopo, l'azienda sviluppa modalità che consentano al consumatore di personalizzare l'offerta di prodotto, in particolare tramite piattaforme di *self-serving* (in opposizione a semplici dispositivi di self-service). A questo aspetto funzionale si accompagna anche un aspetto simbolico: nel momento in cui non offre l'immagine del prodotto come USP (*unique selling proposition*, proposta unica di vendita), ma consente invece la libera associazione del prodotto a un significato fluttuante, l'azienda offre ai consumatori la possibilità di permeare la propria esperienza di consumo con qualsivoglia significato essi desiderino, come nel caso di Red Bull (*box 12.1*);
- *co-immaginazione*: l'azienda incoraggia lo sviluppo di tutto ciò che può sollecitare l'interazione quotidiana entro comunità di appassionati di un determinato marchio, prodotto o servizio. In senso ampio, ciò significa coinvolgere le storie delle persone: che cosa sarebbe un marchio senza il racconto delle esperienze vissute dai suoi più convinti consumatori? A tal scopo, l'azienda sviluppa piattaforme comunitarie, che inducono gruppi di utilizzatori a mobilitarsi per produrre e riprodurre narrazioni. Online, queste piattaforme si traducono in siti comunitari, che possono

assumere forme diverse, come "My Nutella The Community" (www.mynutella.it) o come "Desmoblog" (blog.ducati.com), lanciato da Federico Minoli, presidente e amministratore delegato di Ducati, per poter «parlare in modo nuovo con i colleghi, i fan e i proprietari di Ducati. Della mia vita quotidiana, della mia esperienza in Ducati, dell'azienda, di moto e ovviamente di Ducati Corse». Ma questa strategia può essere attuata anche con iniziative offline, quali per esempio i raduni di appassionati e altri rituali, cui ciascuno può prendere parte creando una propria storia e condividendola con quelle di altre persone.

Box 12.1 **La co-produzione del senso: "Red Bull ti mette le aliii"**

Dall'inizio degli anni Novanta Red Bull ha intenzionalmente coltivato con cura il mistero che circonda il suo prodotto. Questa strategia di "costruzione del mito" e il dubbio sugli ingredienti contenuti nella Red Bull (taurina!) e sui loro effetti funzionano anche oggi. Il pubblico ha riempito gli spazi vuoti con supposizioni e insinuazioni, mentre i responsabili dell'azienda dimostrano un apparente disinteresse: «Devo sempre volare a Pamplona per procurare i testicoli dei tori» scherza il CEO Dieter Mateschitz. «Questi pettegolezzi non ci hanno mai danneggiato» aggiunge contento.

Infatti Red Bull ha un significato differente per ogni persona, e soddisfa esigenze diverse a seconda delle occasioni. Piuttosto, l'azienda si preoccupa che i consumatori non si sentano obbligati a bere il prodotto in un modo predeterminato. Durante i sampling di prodotto viene consegnata una lattina piena e chiusa in modo da lasciare che siano le persone a decidere quando e come provarlo. «Non cerchiamo di controllare come le persone utilizzano Red Bull – spiega la portavoce per il Nord America Emma Cortes. – Non c'è un modo corretto di usare Red Bull, nessun codice di condotta (per i consumatori). Attraversa senza problemi i confini socio-economici. Chiediamo ai consumatori di usare l'immaginazione per utilizzare Red Bull nelle loro vite. Questo li aiuta a entrare nella Red Bull experience e a comprenderne profondamente il ruolo.»

Se si prova a chiedere di definire la Red Bull experience la risposta sarà sempre diversa. Per esempio (Wipperfürth, 2005), il *Fire Island (N.Y.) News* ha soprannominato la Red Bull "The new sex drink", mentre un tredicenne in un supermercato ha dichiarato "Mi fa ballare". E, secondo una cameriera in un un wine bar di New York: "Se la mischi con lo sciroppo per la tosse, ti fa passare il raffreddore!".

Perdita del controllo e co-evoluzione

Pensare in un'ottica consumer made necessita di un'autentica "rivoluzione" nel marketing e speriamo, questa volta, di non utilizzare la parola a sproposito, dal momento che troppo spesso il termine "rivoluzione" viene usato per descrivere cambiamenti insignificanti della materia di cui ci occupiamo.

L'idea che occorra conoscere il proprio consumatore può essere fondamentale nel marketing, ma spesso è usata in senso restrittivo e manipolatorio, e si traduce nel tentativo di sapere tutto il possibile sui consumatori, in modo da soddisfarli e assicurarsene la fedeltà. Raramente nel marketing è stata suggerita l'idea che i consumatori siano in possesso di conoscenze che possano essere di interesse per l'azienda.

Al contrario, noi pensiamo che il concetto di consumer made possa convincere le imprese a coinvolgere "gli altri" nel loro credo, non per strumentalizzarli, ma per cercare di imparare dalle competenze e dalle esperienze dei consumatori.

Per questo è necessario passare dalla "conoscenza sul consumatore" alla "conoscenza del consumatore".

Il concetto di consumer made può divenire un catalizzatore capace di spingere le aziende ad abbandonare l'approccio fondamentalista che troppo spesso caratterizza i marketing manager. Per "fondamentalismo" s'intende in genere uno sguardo molto semplicistico e con coloriture religiose. Utilizzare questo termine sembra perciò il modo migliore per descrivere l'atteggiamento di tutti coloro che ritengono di possedere la verità, o persino di essere la verità, relegando tutti gli altri nel torto. Il fondamentalismo si ha quando un comportamento è considerato la soluzione giusta e mai come un problema. Il marketing management è fondamentalismo. Gli approcci consumer made, invece, sono antifondamentalisti, perché tollerano le diversità di altri soggetti e, cosa forse ancor più importante, sostengono la necessità di imparare dagli "altri", siano essi semplici consumatori, utilizzatori leader o comunità di utilizzatori.

Box 12.2 **Consumer made: alcuni casi**

Andria: le "Case per GioCo" segnalate al Premio Mondiale dell'Habitat
Il World Habitat Awards, il Premio Mondiale dell'Habitat, istituito nel 1985 su iniziativa del Building and Social Housing Foundation e con il patrocinio dell'ONU, segnala ogni anno i migliori progetti del mondo di costruzioni destinate all'abitazione. Uno dei progetti segnalati negli ultimi anni è quello delle "Case per GioCo", ideate e realizzate dalla cooperativa di abitanti Andria di Correggio. Si tratta di un'idea progettuale nata all'inizio degli anni Novanta, realizzata nei diversi comuni in cui opera Andria e replicata in altre regioni italiane. L'obiettivo era quello di dare risposta al bisogno di casa delle giovani coppie. Sono nate così le abitazioni evolutive, case unifamiliari a basso costo che possono essere completate con le idee personali di chi le acquista. Case per GioCo, dove GioCo sta per Giovani Coppie, ma anche nel suo significato letterale di gioco, divertimento, e quindi abitazioni creative. La giuria del World Habitat Awards ha giudicato il progetto utile strumento per una felice ricerca di nuove possibili soluzioni abitative, conferendo una menzione d'onore.

Brewtopia, un'altra birra è possibile
Benvenuti a Brewtopia (www.brewtopia.com.au), il primo luogo virtuale e open source, aperto a tutti, che ha come finalità la produzione di birra da bere, ovviamente, nel mondo reale. L'idea arriva da un gruppo di ex dipendenti di due importanti aziende hi-tech (Computer Associates e Red Hat) e poggia sul principio della cosiddetta "viral equity", uguaglianza virale, una delle ultime trovate del marketing moderno che sfrutta le tecniche collaborative per realizzare e promuovere un prodotto o un servizio. Il modello di Brewtopia prevede che ogni partecipante alla lista di discussione – che interagirà attraverso il Web e la posta elettronica – possa contribuire in ogni fase del processo di sviluppo al termine del quale prenderà forma la bevanda: dalla composizione del contenuto alla forma e all'etichetta della bottiglia. In cambio, riceverà una quota della società. Ma non solo: chi acquisterà una confezione di birre e introdurrà nel network un'altra persona potrà ottenere ulteriori partecipazioni azionarie. Sebbene sia di frontiera, l'iniziativa ha già ottenuto un certo riscontro: i suoi partecipanti sarebbero già quasi 30mila dislocati in 29 Paesi del mondo. L'ultima discussione del gruppo si è incentrata sulla decisione di prevedere o meno la quotazione in Borsa dell'azienda sul listino australiano. Pressoché unanime è stato il riscontro positivo.

Fonte: Luciano Lombardi, da www.corriere.it

Experiment Mentos: dalla fruizione creativa alla comunicazione
L'esperimento Mentos/Diet Coke (è disponibile il video, vedi "ShotCode" in appendice) evidenzia chiaramente la nuova natura del consumatore contemporaneo: non più un target da raggiungere attraverso un canale, ma esso stesso un

Segue

canale, luogo delle conversazioni sul brand e sui messaggi che esso produce, in grado di decidere le sorti di un brand finanche al punto da costringerlo a cambiare radicalmente strategia d'azione.

Agli inizi di giugno 2006, gli americani Fritz Grobe, giocoliere professionista, e Stephen Voltz, avvocato, conosciuti come Eepybird.com (www.eepy bird.com) postano su YouTube un video piuttosto singolare. Nel filmato, i due propongono un effetto chimico di cui avevano sentito parlare: in pratica, introducono una caramella Mentos in una bottiglia di Diet Coke, producendo una sorta di effetto geyser. Immediata e massiccia la reazione della community di YouTube. Nel giro di pochi mesi, il più famoso canale di videosharing viene letteralmente sommerso di video analoghi: tutti gli scienziati pazzi amatoriali del pianeta vogliono condividere i risultati dei propri esperimenti Mentos/Diet Coke. Enorme e inaspettata la visibilità per le due aziende coinvolte nell'esperimento, ma anche l'urgenza di dover dare risposta a un inevitabile dilemma: unirsi alle danze o restare seduti ad ascoltare la musica?

Mentos ha scelto la prima soluzione. La casa madre, la Perfetti Van Melle, ha indetto un video contest ufficiale per scegliere il migliore geyser Mentos. La Coca-Cola, invece, è parsa più intimorita, e forse perplessa nello scoprire come la gente facesse esperimenti con la sua bibita, piuttosto che berla.

Chevrolet: user generated advertising e critica sociale

Mentre gli esperimenti Mentos/Diet Coke hanno colto di sorpresa i due brand, coinvolti loro malgrado, Chevrolet si è rivolta direttamente al pubblico con una proposta: creare degli spot per l'azienda. Nel marzo 2006 Chevrolet GM lancia una campagna *user generated* per promuovere il SUV Tahoe. Viene indetto il contest "Build your own commercial" nell'ambito dello show televisivo *The Apprentice* e i clienti vengono invitati a realizzare dei video partendo da una serie di clip e di colonne sonore da scegliere sul sito del SUV Tahoe e da arricchire con pay-off ideati liberamente.

La campagna è durata quattro settimane, ha raccolto 30.000 iscrizioni, coinvolto 5 milioni di persone. Col senno di poi, si è trattato di una proposta rischiosa. Delle tre dozzine di spot per Tahoe realizzate dagli utenti, e poi postate su YouTube, quasi la maggior parte si è rivelata una violenta critica contro la vettura e quanti l'acquistano. L'accusa? Contribuire al riscaldamento del globo. La campagna ha avuto, quindi, un ritorno molto negativo. La risposta di Chevrolet è stata però saggia, perché la dirigenza si è posta nella dimensione dell'ascolto. Chevrolet si aspettava, infatti, anche una risposta negativa da parte dei consumatori. Il direttore marketing di Tahoe ha affermato: «Per un brand la cosa migliore è andare sempre al cuore del dibattito, piuttosto che restarne ai margini». Per Ed Peper, direttore generale di Chevy GM, è invece fondamentale «assumere una posizione trasparente, aprendosi al dibattito con i propri clienti». Ma l'episodio rivelava chiaramente il nuovo punto di vista dei consumatori: essi avrebbero dettato le condizioni di qualsiasi collaborazione con i brand.

Ci rendiamo conto delle grandi difficoltà di fronte alle quali si trovano le aziende abituate ad avere un'ottica di controllo totale. Tuttavia, è necessario che le imprese smettano di volere a tutti i costi "fare" e inizino a lasciare che i consumatori prendano il controllo delle variabili di marketing tradizionalmente predefinite: dalla distribuzione all'informazione sul prodotto, dall'erogazione del servizio alla comunicazione sulla marca.

Per l'impresa ci sono, quindi, due implicazioni principali:

- *lasciar fare*: nel senso di perdere il controllo su alcune variabili di marketing;
- *lasciar fare*: nel senso di aiutare i consumatori a prendere il controllo di queste variabili (utilizzando e/o sviluppando le loro competenze).

Un marketing misurato, che serva ad abbandonare il fondamentalismo abbracciato dal marketing management e che sappia *entrare nella dimensione dell'ascolto*. Per entrare in questa dimensione dell'"ascoltare" e del "lasciar fare", sono necessari alle aziende una buona dose di umiltà e un nuovo approccio evolutivo, anzi co-evolutivo.

Gerd Gerken, autore di *Addio al Marketing* (1994), propone un orientamento che definisce "olistico" e che considera produttori e consumatori con lo stesso peso nella definizione degli scenari, vale a dire quelle proiezioni, create attraverso processi sociali, che fungono da modelli di orientamento per i vari gruppi, fonte di mode, trend di coscienza e modelli. Individuare con un certo anticipo quali saranno i possibili scenari futuri permette all'azienda di ottenere un vantaggio concorrenziale molto importante, qualora sia capace di esprimere nei propri prodotti queste tendenze future. È quindi di fondamentale importanza che l'azienda si faccia promotrice di questi scenari, anziché subirli, e li accompagni nella loro realizzazione.

Gerken parla, a tal proposito, di *sponsorizzazione degli scenari*, cioè di un sostegno cooperativo che l'azienda deve offrire e di cui dovrà farsi promotore il management. È ciò che ha fatto TDK in Italia, promuovendo la scena tecno underground attraverso la "TDK Dance Marathon" e tutta una serie di eventi musicali per portare in Italia i migliori dj, oppure ciò in cui si impegna Red Bull, sponsorizzando folli e spericolati talenti e organizzando contest di sport estremi, come "Giants of Rio" o "Air Race" (è disponibile il video, vedi "ShotCode" in appendice). In questo approccio, la componente partecipativa dei clienti risulta prevalente rispetto alla pianificazione aziendale. La strategia da perseguire è costituita dall'*interfusione*, vale a dire l'azienda deve inserirsi nella dinamica di creazione degli scenari e cooperare alla loro costruzione in maniera partecipativa e non manipolativa. In tal modo, può conoscere con anticipo le future esigenze di consumo e provvedere, in anticipo sulla concorrenza, al loro soddisfacimento.

I responsabili di un'impresa devono quindi essere capaci di individuare le "pre-correnti", costituite da *soft-signals* (segnali morbidi) e *weak-signals* (segnali deboli), e poi unirsi a essi "strutturalmente", ossia devono mobilitare l'impresa intera nella "costruzione di un *pensare comune*". Quando si sono individuati i comportamenti di consumo e i valori d'avanguardia, allora mediante il networking e la sponsorizzazione degli scenari non si corre più dietro ai trend, ma li si costruisce insieme a coloro che li creano, dando vita a una co-evoluzione tra aziende e consumatori.

Ciò che intende realizzare Gerken con il suo approccio è un "dominio sul tempo", per cui bisogna staccarsi dalla domanda e operare in anticipo su di essa – quando si verifica la domanda è infatti sempre troppo tardi. È necessario, pertanto, essere sul mercato prima della domanda e mettersi al passo con le tendenze e i desideri con un anticipo tale da poter interagire con la formazione della mentalità del consumatore per mezzo di una cooperazione. In altre parole, si interviene così presto sui desideri che produttori e consumatori sviluppano insieme (mediante una co-evoluzione) quelle richieste che possono poi venir soddisfatte dall'azienda e dai suoi prodotti.

13. Dal market position al sense providing

Non cercare un posizionamento sul mercato, ma il tuo senso nella società

La colonizzazione dei "mondi possibili"

Sebbene i prodotti dei grandi brand multinazionali continuino a vendere, negli ultimi trent'anni le marche hanno lentamente visto erodere il capitale di credibilità e fiducia che le ha fatte crescere e prosperare in passato. Da anni hanno subito un grosso colpo rispetto alla loro legittimità al punto che, se una volta il brand bastava a rassicurare i consumatori sulla qualità di un prodotto industriale superiore, oggi si arriva a sospettare che un prodotto di marca possa essere cattivo. Sono molti i fattori che hanno contribuito a mettere in crisi la credibilità delle marche e la fiducia delle persone nei loro confronti, e in questa sede non potremo analizzarli se non brevemente.

Alla fine degli anni Ottanta, con il crollo del muro di Berlino e la fine della guerra fredda, l'immaginario liberalista e consumista sembrava aver prevalso come modello vincente. È in questo periodo di crisi delle grandi narrazioni e delle ideologie che il consumo e le marche diventano forme di aggregazione collettiva e strumenti di formazione dell'identità.

Il clima dei mercati è di fiducia e l'economia in crescita, così le aziende possono contare su enormi budget in comunicazione, che permettono alle marche un grande sviluppo e di accrescere la loro potenza. Nascono nuove tecniche di comunicazione e di relazione con i consumatori e la "logica di marca" si estende a campi sempre più lontani dalla sfera del consumo classica, quella dei beni e servizi, per andare a esplorare nuovi territori: dallo sport allo spettacolo, dalla politica alla cultura. Tutto viene investito di una logica commerciale di marca, rendendo i brand onnipresenti, saturando lo spazio pubblico e alimentando il dibattito sulla loro eccessiva pervasività (Semprini, 2006).

Tutto questo fino allo scoppio della bolla delle dot-com e l'attentato dell'11 settembre 2001. In uno scenario di recessione economica e di sfiducia generalizzata, grandi aziende e brand prestigiosi – emblematico il caso Parmalat – rimangono coinvolti in continui scandali sociali e finanziari che ne minano la reputazione. In molti casi gli episodi di cronaca confermano le preoccupazioni dei movimenti antagonisti, che già da tempo avevano dato il via a forme di lotta basate su campagne di boicottaggio e sulla sensibilizzazione dei consumatori al concetto di "consumo critico".

Nel frattempo anche il marketing s'interroga sul proprio ruolo economico e sociale. Alla base di questa riflessione, la consapevolezza che i concetti, gli strumenti e le tecniche del marketing siano stati strettamente funzionali allo sviluppo dei Paesi avanzati a economia di mercato e che quindi derivi necessariamente dal marketing una relazione diretta o indiretta con alcuni dei principali effetti negativi del modello di sviluppo seguito (Walter Scott, 2005):

- crescente deterioramento ambientale ed ecologico;
- progressivo esaurirsi delle risorse fisiche e naturali;
- crescente divario fra "ricchi" e "poveri", sia all'interno dei Paesi maggiormente sviluppati, sia fra questi e il resto del mondo;
- sviluppo dell'instabilità politica, della conflittualità fra etnie diverse e del terrorismo;
- crescente sviluppo dei grandi centri urbani, la maggior parte dei quali è caratterizzata dal progressivo deterioramento della qualità della vita;
- permanere di precarie condizioni sanitarie in gran parte dei Paesi "poveri" e, all'opposto, diffusione di malattie determinate da un elevato tenore di vita;
- sfruttamento della manodopera e diffusione del lavoro minorile, soprattutto nei cosiddetti "Paesi emergenti";
- permanere di elevati livelli di analfabetismo, sia nei Paesi "ricchi" sia in quelli "poveri".

Secondo Scott gli "effetti indesiderati" del modello starebbero alimentando quelli che chiama i *tre divari fondamentali del mondo contemporaneo*, e cioè:

1. il divario fra il grado di sfruttamento delle risorse fisiche e naturali della Terra e la disponibilità delle stesse (*divario ecologico*);
2. il divario fra il grado di soddisfacimento dei bisogni individuali e quello dei bisogni collettivi (*divario di qualità della vita*);
3. il divario fra "ricchi" e "poveri" (*divario sociale, politico e strategico*).

Sul fronte opposto, la critica sociale al sistema delle marche e alle multinazionali trova nel 2000 il proprio manifesto in un libro di successo planetario, *No Logo* di Naomi Klein, che solleva il dibattito pubblico sullo strapotere delle marche, sui traffici e sui misfatti delle multinazionali. Nel 2003 il film documentario *Supersize me* di Morgan Spurlock svela inequivocabilmente gli effetti nocivi sulla salute della tipica dieta americana, mentre *The Corporation*, documentario canadese diretto da Mark Achbar e Jennifer Abbott, analizza la psicopatologia del sistema delle multinazionali e le conseguenze negative sull'economia mondiale. Sulla scia del gruppo militante canadese Adbusters, nascono associazioni e movimenti che ridicolizzano la comunicazione e i loghi delle marche.

Le denunce di scrittori, registi e giornalisti alimentano il dibattito pubblico sullo strapotere delle marche, amplificando le istanze di un movimento nato alcuni anni prima, quello del "consumo critico".

Questo arriva in Italia nel 1996, con la *Guida al consumo critico*, pubblicata dal Centro Nuovo Modello di Sviluppo di Vecchiano, in provincia di Pisa. Oggi la guida conta quattro edizioni e più di venti ristampe, per un totale di oltre 130.000 copie vendute. L'idea di fondo è tanto semplice quanto rivoluzionaria: all'interno del mercato i consumatori rappresentano la domanda, ed è questa a guidare l'offerta. Sono i consumatori che fanno la spesa e che scelgono un prodotto scartandone un altro; utilizzando il "potere d'acquisto" possono quindi orientare il mercato verso produzioni maggiormente rispettose delle condizioni di lavoro, dell'ambiente e della salute. I consumatori critici raccolgono informazioni sul comportamento delle aziende e agiscono di conseguenza, premiando o "sgridando" un'impresa per mezzo del proprio "voto" economico, che si esprime attraverso le preferenze di spesa quotidiana.

Il movimento dei consumatori critici nasce negli anni Ottanta da settori di provenienza cristiana, pacifista, e da esponenti della "sinistra classica". Si tratta di una militanza poco orientata alla manifestazione di massa del dissenso e molto più impegnata sul terreno dei cambiamenti dello stile di vita quotidiano: è interessata ai temi dell'obiezione fiscale e delle spese militari, si dedica a organizzare la distribuzione e la vendita di prodotti provenienti dal Terzo Mondo a prezzi equi e solidali attraverso le Botteghe del Mondo e a promuovere iniziative di sensibilizzazione sul territorio sui temi del debito dei Paesi in via di sviluppo, della fame ecc. Questi gruppi si interessano attivamente anche di finanza etica, di consumo critico e si dimostrano particolarmente efficaci nelle campagne di boicottaggio di multinazionali accusate di sfruttare lavoro minorile o di devastare l'ambiente.

Secondo un'indagine svolta dall'Iref nel 2005 (*box 13.1*), circa un italiano su 3 dichiara di adottare forme di consumo "responsabile", indicando con questo termine un insieme di comportamenti come il consumo critico (scelta dei prodotti in base al modo di agire delle imprese), il commercio equo e solidale, gli stili di vita basati sulla sobrietà, i gruppi d'acquisto solidale, il turismo responsabile, la finanza etica.

Non si tratta più, quindi, di nicchie isolate relegate all'antagonismo radicale, ma di una trasformazione della sensibilità che da uno zoccolo duro si diffonde a vari strati della società: secondo le statistiche il numero dei consumatori responsabili sta crescendo (dal 28,5% nel 2002 al 36% tre anni dopo).

Box 13.1 **Il consumo critico**

Nel 2005, una ricerca commissionata dalla Fondazione Cariplo e condotta dall'Iref – su un campione rappresentativo della popolazione italiana di 1.000 cittadini maggiorenni, stratificato secondo variabili socio-anagrafiche, quali sesso, età, ripartizione geografica, ampiezza del comune di appartenenza (Lori e Volpi, 2007) – ha analizzato le diverse aree in cui si possono articolare le scelte di consumo responsabile:

- il *consumo critico vero e proprio*, che si concretizza nell'acquisto di beni e servizi solo da imprese che dichiarano (e attuano) comportamenti responsabili;
- il *commercio equo e solidale*, che si concretizza nell'acquisto di prodotti il cui ricavato va ai produttori che operano nei Paesi poveri;

Segue

- gli stili di vita basati sulla *sobrietà del consumo*, che implicano l'attenzione dei consumatori al risparmio energetico, al riciclaggio, al riutilizzo dei beni di cui si è già in possesso;
- la partecipazione ai *gruppi di acquisto solidale* (GAS), l'acquisto di pacchetti di *turismo responsabile* (sostenibile);
- la *finanza etica*, caratterizzata dalla sottoscrizione di fondi di risparmio, conti correnti ecc. con un fine etico (finanziamento di progetti a sfondo sociale, sostegno di Paesi poveri, sostegno dell'ambiente).

Un primo dato rilevante concerne la dimensione del fenomeno: il 36% del campione dichiara di adottare tali pratiche di consumo. Fra questi, coloro che fruiscono dei prodotti del commercio equo e solidale sono la maggior parte (55,6%), seguiti dai consumatori che adottano stili di vita sobri (51%); mentre la pratica del consumo critico vero e proprio, che incorpora anche il boicottaggio e altre forme di attivismo, viene adottata solamente dal 29,2% del campione. È interessante notare come circa un terzo degli intervistati dichiari di adottare due o più comportamenti responsabili; si tratta di consumatori che possono essere definiti come etici. Sono individui con un alto livello di scolarizzazione: il 54,4% è in possesso di un diploma di scuola media superiore e il 17,8% è laureato. Parallelamente, anche la professione costituisce un indicatore importante: insegnanti e impiegati rappresentano il 29,9% del campione, seguiti dal 13,8% di imprenditori e liberi professionisti; le categorie meno rappresentate sono le casalinghe e i pensionati, che pure hanno una notevole incidenza numerica sulla popolazione italiana. I consumatori etici valutano le loro scelte d'acquisto privilegiando un sistema di valori che sembra contrapporsi alle regole del mondo della produzione e agli atteggiamenti di consumismo diffuso tipici della società contemporanea; verificano la sostenibilità ambientale della catena produttrice del bene o del servizio, si preoccupano del successivo smaltimento, mostrano preoccupazione sulla possibilità di riciclo della confezione e, in fase d'acquisto, compiono un'attenta raccolta delle informazioni disponibili, prevalentemente attraverso Internet, dato che la comunicazione pubblicitaria è ritenuta ingannevole da ben il 47,4% del campione. Questi consumatori frequentano i punti vendita del commercio equo e solidale, acquistano i prodotti a marchio Altromercato, presenti ormai nella maggior parte delle catene distributive italiane; sono inclini alle proteste contro le imprese ritenute non socialmente responsabili, proteste che si concretizzano anche nell'adesione alle pratiche del boicottaggio. Anche per questi consumatori gli oggetti hanno un alto valore simbolico che non è rappresentato né dall'ostentazione, né dal prestigio, bensì dall'impegno nei confronti della società.

Questi "movimenti di opposizione" alle marche devono essere considerati alla luce delle peculiarità della società postmoderna: l'azione dei nuovi movimenti sociali nati nella società dell'informazione si esprime infatti, più che nella conquista del potere politico o nella tutela di interessi economici, nella difesa di determinati modelli di comportamento e di codici morali (Melucci, Touraine, Cohen, Klandersman tra gli altri). In una società in cui l'informazione diviene la risorsa centrale all'origine di nuove forme di potere e di disuguaglianza, il movimento del consumo critico rivela un *conflitto di natura simbolica*, che svela la natura dei processi di definizione delle identità collettive, legati a squilibri di potere nell'accesso ai consumi, alla conoscenza scientifica, alla comunicazione.

Oggi le differenze fra gruppi sociali non si basano più soltanto o prevalentemente sul controllo di risorse materiali, bensì sul loro grado di autonomia nella definizione delle identità personali e collettive, e sul grado di legittimazione dei loro stili di vita e dei loro sistemi di valori. Nel momento in cui diviene predominante la dimensione simbolica, i movimenti si adoperano per aprire nuovi spazi e nuove prospettive per l'azione, rendendo possibile concepire e attuare nuovi processi e nuovi modi di agire, e di nominare la realtà che la cultura dominante tende a negare e a escludere. In questo senso è possibile concepire i movimenti come dei media, tramite i quali vengono diffusi nella società codici, prospettive, "spazi sociali", identità altrimenti destinate a rimanere marginali.

Tutte queste forme di azione collettiva sfidano la logica dominante su un terreno simbolico. Esse mettono in discussione la definizione dei codici, il modo di nominare la realtà. Esse non chiedono, offrono. Offrono con la propria esistenza altri modi di definire il senso dell'azione individuale e collettiva.

Al fine di spiegare dove si colloca questa lotta, possiamo riprendere l'immagine proposta da Jürgen Habermas della "colonizzazione dei mondi vitali", ovvero quei serbatoi di evidenze e convinzioni accettate comunemente, «una riserva culturalmente tramandata e linguisticamente organizzata di modelli interpretativi» (Habermas, 1986). Si tratta di acquisizioni culturali grazie alle quali ci orientiamo nel mondo: le certezze, le evidenze, i valori, le norme, i saperi, i gusti, le maniere, le consuetudini, il linguaggio, i modi di dire – tutte cose che diamo per scontate.

Queste attività non possono essere regolate dal denaro o dallo Stato (e nemmeno dalle marche!) se non al prezzo di una "sconnessione" del mondo vitale che ne sgretola l'infrastruttura comunicativa. In altri termini, il desiderio del vero, la sollecitudine, il sapere, le emozioni e gli affetti non possono essere acquistati con il denaro o regolati per via amministrativa oppure imposti, secondo modelli predefiniti, dalle marche globali. Con "colonizzazione dei mondi vitali" i sociologi indicano quindi la penetrazione delle logiche del denaro e del potere nelle relazioni sociali della vita quotidiana, nei rapporti interpersonali, nella comunicazione tra persone. Da qui emergono contraddizioni e crisi delle società moderne, patologie sociali e problemi di identità e comunicazione.

Il processo di appropriazione dei mondi vitali da parte delle marche è sempre più evidente. Non è un caso che Semprini (1993, 2006) parli di "mondi possibili" quando si riferisce al progetto di senso proposto dalle marche nei propri percorsi di branding.

Le logiche della marca e del marketing sono diventate sempre più pervasive, andando a occupare territori sempre più vasti e un tempo "incontaminati": dall'intrattenimento alla cultura (si pensi al *branded entertainment*), alla politica (l'esempio lampante è Forza Italia), alla geografia (RicC1one sponsorizzata dalla Citroën) ecc.

In questo senso il movimento del consumo critico, ma anche quello degli Adbusters, fino ad arrivare a espressioni spontanee e creative come quelle dell'esperimento Mentos e Diet Coke, rendono visibile un conflitto di natura simbolica finalizzato alla riappropriazione da parte delle persone del potere di significazione della realtà.

Le pratiche del consumatore al potere offrono altri modi di "definire il senso" dell'azione individuale e collettiva.

A causa della loro centralità nello spazio sociale, le marche sono addirittura arruolate in guerre simbolico-culturali per combattere e affermare identità, in una prospettiva che oltrepassa le dimensioni dello spazio commerciale diventando apertamente politica.

McDonald's, più che una serie di menù a base di hamburger e patatine fritte, propone un mondo possibile, uno stile di vita, dei valori, una cultura alimentare: quella americana del fast food. Questo vuol dire che attaccando McDonald's – come ha fatto fisicamente il sindacalista agricolo francese José Bové – si attacca tutto il mondo a cui è associato.

Un altro esempio del ruolo politico della marca è offerto dalle campagne di Oliviero Toscani, tra le prime a far oltrepassare alle marche il confine del consumo per investire lo spazio sociale, fondendo logiche commerciali con prese di posizioni politiche. Le sue campagne per Benetton hanno toccato i temi dell'Aids, del razzismo, dell'handicap e della violenza, mentre quelle realizzate per le marche di abbigliamento Ra-re e Nolita hanno affrontato temi sociali controversi, come l'omosessualità e l'anoressia.

Secondo quanto abbiamo detto finora, le polemiche che hanno investito il mondo della moda, accusato di essere responsabile della diffusione sociale dell'anoressia, al di là delle implicazioni socio-sanitarie, rivelano una battaglia simbolica in corso fra le marche del fashion e la società civile nella definizione dei canoni di bellezza. In questa battaglia simbolico-politica in difesa della "bellezza autentica" (e per alcuni di quella mediterranea) sono scese in campo altre marche, come Elena Mirò – brand del Gruppo Miroglio dedicato alle "taglie forti", che ha creato un'agenzia di modelle tonde – e Dove di Unilever – che ha dato il via a una fondazione per l'autostima femminile.

Box 13.2 **Mecca-Cola e le bollicine rivoluzionarie**

"Non bere stupidamente, bevi impegnato"
"Non scuotere me, scuoti la tua coscienza"

È con questi slogan impressi sull'etichetta che nel novembre del 2002 Tawfik Mathlouthi, spigliato uomo d'affari franco-tunisino, lancia la "Mecca-Cola". Lo spunto è la strage di palestinesi nel campo profughi di Jenin a opera dell'esercito israeliano e la conseguente proibizione a suo figlio di continuare a bere Coca-Cola – gli Stati Uniti sono infatti il principale alleato di Israele. La guerra in Iraq e il conseguente crollo delle vendite della bibita made in USA nei Paesi arabi (con perdite dal 20 al 40% e anche più) fanno il miracolo. Oggi la Mecca-Cola distribuisce non solo nel mondo islamico, ma anche in Francia, Regno Unito, Belgio, Germania, Spagna, Svezia e Danimarca. In Marocco in un mese ha "bruciato" 3 milioni di bottiglie, ma arriva fino in Bangladesh, Indonesia e nell'Africa sub-sahariana. Le previsioni di fine anno sono da capogiro: 480 milioni di bottiglie!

Segue

Il mix di etica-buona qualità (la "Mecca" è pressoché identica alla sorella americana, solo leggermente meno gasata) è gradito agli amanti della Coca-Cola, che trovano sempre meno digeribile il governo americano e la sua politica estera. La scelta di devolvere il 10% dei profitti ad associazioni palestinesi per l'infanzia e un altro 10% a organizzazioni umanitarie operanti in Europa (quest'anno l'Unicef) sono musica per le orecchie di tutti coloro che applicano il consumo responsabile. Finora il pubblico ha accolto con entusiasmo la bevanda, forse anche in conseguenza del fatto che Mecca-Cola offre una ragione in più per boicottare i comportamenti scorretti della multinazionale statunitense.

Sbarcata in sordina, la cola alternativa è arrivata anche in Italia, dove proprio nel luglio 2003 è partita una campagna di boicottaggio della Coca-Cola, denunciata dal sindacato colombiano Sinaltrainal per crimini di lesa umanità in quanto mandante delle politiche repressive nei confronti del sindacato e dei lavoratori – che hanno aderito alle lotte sindacali per difendere diritti e posti di lavoro –, politiche che in tutti questi anni hanno causato decine di morti e visto centinaia di sindacalisti rapiti e torturati.

A importare e distribuire la Mecca-Cola nel Bel Paese è la società Melange, nata a Torino dalla volontà di tre italiani e tre palestinesi residenti in Italia. «Non puntiamo sul sentimento anti-americano» assicura uno dei soci, Andrea Vitali, anche se lo slogan della bevanda, che compare in francese su bottiglie e lattine, gli è valso una denuncia da parte della Coca-Cola; Vitali, che si presenta a tutti gli effetti come un imprenditore, seppure "impegnato", smentisce categoricamente le ipotesi circolate su "certa stampa": «Mecca Cola non ha alcun legame con il terrorismo internazionale» afferma deciso. Il sospetto sembra sia nato dal fatto che Mecca-Cola Beverages France, la società che produce e commercializza la bevanda dal 2002, devolve il 10% dei suoi utili all'infanzia palestinese. [...]

A breve, poi, Mecca-Cola diversificherà la sua produzione: si andrà dalla Mecca-Cola dietetica a quella decaffeinata fino al tè freddo, all'aranciata e all'acqua minerale. Mecca-Cola è insomma qualcosa di più della semplice concorrenza commerciale: è l'anti-Coca-Cola per eccellenza, destinata a un pubblico "impegnato" con obiettivi che vanno oltre la sfera del semplice business per entrare in quella della solidarietà internazionale e della presa di posizione politica. Rimane un'operazione commerciale, certo, ma che sottolinea ancora una volta gli orizzonti futuri di un nuovo modo di consumare "impegnato". Il valore aggiunto di Mecca-Cola è un invito e un sostanziale coinvolgimento dei consumatori affinché pensino alla destinazione degli utili dei prodotti che ogni giorno comprano. E per non contraddire questa filosofia la Mecca-Cola non viene venduta sottoprezzo, perché chi l'acquista deve farlo consapevolmente e in modo critico, non semplicemente per risparmiare.

Fonte: Cuba Libre, www.liceorosminitn.it/giornalino/dada1_04_05.pdf

La marca, ricorda Semprini, oggi non è più la semplice garanzia di qualità dell'azienda produttrice, ma un "progetto di senso", che investe sia i piccoli momenti della nostra vita, sia scelte geopolitiche e macroeconomiche. Questo progetto si concretizza nella proposta di un "mondo possibile" – progettato e immesso nel sistema simbolico attraverso le manifestazioni della marca (prodotto, comunicazione) – oppure sponsorizzando un progetto di senso fra i molti presenti nello scenario socio-culturale.

In quest'ottica la marca assume un ruolo politico e i consumatori divengono sostenitori del suo progetto di senso esprimendo un voto attraverso l'acquisto dei suoi prodotti.

Un brand è infatti principalmente oggi un fornitore di senso, un *sense provider*, come vogliamo qui definirlo. Tale gestione del senso non si limita, come sappiamo, all'universo dei prodotti e del consumo, ma abbraccia l'insieme dei discorsi sociali che circolano nello spazio pubblico. Nike, per esempio, sponsorizza il concetto di prestazione; Adidas il superamento dei limiti, anche di quelli esistenziali; Camper propone un mondo fatto di misura e di recupero delle tradizioni.

Questi mondi offrono all'individuo sistemi di senso organizzato che funzionano come stimoli e risorse per costruire la propria identità, i propri immaginari personali e sincretici. Vanno a creare i cosiddetti "immaginari collettivi" che, seppur diversi a seconda dei contesti e delle modalità di ricezione, nutrono le esperienze e orientano i progetti di vita degli individui.

Il sociologo Arjun Appadurai parla dell'immaginazione come della capacità di considerare livelli di realtà altri rispetto a quello in cui ci si trova, mondi alternativi al mondo del qui e dell'oggi, insomma mondi possibili. L'immaginazione è quindi "energia sociale", perché può spingere gli individui ad agire concretamente.

Da sempre è noto il potere dei mass media nella formazione di questi mondi possibili. Esperienze collettive dei mass media, soprattutto film, video o chat room informatiche, possono creare potenti solidarietà tra persone, che possono passare dal semplice condividere una determinata emozione all'immaginare la possibilità d'azione collettiva (Beppe Grillo insegna!). Appadurai definisce queste aggregazioni "comunità di sentimento", ovvero persone che cominciano a immaginare e sentire le cose in comune, come i giovani studenti aggregati intorno alle radio libere, oppure le subculture artistiche e musicali, le net community ma anche le *brand tribes*.

Oltre ai mass media sono le marche oggi ad avere questo grande potere di *world-making* e di ispirazione all'azione. Esse infatti attingono agli archetipi, si agganciano a valori, tendenze, mode, stili di vita; parlano di benessere, di natura, di autenticità, di volgarità, di egoismo e di arroganza. Entrano appieno nella dialettica emissione-ricezione, rimodellano gli elementi, li combinano e li organizzano in mondi possibili e poi li iniettano nello spazio sociale, contribuendo a nutrire nuove ricezioni e nuovi scambi.

Una volta costituito, un mondo possibile libera degli effetti di senso, emette significati che ispirano gli individui all'azione, gli danno altre idee, li spingono a nutrire le loro pratiche di vita quotidiana, a realizzare. Dall'immaginazione alla realizzazione. Dal simbolo all'azione.

"Un altro mondo è possibile" gridano oggi i movimenti antagonisti. "Immaginazione al potere!" era scritto sui muri di Parigi nel maggio del Sessantotto. In un futuro non molto lontano, il voto dato dai consumatori alle aziende responsabili si trasformerà in un voto al progetto politico della marca. Se è vero che la chiave del successo delle marche si trova nella capacità di generare mondi possibili che abbiano un senso per gli individui, chiedersi quali scenari sponsorizzare, quali significati immettere nel sistema simbolico, quale mondo possibile sostenere, dovrà essere il problema principale del marketing manager. La ricerca di un posizionamento determinata solo da scelte strategiche di differenziazione e di presidio di segmenti di consumatori si potrebbe rivelare cieca e fallimentare in una società di consumatori consapevoli. Le marche sono forme di aggregazione collettiva e identitaria che assumono nella contemporaneità un ruolo politico, creando gli immaginari che orientano l'azione. Costruiscono i mondi possibili che cambiano il mondo. Chiedersi il senso della marca vuol dire interrogarsi su quale mondo possibile proporre e sostenere, significa prendere coscienza del ruolo socio-politico della marca.

Box 13.3 **Elena Mirò, il fashion in stile mediterraneo**

Dalle splendide colline di Alba al fashion system internazionale. Oggi il gruppo Miroglio è fra le prime realtà dell'abbigliamento femminile in Europa con 15 milioni di capi esportati e negozi in tutto il mondo. Ma rimane un'azienda con i piedi per terra, orgogliosa delle proprie radici e portavoce di un approccio alla comunicazione autenticamente e genuinamente "mediterraneo". «Respiriamo l'ambiente della moda milanese solo quanto basta, per poi tornare fra vini e tartufi – ci tiene a precisare Mauro Davico, stratega della comunicazione dei 15 marchi del gruppo. – Quando usciamo dall'ufficio la sera, spesso andiamo al bar del paese e ci troviamo a discutere con i colleghi della Ferrero. Dove tutto è a dimensione umana. Le strategie che nascono ne sono una diretta conseguenza.» Il Gruppo Miroglio nasce nel 1947 come azienda specializzata nella produzione di tessuti; nel 1955 dà vita alla divisione abbigliamento Vestebene. Sviluppandosi da nicchie di mercato, il gruppo ha creato diversi marchi (attualmente 15), il più conosciuto dei quali è Elena Mirò, brand di punta dell'abbigliamento femminile conformato. Circa 900 milioni di euro di fatturato nel 2004 collocano il Gruppo Miroglio fra le più grandi aziende d'abbigliamento in Italia. La rete distributiva a livello internazionale comprende 860 punti vendita in tutta Europa, con una forte presenza in Francia e Spagna e una crescita costante in Russia. Le linee di abbigliamento del gruppo spaziano dalla moda giovane di marchi come Motivi (330 negozi) e Oltre (130 negozi), alle taglie forti di Elena Mirò (160 negozi), fino alla donna più matura di Diana Gallesi e a linee di tendenza come Caractère – punta di diamante del gruppo in termini di stile e qualità. Recente è la creazione della maison Gilles Rosier, stilista francese specializzato nel prêt-à-porter.

Mauro Davico, 44 anni, è nato a Pavia. Una laurea in Economia e Commercio con indirizzo marketing e 11 anni presso l'agenzia Armando Testa, dalla gavetta come account fino a diventare Direttore clienti per grandi brand come Barilla, Mulino Bianco, Telecom, Lines, Il Messaggero, Poltrone Frau. Dal 1997 è Direttore comunicazione e immagine del Gruppo Miroglio. Ecco cosa ci ha risposto nel corso di una breve intervista realizzata nel 2005.

Quando e come è nato il posizionamento nella nicchia di mercato che più vi caratterizza, quella delle taglie forti?
Il conformato è sicuramente uno dei nostri punti di forza. In un mercato del fashion in cui tutti vogliono solo modelle magre con taglia 40, noi abbiamo sempre guardato alle donne vere, alle donne reali. E devo dire che questo posizionamento ci sta portando grandi risultati – soprattutto adesso che, finalmente, assistiamo al ritorno a un modello di donna più naturale. Quando parliamo di taglie 46/48 ci riferiamo a donne "normali", donne che una volta si chiama-

Segue

vano Sophia Loren. Di fronte a una modella un po' rotondeggiante ho sentito dagli stilisti frasi del tipo: «Mi rovina la linea dell'abito». È l'abito che deve essere fatto in funzione della donna, non è la donna che deve adattarsi all'abito.

Cosa pensa del percorso seguito dalla Unilever con Dove, che propone modelle di ogni età e di una bellezza imperfetta, naturale e non stereotipata?
Mi fa piacere che ci siano arrivati anche loro! Scherzi a parte, sono anni che puntiamo su questi concetti – ovviamente senza avere la potenza di fuoco di Unilever. In questo senso non ci siamo mai vergognati di utilizzare modelle tonde, anzi, per noi è sempre stato un motivo di vanto. Nel 1998 abbiamo addirittura creato la prima agenzia di modelle tonde d'Italia. Furono migliaia le ragazze che si proposero per partecipare a questa dissacrazione della moda finta, quella che va in passerella. Da allora, oltre a essere un fortunato business, la nostra agenzia si è dimostrata un volano incredibile in termini di immagine.

Considera la vostra predilezione per una donna autenticamente "mediterranea" come un atteggiamento etico, socialmente responsabile?
Certamente, anche se l'idea di donna che supportiamo fa parte del nostro business. Tuttavia, poter conciliare gli obiettivi economici con quelli etici e sociali è la cosa che ci appaga maggiormente. La nostra è una battaglia per tornare a imporre un modello di donna mediterranea. Credo infatti che le modelle anoressiche proposte dalla moda siano state un messaggio più che negativo, direi deleterio per molte ragazze.

Qual è stato il suo approccio alla comunicazione quando da Armando Testa è approdato al Gruppo Miroglio? Da dove nascono le idee vincenti?
Venendo dal mass market sono entrato nel mondo della moda in punta di piedi, e il fatto di provenire da un settore diverso mi ha permesso di vederlo dall'esterno e di non percorrere strade già seguite. È stato necessario capirne i codici, per poi sviluppare strategie di comunicazione e idee che in qualche modo cambiassero le regole. Creare un'agenzia di modelle tonde è stata una "disruption". In questo senso, la nostra filosofia è fatta di idee innovative ma non fini a se stesse. Recentemente ho assistito a modelle che sfilavano con dei mattoni sulla testa... Le idee devono essere utili al marchio. Noi cerchiamo di portare avanti idee nuove ma coerenti e che portino al mercato. Per fare questo la cosa migliore è mettere insieme più cervelli e poi saperli gestire: i creativi spesso non vanno d'accordo ed è fondamentale riuscire a farli lavorare bene per trarne il migliore risultato.

Ci parli della vostra partnership con Slow Food. Si tratta di una "brand affinity"?
Esattamente, abbiamo la stessa filosofia. Lo slow food sta al fast food come la

Segue

moda delle donne vere sta alle taglie anoressiche. Personalmente odio il concetto di pasto veloce, del mangiar male. Lo slow food è una filosofia fatta di piacere vero e culturalmente elevato, come apprezzare una bella donna con le sue rotondità. Per questo abbiamo deciso di portare Elena Mirò ovunque si trovi il mondo e la filosofia di Slow Food: al "Salone del Gusto" di Torino andiamo con le nostre modelle tonde. Diciamo sempre: «Dove c'è il buon cibo c'è una donna normale, una donna vera». Abbiamo associato queste due cose e ne è nato uno scambio culturale, oltre che uno scambio di bottiglie.

Le marche dovranno co-evolvere con gli scenari e soprattutto prendere posizione, decidendo quali progetti di senso supportare attraverso le proprie politiche di marketing.

Quel che conta quindi, al di là della materialità del prodotto e della sua apparenza e sostanza, è il progetto di senso che la marca e le sue manifestazioni supportano. Un senso che non per forza deve arrivare agli eccessi di una critica dura e intransigente, ma che può supportare mondi possibili fantasiosi o surreali, come fanno per esempio Diesel e Honda, oppure oniricamente autentici, come quello proposto da Sony nello struggente spot delle palline colorate realizzato dall'agenzia Fallon per la linea di televisori Bravia.

Se da un lato i movimenti antagonisti rivelano l'altra faccia della luna rivendicando un "altro mondo possibile", dall'altro il consumatore postmoderno, consapevole e critico, chiede alle marche di prendere posizione sui temi che lo riguardano e che spesso lo affliggono, proponendo alla marca di essere suo alleato invece che suo nemico, domandando un progetto di senso che lui premierà, o punirà a seconda dei casi, con il proprio sostegno economico.

Le marche oggi sono invece accusate di mercificare la società, di sfruttare mano d'opera a basso costo e mal protetta, ma anche di voler standardizzare i significati, impoverendo le autenticità e le particolarità locali, oppure di voler manipolare la mente e i comportamenti degli individui.

Da uomini di marketing ci sembra doveroso mettere sul tavolo e analizzare queste critiche, senza negare che, oltre alle pratiche antisociali e anti-ecologiche delle multinazionali, le critiche alla marca si concentrano sempre di più sul loro impatto socio-culturale, oltre che su quello economico.

Le critiche alle marche non provengono solo dai movimenti antagonisti organizzati, ma anche da un numero crescente di persone comuni, che non vedono di buon occhio le "proposte di mondi possibili" offerte oggi dalle marche. Si tratta a volte di proposte simboliche che sembrano non tenere minimamente conto del delicato ruolo della comunicazione e della potenza di fuoco che sono in grado di mettere in campo, così come dei danni sociali che provocano – come i modelli proposti dal mondo della moda, che continua a far sfilare donne tossicodipendenti e anoressiche. In quest'ottica l'uomo di marketing non può non interrogarsi sul senso offerto dalla marca di cui è responsabile e sul ruolo sociale della comunicazione che questa va a immettere nel sistema simbolico.

Per questo crediamo sia assolutamente necessario introdurre e sviluppare i concetti di ecologia e di responsabilità simbolica della marca.

Seppure di difficile applicazione, ma sicuramente utile ad aprire un dibattito e un filone di ricerca, ci pare interessante la proposta di Semprini di applicare un sistema di valutazione sociale delle marche, concepito sull'esempio dei "rating" internazionali applicati alla prestazione e alla solidità finanziaria delle imprese nonché degli Stati. Si tratta di definire un certo numero di criteri che costituiscano la base della valutazione, le modalità di calcolo e la natura dell'organismo incaricato di elaborare i dati.

Box 13.4 **La marca come progetto di senso: il caso Italia Independent**

I-I è un progetto che nasce dall'urgenza di aggiornare il made in Italy, di fare una sorta di reload dando vita a un "made in Italy 2.0". Italia Independent si propone di realizzare "personal belonging": oggetti unici e innovativi, espressione diretta delle esperienze e dei gusti delle persone indipendenti. Secondo la filosofia del brand:

- L'INDIPENDENTE è un uomo libero, è colui che non ha timore di essere se stesso: è un beauty seeker, sceglie la "bellezza" a prescindere da griffe, marche ecc.
- L'INDIPENDENTE rifiuta l'omologazione di massa, anzi utilizza la propria creatività e fantasia per mixare stili diversi e si rende riconoscibile attraverso i dettagli.

Segue

- L'INDIPENDENTE è un passionale, non è indifferente alla realtà che lo circonda, ma la osserva e ne coglie i frammenti più rilevanti.
- L'INDIPENDENZA è quindi un mindset. Trascende l'età, la nazionalità, la cultura, la religione, il sesso. Stile, qualità e artigianalità.

Sever, il primo prodotto di I-I, è il primo occhiale realizzato interamente in carbonio ed è stato prodotto interamente in Italia. Tutti i personal belonging Italia Independent sono concepiti, sviluppati e prodotti al 100% in Italia.

Innestare velocità all'artigianalità. Italia Independent crede nel made in Italy inteso come cura nei dettagli, qualità, stile, semplicità e processi produttivi artigianali. Sever è costruito a mano da abili ed esperti artigiani. Tutti i prodotti Italia Independent sono venduti prevalentemente in rete, sul sito www.italiaindependent.com, e in pochi selezionati fashion store europei partner del progetto I-I. [...] L'occhiale è stato scelto come primo personal belonging, per rivelare simbolicamente la visione del marchio Italia Independent.

Sostituire la naturale imperfezione alla soporifera (e spesso simulata) eccellenza. Siamo umani. Siamo una forza. Perché siamo naturali. E quindi imperfetti. Basta con la qualità totale vista come concetto guida di un prodotto. Le persone indipendenti riconoscono un plus nella naturalità e nella congenita imperfezione. I prodotti I-I, per i materiali utilizzati e per il processo produttivo artigianale, saranno diversi l'uno dall'altro, ognuno con piccole imperfezioni – il più delle volte impercettibili – e per questo unici. Le persone indipendenti non sono perfette, e perciò preferiscono circondarsi di cose uniche e imperfette che rappresentino la loro complessa identità. [...]

Italia Independent è quindi una sfida. Una sfida al mercato, alle convenzioni e ai vetusti stereotipi. Be independent. Italia Independent: made in Italy 2.0.

Fonte: www.italiaindependent.com

Verso il "societing": la scuola del marketing mediterraneo[1]

Come abbiamo detto, i consumatori cercano marche in grado di contribuire alla creazione della loro identità fornendo importanti elementi simbolici e culturali (Arnould e Thompson, 2005); le marche diventano per loro una forma di espressione culturale, con molti punti in comune con altri beni dell'industria della cultura (musi-

[1] Si ringraziano Simona Romani e Daniele Dalli per il contributo offerto alla redazione di questo paragrafo.

ca, tv, cinema ecc.). Le marche di successo sono quelle che meglio realizzano questo progetto: quello di riuscire a creare mondi in grado di stimolare, provocare, ispirare l'immaginazione del consumatore, in grado di aiutarlo a interpretare la cultura che lo circonda e a trovare una collocazione soddisfacente al suo interno. Questo, tuttavia, non sempre risulta sufficiente a garantire un successo durevole, poiché, a parità di importanza in termini di contributo culturale, i consumatori preferiscono le marche di imprese che si dimostrano capaci di soddisfare le loro aspettative civiche, che si comportano come se fossero membri della comunità locale, al pari dei commercianti tradizionali, di cui quindi possono fidarsi (Holt, 2002).

In questo processo di costruzione di una nuova forma di autenticità, in cui sempre più importanza hanno le qualità etiche e culturali delle imprese che commercializzano la marca, che deve trasformarsi in una vera e propria risorsa culturale in grado di ispirare e stimolare i consumatori, un importante contributo può essere fornito dalle imprese che si ispirano ai principi del marketing mediterraneo.

Questa nuova scuola del marketing – che, si badi bene, non deve essere scambiata per una tecnica di marketing non-convenzionale! – è stata creata da un gruppo di ricerca italo-francese e propone uno stile di *marketing nostrum*, basato sul bagaglio valoriale dei Paesi del Mediterraneo. La scuola del Marketing Mediterraneo deve molto a Franco Cassano autore di *Il pensiero meridiano*.

Mentre il marketing anglosassone risponde essenzialmente a una richiesta di individualizzazione e personalizzazione da parte dei consumatori, l'approccio mediterraneo vede soprattutto individui sempre più isolati che cercano di ristabilire un legame sociale arcaico e comunitario. Come si è accennato nella prima parte, la tendenza del consumo postmoderno è quella di andare verso una sorta di "ri-radicamento" al territorio, attraverso la ricerca di radici e legami sociali. Di conseguenza, alcune imprese cercano di ridare valore di legame alle loro offerte di beni, così l'approccio del marketing mediterraneo si interroga sulla capacità dei prodotti e dei servizi offerti dal mondo industriale di sostenere questo legame sociale (Cova, 2003).

Tutto questo, naturalmente, al di fuori di ogni moralismo: l'obiettivo delle imprese resta sempre quello di generare profitti, ma è giusto che tali profitti si generino senza danneggiare la società.

L'azienda orientata al marketing mediterraneo si comporta come un cittadino responsabile all'interno della società. Questa posizione moderata dell'azienda produce una strategia più comprensiva e meno utilitaristica, senza imporre una riflessione semplicistica in termini di azioni sul mercato, o di risposte ai consumatori. Richiede invece un apprendimento più complesso della presenza aziendale nella società, e delle sue interrelazioni con l'insieme degli attori, cioè una prospettiva socialmente pertinente dell'interfaccia tra i clienti, l'azienda e l'insieme dei punti forti, commerciali e no. Tutto ciò è ben espresso dal termine *societing* (Badot, Bucci e Cova, 1993), proposto all'inizio degli anni Novanta per sostituire la parola "marketing", il che impone di rivedere anche tutta una serie di funzioni/dinamiche di marketing che si rivolgono a un target di mercato. Oggi sul palcoscenico non ci sono più il mercato e il target, ma la società e i suoi problemi.

I problemi maggiori della nostra società sono legati essenzialmente alla globalizzazione e alle conseguenze (negative) dei consumi, e il Mediterraneo li mostra quotidianamente (le navi degli immigrati, il riscaldamento della Terra, la sostenibilità, la criminalità, i cibi velenosi, l'inquinamento, la miseria, i fondamentalismi). «Ci troviamo nell'età dell'addio alla tradizione occidentale. Gli dei sono scappati. Incomincia a flettersi la straordinaria ricchezza della tradizione occidentale: filosofia, cristianesimo, forme economiche e politiche. Ci troviamo in una delle fasi più straordinarie della storia dell'uomo» (Severino, 2007). Come fare allora a occuparsi di marketing dei problemi? Come dice Ampelio Bucci (2006, pp. 7-25):

- prima di tutto individuando alcuni problemi su cui è possibile intervenire. Questa sarebbe già una bellissima cosa: occuparsi di *problem setting* e non sempre solo di *problem solving*;
- spesso si tratta di problemi di minoranze verso maggioranze, di piccoli verso grandi. C'è tutto il territorio della sopravvivenza dei "piccoli" (le piccole imprese, i negozi, l'artigianato, i distretti, gli operatori turistici, la ristorazione, i prodotti agricoli ecc.) contro lo strapotere della globalizzazione, dell'omologazione e delle multinazionali (le quali sono ormai entità virtuali solo finanziarie, e quindi senza etica);

– ma ci sono anche problemi più gravi. Risparmio energetico, sostenibilità, fasce deboli delle popolazioni, problemi sociali di minoranze verso maggioranze. E il Mediterraneo è proprio il mare che collega minoranze ecc. Tutti temi in cui marketing, comunicazione (oltre che design) possono dare un contributo.

In questo senso, Bucci ci propone di rivisitare il movimento Slow Food. Slow Food è un esempio etico di difesa delle biodiversità e delle culture deboli che funziona e che ha inventato un nuovo tipo di marketing più mediterraneo. Lo Slow Food non è nato da un progetto finalizzato al business ma da una rivoluzione etica rispetto alla realtà esistente. Ha un pensiero molto pratico: «Basta col cibo cattivo anche ai festival popolari, la pasta scotta o fredda, i cuochi improvvisati e così via, con la scusa che l'importante è stare insieme. Così buttiamo via la nostra cultura millenaria, le diversità della nostra cucina popolare, la sapienza delle nostre contadine e perdiamo a poco a poco la capacità di capire le differenze fra il buono e il cattivo. Così apriamo la strada al cibo industriale sempre più uguale. Dietro al fast food c'è una nuova civiltà con un unico valore: il profitto» (Petrini e Padovani, 2005). Ma ha anche un pensiero strategico: Slow Food si contrappone alla standardizzazione del gusto, tutela le identità culturali legate alle tradizioni alimentari e gastronomiche, si impegna nella salvaguardia dei cibi, delle tecniche colturali e di trasformazione ereditate dalla tradizione; lotta per la difesa della biodiversità delle specie coltivate e selvatiche, nonché per la protezione di luoghi conviviali che per il loro valore storico, artistico o sociale fanno parte anch'essi del patrimonio gastronomico.

Slow Food non è solo un'idea ma un movimento operativo perché, come dice il suo fondatore Carlo Petrini: «la parola che non cerca di diventare azione è una cattiva parola». Infatti è stata impostata un'attività molto determinata, che possiamo definire di marketing perché occupa i territori della relazione fra offerta e domanda.

Così Camper, l'azienda spagnola di calzature che nasce nel Mediterraneo, area di integrazione di culture e di diversità, e che esprime al meglio la sintesi creativa di valori del "pensiero di costa". Come spiegano Simona Romani e Daniele Dalli, Camper considera di centrale importanza il rispetto della tradizione e delle proprie origini rurali, declinandole sulla base di bisogni attuali, ossia attribuendo loro un nuovo significato alla luce dei cambiamenti intervenuti nell'età moderna, dovuti al progresso e all'innovazione. Si tratta di una rielaborazione della tradizione sulla base di una sua permanente interazione con la modernità. Ecco allora che emergono le declinazioni premoderne di sobrietà (ridurre, riusare, riparare), riprese in chiave postmoderna con il ricorso a nuovi processi produttivi capaci di favorire risparmi di materiali ed energia, a materiali riciclati e riciclabili, a prodotti semplici, essenziali e modesti. Ancora, il rispetto per la natura e per l'ambiente viene riconsiderato tramite l'uso di materiali ecologici e naturali.

Box 13.5 **Camper un brand mediterraneo**

Antonio Fluxà ha fondato l'azienda di scarpe Camper nel 1877 sull'isola di Majorca. Suo nipote Lorenzo ha intrapreso un percorso di modernizzazione durante gli anni Settanta. Camper significa "contadino" in catalano, e le sue origini sono fermamente radicate nella Spagna rurale. Camper è ancora un'azienda familiare che è diventata un brand internazionale. La marca segue le mode ed è orgogliosa di essere guidata dall'amore per il design.

Il direttore creativo Shubhankar Ray ha creato uno stile non-convenzionale che si basa sul concetto di "The Walking Society" (TWS). Al suono del claim "Walk don't Run", Camper invita a riflettere sull'ambiente che ci circonda, su ciò che mangiamo e sulle scarpe che indossiamo in contrapposizione al "Just do it" di Nike, che ci fa credere che siamo tutti atleti, o almeno frequentatori assidui della palestra, che amano mettere alla prova la propria resistenza fisica, superare i propri limiti e sudare.

Shubhankar Ray così spiega: «Mettendo in mostra il Mediterraneo e i suoi caratteri più veri possiamo rafforzare l'origine geografica di Camper, l'autenticità del suo retaggio e la sua vera identità. È importante per Camper restare fedele alle proprie radici e alla propria indole, per differenziare il brand e proporre un'alternativa al modello di globalizzazione e consumo di matrice angloamericana, per il quale tutti sono sexy e cool, e devono aspirare a qualcosa».

Fondata su valori mediterranei, Camper è un brand che offre al consumatore un sistema culturale autentico che può contribuire alla ricerca della propria identità. Camper rispetta le regole civiche, come un buon membro di una comunità. E tutto questo non certo a discapito dei risultati aziendali: nel 2004, infatti, Camper ha venduto circa 3 milioni di paia di scarpe, con un fatturato di oltre 180 milioni di dollari, con una crescita annua del 7 per cento. E continua regolarmente ad aprire negozi in giro per il mondo.

La difesa della lentezza è un altro tema centrale per Camper, con il suo motto "Walk don't Run" (è disponibile il video, vedi "ShotCode" in appendice). Contro una delle ossessioni più forti della modernità quale la velocità, Camper vuole recuperare il piacere di camminare a piedi, o meglio ancora di passeggiare. La comunicazione Camper suggerisce infatti ad ogni individuo di riappropriarsi di ritmi lenti, di riscoprire la riflessione, la quiete, le pause, il senso della socialità, il contatto con la natura. Come osserva Cassano (1998, p. 88): «Se si vuole tornare in superficie per respirare dopo una lunga apnea, è necessario l'ossigeno del Sud, quello che spinge non a distruggere le macchine, ma a scendere da esse e ad andare a piedi, senza l'ossessione del dominio progettante». Per Camper camminare significa viaggiare, recarsi da un luogo a un altro; in senso metaforico, significa avanzare, evolvere (The Walking Society, 2003). Tuttavia, non si tratta di un avanzare lineare e veloce, ma di qualcosa da realizzare senza un impegno preciso, perché ci si può fermare prima dell'arrivo, si può cambiare percorso, prendere una strada secondaria, fare una digressione ecc.

Infine, la rivalutazione del Mediterraneo è realizzata da Camper affidandosi per la produzione a laboratori artigiani nonché utilizzando materie prime naturali che si possono trovare sull'isola di Majorca: lana, pelle, cocco. Produrre direttamente nel luogo di origine e sfruttare le risorse disponibili localmente rappresenta secondo Camper una garanzia, un'importante tutela per mantenere una forte identità di marca e differenziarla rispetto ai concorrenti nel settore.

Camper fa un tentativo di rielaborazione mediterranea del suo brand, usando i temi mediterranei per favorire il recupero di un rapporto poetico e sentimentale (*re-enchantement*) tra il consumatore e i suoi prodotti (Firat e Venkatesh, 1995), dopo un lungo periodo di solo dominio di tecnica e innovazione. In questo senso, Camper cessa di essere solo una marca di scarpe e intraprende la complessa ma promettente strategia di costruire uno stile, una filosofia di vita, un modo di pensare e soprattutto un modo di camminare (da *lifestyle* a *mindstyle* attraverso un *walkstyle*). Questa strada è stata percorsa da altre marche, nel recente passato, per esempio dalla giapponese Muji, che ha fatto dello stretto legame tra valori culturali e morali, luogo di provenienza, minimalismo stilistico e rispetto dell'ambiente un manifesto che sembra aver conseguito ormai un livello di accettazione internazionale consolidato. La sfida sembra assai impegnativa, al punto che sulla scatola delle Camper, tra le altre cose, si legge: "Come nei miti antichi, Camper è un moderno Davide, che sfida con qualità, ironia e immaginazione il Golia dello stile e del fashion".

E proprio di Davide contro Golia si tratta se si guarda all'iniziativa di Nike Considered. La nuova linea eco-compatibile di Nike esce all'inizio del 2005, in risposta all'accresciuta sensibilità ambientale ed etica dei consumatori, ma anche in risposta alle iniziative di aziende come Camper, o di istituzioni del consumo critico, quale Adbusters, il cui leader (Kalle Lasn) nel 2003 ha lanciato il progetto di *sneaker* etico (Blackspot) come iniziativa anti-Nike, suggerita anche nel titolo dato alla scarpa: *the Unswoosher.*

Un altro slogan importante per Camper è: "A little better, never perfect"; si tratta di un approccio al mercato decisamente moderato e non aggressivo. Camper non afferma di essere la marca migliore o quella perfetta, riconosce i propri limiti, ma comunica ai suoi interlocutori di impegnarsi a fare sempre meglio. Questa umiltà può sicuramente contribuire a rendere la marca più vicina ai propri consumatori, più simpatica, accrescendo così la condivisione e l'approvazione nei confronti dei valori che Camper propone. In questa direzione si colloca un modo di fare marketing non invasivo, distante dalle pressioni tipiche dei mercati di massa: è l'idea dello shopper disegnato dal design spagnolo Martì Guixé e distribuito nei negozi Camper, che ha stampato sopra lo slogan "Se non ti servono, non comprarle", una scelta decisamente non convenzionale, ma assolutamente in linea con alcuni dei temi discussi in precedenza in merito al pensiero meridiano. Da quanto detto, Camper sembra in effetti un *citizen artist brand* secondo la definizione fornita da Holt (2002): un brand che fornisce al consumatore (facendo leva su valori mediterranei) un sistema culturale originale in grado di contribuire ai suoi progetti identitari, nonché una marca in grado di rispettare le obbligazioni civiche e che quindi si comporta come un buon membro di una comunità.

Appendici

Le 95 tesi del Cluetrain Manifesto[1]

1. I mercati sono conversazioni.
2. I mercati sono fatti di esseri umani, non di segmenti demografici.
3. Le conversazioni tra esseri umani *suonano* umane. E si svolgono con voce umana.
4. Sia che fornisca informazioni, opinioni, scenari, argomenti contro o divertenti digressioni, la voce umana è sostanzialmente aperta, naturale, non artificiosa.
5. Le persone si riconoscono l'un l'altra come tali dal suono di questa voce.
6. Internet permette delle conversazioni tra esseri umani che erano semplicemente impossibili nell'era dei mass media.
7. Gli iperlink sovvertono la gerarchia.
8. Sia nei mercati *inter*connessi sia tra i dipendenti delle imprese *intra*connesse, le persone si parlano in un nuovo modo. Molto più efficace.
9. Le conversazioni in rete stanno facendo nascere nuove forme di organizzazione sociale e un nuovo scambio della conoscenza.
10. Il risultato è che i mercati stanno diventando più intelligenti, più informati, più organizzati. Partecipare a un mercato in rete cambia profondamente le persone.
11. Nei mercati in rete le persone hanno capito che possono ottenere informazioni e sostegno più tra di loro, che da chi vende. Lo stesso vale per la retorica aziendale circa il valore aggiunto ai loro prodotti di base.
12. Non ci sono segreti. Il mercato online conosce i prodotti meglio delle imprese che li fanno. E se una cosa è buona o cattiva, comunque lo dicono a tutti.
13. Ciò che accade ai mercati accade anche a chi lavora nelle imprese. L'entità metafisica chiamata "L'Azienda" è la sola cosa che li divide.
14. Le imprese non parlano con la stessa voce di queste nuove conversazioni

[1] *Fonte:* Locke e al. (2001). Traduzione italiana a cura di Luisa Carrada, www.mestiere discrivere.com

in rete. Vogliono rivolgersi a un pubblico online, ma la loro voce suona vuota, piatta, letteralmente inumana.

15. Appena tra qualche anno, l'attuale "omogeneizzata" voce del business – il suono della missione aziendale e delle brochure – sembrerà artefatta e artificiale quanto il linguaggio della corte francese nel Settecento.
16. Le imprese che parlano il linguaggio dei ciarlatani già oggi non stanno più parlando a nessuno.
17. Se le imprese pensano che i loro mercati online siano gli stessi che guardavano le loro pubblicità in televisione, si stanno prendendo in giro da sole.
18. Le imprese che non capiscono che i loro mercati sono ormai una rete tra singoli individui, sempre più intelligenti e coinvolti, stanno perdendo la loro migliore occasione.
19. Le imprese possono ora comunicare direttamente con i loro mercati. Se non lo capiscono, potrebbe essere la loro ultima occasione.
20. Le imprese devono capire che i loro mercati ridono spesso. Di loro.
21. Le imprese dovrebbero rilassarsi e prendersi meno sul serio. Hanno bisogno di un po' di senso dell'umorismo.
22. Avere senso dell'umorismo non significa mettere le barzellette nel sito web aziendale. Piuttosto, richiede grandi valori, un po' di umiltà, un discorso onesto e un sincero punto di vista.
23. Le imprese che cercano di "posizionarsi" devono *prendere* posizione. Nel migliore dei casi, su qualcosa che interessi davvero il loro mercato.
24. Vanterie ampollose del tipo "Siamo posizionati per essere il primo fornitore di XYZ" non costituiscono un posizionamento.
25. Le imprese devono scendere dalla loro torre d'avorio e parlare con la gente con la quale vogliono entrare in contatto.
26. Le pubbliche relazioni non si relazionano con il pubblico. Le imprese hanno una paura tremenda dei loro mercati.
27. Parlando con un linguaggio lontano, poco invitante, arrogante, tengono i mercati alla larga.
28. Molti programmi di marketing si basano sulla paura che il mercato possa vedere cosa succede realmente all'interno delle imprese.
29. Elvis l'ha detto meglio di tutti: "Non possiamo andare avanti sospettandoci a vicenda".
30. La fedeltà a una marca è la versione aziendale della coppia fissa, ma la rottura è inevitabile ed è in arrivo. Poiché sono in rete, i mercati intelligenti possono rinegoziare la relazione con incredibile rapidità.
31. I mercati in rete possono cambiare fornitore dalla sera alla mattina. I lavoratori della conoscenza in rete possono cambiare datore di lavoro nel tempo dell'intervallo del pranzo. Le vostre "iniziative di downsizing" ci hanno insegnato a domandarci "La fedeltà? Cos'è?".
32. I mercati intelligenti troveranno i fornitori che parlano il loro stesso linguaggio.

33. Imparare a parlare con voce umana non è un gioco di società. E non può essere improvvisato a un qualsiasi convegno solo per darsi un tono.
34. Per parlare con voce umana, le imprese devono condividere i problemi della loro comunità.
35. Ma prima, devono appartenere a una comunità.
36. Le imprese devono chiedersi dove finisce la loro cultura di impresa.
37. Se la loro cultura finisce prima che inizi la comunità, allora non hanno mercato.
38. Le comunità umane sono basate sulla comunicazione – su discorsi umani su problemi umani.
39. La comunità della comunicazione *è* il mercato.
40. Le imprese che non appartengono a una comunità della comunicazione sono destinate a morire.
41. Le imprese fanno della sicurezza una religione, ma si tratta in gran parte di una manovra diversiva. Più che dai concorrenti, la maggior parte si difende dal mercato e dai suoi stessi dipendenti.
42. Come per i mercati in rete, le persone si parlano direttamente anche *dentro* l'azienda – e non proprio di regole e regolamenti, comunicazioni della direzione, profitti e perdite.
43. Queste conversazioni si svolgono oggi sulle Intranet aziendali. Ma solo quando ci sono le condizioni.
44. Di solito le imprese impongono l'Intranet dall'alto, per distribuire documenti sulla politica del personale e altre informazioni aziendali che i dipendenti fanno del loro meglio per ignorare.
45. Le Intranet emanano noia. Le migliori sono quelle costruite dal basso da singole persone che si impegnano per dare vita a qualcosa di molto più valido: una conversazione aziendale in rete.
46. Una Intranet in buona salute *organizza* i dipendenti nel più ampio significato del termine. Il suo effetto è più radicale di qualsiasi piattaforma sindacale.
47. Se questo spaventa a morte le imprese, è pur vero che esse dipendono fortemente dalle Intranet aperte per far emergere e condividere le conoscenze più importanti. Devono resistere all'impulso di "migliorare" o tenere sotto controllo queste conversazioni in rete.
48. Quando le Intranet aziendali non sono condizionate da timori o da un eccesso di regole, incoraggiano un tipo di conversazione molto simile a quella dei mercati in rete.
49. Gli organigrammi funzionavano nella vecchia economia, in cui i piani dovevano essere ben compresi da tutta la piramide gerarchica e dettagliati piani di lavoro potevano scendere dall'alto.
50. Oggi l'organigramma è fatto di link, non di gerarchie. Il rispetto per la conoscenza vince su quello per l'autorità astratta.
51. Gli stili di management basati sul comando e sul controllo derivano dalla

burocrazia e al tempo stesso la rafforzano. Il risultato sono la lotta per il potere e una cultura d'impresa paranoica.

52. La paranoia uccide la conversazione. Questo è il punto. Ma la mancanza di conversazione uccide le imprese.
53. Ci sono due conversazioni in corso: una all'interno dell'azienda, l'altra con il mercato.
54. Nella maggior parte dei casi, nessuna delle due va bene. Quasi sempre, alla base del fallimento ci sono le vecchie idee di comando e controllo.
55. Come politica d'impresa, queste idee sono velenose. Come strumenti, sono fuori uso. Comando e controllo sono visti con ostilità dai lavoratori della conoscenza e con sfiducia dai mercati online.
56. Queste due conversazioni vogliono parlare *l'una con l'altra*. Parlano lo stesso linguaggio. Si riconoscono l'un l'altra dalla voce.
57. Le imprese intelligenti si faranno da parte per far accadere l'inevitabile il prima possibile.
58. Se la volontà di farsi da parte è presa come parametro del quoziente di intelligenza, allora veramente poche imprese si mostrano rinsavite.
59. Seppur subliminalmente, milioni di persone sulla rete percepiscono ormai le imprese come strane finzioni legali che fanno di tutto perché queste due conversazioni non s'incontrino.
60. Questo è suicidio. I mercati *vogliono* parlare con le imprese.
61. È triste, ma la parte di azienda con cui i mercati vogliono parlare è spesso nascosta dietro una cortina di fumo, il cui linguaggio suona falso – e spesso lo è.
62. I mercati non vogliono parlare con ciarlatani e venditori ambulanti. Vogliono partecipare alle conversazioni che si svolgono dietro i firewall delle imprese.
63. Sveliamoci e parliamo di noi: quei mercati siamo *noi*. Vogliamo parlare con *voi*.
64. Vogliamo accedere alle vostre informazioni, ai vostri progetti, alle vostre strategie, ai vostri migliori cervelli, alle vostre vere conoscenze. Non ci accontentiamo delle vostre brochure a 4 colori, né dei vostri siti internet sovraccarichi di bella grafica ma senza alcuna sostanza.
65. Noi siamo anche i dipendenti che fanno andare avanti le vostre imprese. Vogliamo parlare ai clienti direttamente, con le nostre voci e non con i luoghi comuni delle brochure.
66. Come mercati, come dipendenti, siamo stufi a morte di ottenere le informazioni da un lontano ente di controllo.
67. Come mercati, come dipendenti, ci domandiamo perché non ci ascoltate. Sembrate parlare una lingua diversa.
68. Il linguaggio tronfio e gonfio con cui parlate in giro – sulla stampa, ai congressi – cos'ha a che fare con noi?
69. Forse fate una certa impressione sugli investitori. Forse fate una certa impressione in Borsa. Ma su di noi non fate alcuna impressione.

70. Se non fate alcuna impressione su di noi, i vostri investitori possono andare a fare un bagno. Non lo capiscono? Se lo capissero, non vi *lascerebbero* parlare così.
71. Le vostre vecchie idee di "mercato" ci fanno alzare gli occhi al cielo. Non ci riconosciamo nelle vostre previsioni – forse perché sappiamo di stare già da un'altra parte.
72. Questo nuovo mercato ci piace molto di più. In effetti, lo stiamo creando noi.
73. Siete invitati, ma è il nostro mondo. Levatevi le scarpe sulla soglia. Se volete trattare con noi, scendete dal cammello.
74. Siamo immuni dalla pubblicità. Semplicemente, dimenticatela.
75. Se volete che parliamo con voi, diteci qualcosa. Tanto per cambiare, fate qualcosa di interessante.
76. Abbiamo qualche idea anche per voi: alcuni nuovi strumenti, alcuni nuovi servizi. Roba che pagheremmo volentieri. Avete un minuto?
77. Siete troppo occupati nel vostro business per rispondere a un'e-mail? Oh, spiacenti, torneremo. Forse.
78. Volete i nostri soldi? Noi vogliamo la vostra attenzione.
79. Interrompete il viaggio, uscite da quell'autocoinvolgimento nevrotico, venite alla festa.
80. Niente paura, potete ancora fare soldi. A patto che non sia l'unica cosa che avete in mente.
81. Avete notato che di per sé i soldi sono qualcosa di noioso e a una sola dimensione? Di cos'altro possiamo parlare?
82. Il vostro prodotto si è rotto. Perché? Vorremmo parlare col tipo che l'ha fatto. La vostra strategia aziendale non significa niente. Vorremmo scambiare due parole con l'amministratore delegato. Che vuol dire che "non c'è"?
83. Vogliamo che prendiate sul serio 50 milioni di noi almeno quanto prendete sul serio un solo reporter del *Wall Street Journal*.
84. Conosciamo alcune persone della vostra azienda. Sono piuttosto bravi online. Ne nascondete altri, di bravi? Possono uscire ed entrare in gioco anche loro?
85. Quando abbiamo delle domande, ci cerchiamo l'un l'altro per le risposte. Se non esercitaste un tale controllo sulle "vostre persone", sarebbero anche loro tra le persone che cercheremmo.
86. Quando non siamo occupati a fare il vostro "mercato target", molti di noi *sono* le vostre persone. Preferiamo chiacchierare online con gli amici che guardare l'orologio. Questo farebbe conoscere il vostro nome molto di più del vostro sito internet da un milione di dollari. Ma siete voi a dirci che è la Divisione Marketing che deve parlare al mercato.
87. Ci piacerebbe che sapeste cosa sta succedendo qui. Sarebbe davvero bello. Ma sarebbe un grave errore pensare che ce ne stiamo con le mani in mano.

88. Abbiamo di meglio da fare che preoccuparci se riuscirete a cambiare in tempo. Il business è solo una parte della nostra vita. Sembra essere invece tutta la vostra. Pensateci: chi ha bisogno di chi?
89. Il nostro potere è reale e lo sappiamo. Se non riuscite a vedere la luce alla fine del tunnel, arriverà qualcuno più attento, più interessante, più divertente con cui giocare.
90. Anche nel peggiore dei casi, la nostra nuova conversazione è più interessante della maggior parte delle fiere commerciali, più divertente di ogni sitcom televisiva, e certamente più vicina alla vita di qualsiasi sito web aziendale.
91. Siamo leali verso noi stessi, i nostri amici, i nostri nuovi alleati, i nostri conoscenti, persino verso i nostri compagni di battute. Le imprese che non fanno parte di questo mondo non hanno nemmeno un futuro.
92. Le imprese stanno spendendo miliardi di dollari per il problema dell'Anno 2000. Come fanno a non sentire la bomba a orologeria nei loro mercati? La posta in gioco è persino più alta.
93. Siamo dentro e fuori le imprese. I confini delle nostre conversazioni sembrano il Muro di Berlino di oggi, ma in realtà sono solo una seccatura. Sappiamo che stanno crollando. Lavoreremo da entrambe le parti per farle *venire giù*.
94. Alle imprese tradizionali le conversazioni online possono sembrare confuse. Ma ci stiamo organizzando più rapidamente di loro. Abbiamo strumenti migliori, più idee nuove, nessuna regola che ci rallenti.
95. Ci stiamo svegliando e ci stiamo linkando. Stiamo a guardare, ma non ad aspettare.

Glossario

Advergame: si tratta di giochi interattivi progettati e distribuiti dalle aziende per intrattenere gli utenti mentre sono esposti alla pubblicità di brand, prodotti o servizi. Un progetto ben riuscito può innescare meccanismi di viralità, vale a dire di diffusione spontanea del gioco.

Advertainment: è un neologismo, composto dalle parole *advertising* (pubblicità) ed *entertainment* (intrattenimento), quest'ultima dal latino *intra-tenere*. Indica la capacità di "tenere dentro": ovvero catturare l'attenzione e mantenerla all'interno di un ambiente o di un'esperienza. Allo stesso modo sono nati i concetti di *infotainment*, nel campo della informazione, e di *edutainment*, in quello della formazione. Dal punto di vista del marketing, il termine denota una spiccata capacità non solo di attirare l'attenzione, ma anche di gratificarla.

Alternate reality games (ARG): giochi cross-mediali che mescolano l'esperienza del videogioco con la vita reale in una specie di caccia al tesoro a base di interattività, multimedia ed entertainment, realtà e mondi virtuali.

Authenticity marketing: vedi *retro-marketing*.

Ambient marketing (*ambient advertising* o *place-based advertising*): consiste nell'adoperare l'ambiente fisico come mezzo di comunicazione per veicolare messaggi di brand o prodotti, in contesti alternativi, in cui vi è un basso affollamento di messaggi pubblicitari. Un buon esempio italiano è quello realizzato dall'agenzia AdmCom per il Casinò di Venezia, che ha trasformato il nastro trasportatore di bagagli in un'enorme roulette.

Anti-marketing: atteggiamento di rifiuto del marketing e della pubblicità invasiva che, secondo gli *anti-marketer*, sono espressione di commercialismo, consumo e materialismo.

Avatar: rappresentazione grafica dell'utente internet in ambienti di realtà virtuale.

Beta: con beta, si intende la prima versione di un software rilasciata da un'azienda o da una comunità di sviluppatori al fine di testarla e migliorarla attraverso i feedback degli utenti.

Blog: contrazione delle parole *web* e *log*. È un sito internet il cui contenuto è generato dall'utente in stile diaristico. La struttura è costituita, solitamente, da un programma di pubblicazione guidata che consente di creare automaticamente una pagina web, anche senza conoscere necessariamente il linguaggio di programmazione di un sito. I lettori e i navigatori hanno la possibilità di scrivere i loro commenti e lasciare messaggi all'autore del blog, detto *blogger*.

Blogosfera: neologismo che indica l'insieme dei blog e delle loro connessioni. Così come le *media relation* sono indirizzate alle testate giornalistiche, con *blogosfera relation*, si indica quell'insieme di attività realizzate dall'azienda al fine di costruire relazioni con i blogger.

Blogroll: sistema con il quale i vari blog si integrano e si scambiano informazioni e contenuti. Può riguardare semplicemente la lista dei blog che l'autore segue, e/o alcune aggregazioni di RSS (vedi) per importare i contenuti di altri blog nel proprio.

Brand blogging: blog predisposto dall'azienda o creato autonomamente dagli utenti della rete come luogo virtuale ove reperire informazioni, scambiarsi opinioni e instaurare conversazioni intorno a un brand.

Brand hijack: letteralmente, dirottamento della marca (Wipperfürth, 2005). Azioni da parte dei consumatori volte a dirigere l'evoluzione della marca e del suo significato. Tale dirottamento di senso può vedere l'impresa come vittima o come promotrice. Riconoscendo infatti il potere della comunità sulla marca, l'impresa può co-creare il significato della marca insieme alla tribù di consumatori.

Brand momentum: il "momento", detto anche impulso, è un concetto mutuato dalla fisica. Esso misura la capacità di un corpo di modificare il movimento di altri corpi con cui interagisce dinamicamente. Applicato al brand, si riferisce alla capacità di quest'ultimo di "creare movimento" nella società, di influenzare la cultura, di generare entusiasmo.

Branded entertainment: si tratta di "intrattenimento brandizzato" che si basa sull'alleanza tra il brand e i produttori di contenuti di intrattenimento: film, programmi tv, radio, piéce teatrali. Da non confondere con la semplice collocazione di una marca all'interno di un prodotto televisivo o cinematografico (*product placement*).

Buzz marketing: il buzz (letteralmente "ronzio") è un tipo di passaparola che avviene ad altissima frequenza come effetto di una buona campagna di marketing non-convenzionale. Con buzz marketing generalmente si intende un insieme di attività di marketing online e offline, finalizzate ad alimentare le conversazioni delle persone attorno alla marca e alle sue attività di comunicazione.

Camouflage: tecnica di comunicazione guerriglia che per il perseguimento dei propri scopi utilizza il travestimento servendosi di forme e mezzi espressivi estetici propri del linguaggio dominante per abbattere le barriere comunicative ed essere ascoltato. Un esempio di camouflage è il collegamento che la band anarchica Chumbawamba fa tra mainstream pop, melodie orecchiabili e testi esplicitamente anarchici.

Cause related marketing: strategia di marketing che associa l'acquisto di uno o più prodotti dell'azienda all'attività di raccolta fondi per scopi umanitari finalizzati a progetti e iniziative di interesse collettivo. L'effetto generato da questa tipica forma di collaborazione tra imprese profit e non profit è rilevabile in termini di miglioramento dell'immagine aziendale.

Consumer Culture Theory (CCT): comprende un insieme di filoni di ricerca accomunati dall'obiettivo di capire il consumo in relazione ai suoi significati culturali, alle interferenze socioculturali e alle dinamiche sociali che contribuiscono a plasmarlo (Arnould e Thompson, 2005). La CCT è centrata sulle dimensioni esperienziali e socioculturali del consumo, che includono vari aspetti più specifici, come consumo simbolico, pratiche rituali, attribuzione di significati ai prodotti e ai brand e confini simbolici che strutturano le identità personali e collettive dei consumatori.

Chrono-marketing: complesso di attività che assume come principale variabile la gestione del tempo per rispondere al fenomeno del nomadismo dei consumatori e interpretarne i bisogni. È chiamato anche *time-based marketing*.

Cluetrain Manifesto: testo rivoluzionario lanciato in rete nel 1999 da un drappello di comunicatori con in testa Rick Levine, già consulente di IBM. Il Manifesto, che invita a una riforma luterana del linguaggio con cui comunicano le aziende nell'era di Internet, analizza i cambiamenti che hanno investito il mondo connesso ridefinendo la natura e i processi tipici dei mercati nell'era del Web in termini di "comunicazioni tra persone".

CMS (Content Management System, letteralmente "sistema di gestione dei contenuti"): categoria di sistemi software per organizzare e gestire documenti e altri contenuti.

Co-marketing: abbreviazione di *cooperative marketing*. "Processo attraverso il quale produttori indipendenti, grossisti, dettaglianti, consumatori o una loro combinazione, agiscono in modo collettivo nello svolgere azioni di acquisto, di vendita o entrambe" (Scott, 2001).

Communication guerrilla: tecnica di comunicazione non-convenzionale utilizzata dai movimenti antagonisti per sovvertire i simboli e i modi di comunicazione dominanti. La metafora della guerriglia esprime un particolare approccio tattico: una moltitudine di imboscate puntuali invece di una grande battaglia frontale. La comunicazione guerriglia utilizza due grandi principi: il disorientamento e la sovraidentificazione. Il *disorientamento* cerca di provocare la percezione dello spettatore, modificando in modo imprevisto il normale funzionamento delle forme, delle immagini o di avvenimenti codificati. La *sovraidentificazione* cerca, invece, di produrre un effetto di scandalo e di ridicolo.

Community marketing: tecnica di marketing atta a formare o supportare comunità di consumatori che condividono uno specifico interesse intorno a un brand (per esempio: user group, fan club e forum di discussione). La gestione/animazione della community può avvenire attraverso un community manager coordinato dall'azienda, oppure fornendo supporto esterno, attraverso contenuti e informazioni, supportando eventi ecc.

Contextual marketing: marketing mediante il quale un sistema automatico genera pubblicità su un sito web tenendo presente il contenuto dello stesso. Questo sistema è stato introdotto per la prima volta da Google con Google AdSense.

Convergence marketing: marketing che integra strategie online e offline. Nasce dalla consapevolezza che l'attuale consumatore è come un "centauro", un essere ibrido che utilizza le nuove tecnologie ma è sempre mosso da atavici sentimenti e desideri umani.

Cool hunter: cacciatori di tendenze. Hanno il compito di captare e di scovare stili e tendenze culturali e di consumo che in fase embrionale fermentano nel substrato sociale.

Copyleft: alternativa al copyright ovvero al "diritto d'autore". Il copyleft si oppone alle sue conseguenze restrittive sulla diffusione dei testi, delle immagini, della musica, dei dati, dei codici. Il copyleft è un'astuzia giuridica che utilizza il diritto d'autore per garantire il diritto inalienabile alla copia e alla libera circolazione delle produzioni del lavoro intellettuale.

Counter marketing: insieme di azioni denigratorie intese a ridurre stabilmente la domanda di un prodotto o di un sevizio. È da distinguere dal *demarketing*, volto invece a ridurre la domanda del mercato senza screditare il prodotto o servizio (Scott, 2001).

Creative Commons: organizzazione non profit che offre diverse opzioni di diritto d'autore per autori e artisti. La finalità è quella di evitare l'eccessiva restrizione che le attuali leggi sul copyright creano alla diffusione e alla condivisione delle informazioni.

Creative marketing: complesso di attività di marketing alternative caratterizzate dall'utilizzo di tecniche e di strategie non tradizionali di comunicazione. Esso si avvale di azioni "non-convenzionali" che mirano a stupire il consumatore e ad accrescere la sua curiosità e il suo interesse nei confronti di un prodotto, un servizio o un brand.

Critical Mass: la "massa critica" è un raduno di biciclette che si incontrano durante "coincidenze organizzate". Sfruttando la forza del numero (*massa*) invadono le strade normalmente usate dal traffico automobilistico occupando lo spazio pubblico. Il fenomeno si è sviluppato a partire dal 1992 a San Francisco, dove si svolse la prima Critical Mass.

Cult marketing: complesso di attività e di strategie attuate da un'impresa con lo scopo di generare nei consumatori atteggiamenti di culto, devozione e dedizione intorno a un brand. Il cult marketing cerca di convertire i consumatori ispirandosi ai principi attraverso i quali i culti religiosi guidano da sempre i comportamenti umani.

Cult searcher: lavorando a stretto contatto con il cool hunter, il cult searcher si occupa di sistematizzare i dati da questi raccolti. Applicando metodologie di analisi socio-economiche il cool searcher rielabora i dati e opera attraverso di essi per cercare di evincere possibili nuovi stili, trend e dinamiche di consumo. Questi dati così formalizzati saranno materiale utile per le aziende nelle decisioni relative alla determinazione delle strategie commerciali.

Customer centric marketing: filosofia che in alternativa a un modello *enterprise centric* orienta le proprie attività aziendali in funzione delle esigenze e delle aspettative del cliente ponendo quest'ultimo al centro dei processi strategici e operativi.

Database marketing: gestione e utilizzo del patrimonio informativo aziendale relativo alla clientela attuale e potenziale, che ha l'obiettivo di offrire al mercato un servizio migliore e di stabilire relazioni di lungo periodo.

Dazibao: trascrizione dei termini cinesi che significano letteralmente *giornale [murale] a grandi caratteri*. In origine designava i volantini affissi ai muri durante la Rivoluzione culturale. Si tratta di una composizione che mescola il volantino, il manifesto e il graffito: un testo posto nello spazio pubblico per criticare, denunciare, polemizzare, che riceve risposte a loro volta criticate, cancellate, riscritte sullo stesso supporto.

Détournement: metodo di straniamento creato dai situazionisti negli anni Sessanta in Francia (Guy Debord) e utilizzato nella comunicazione guerrilla. Adoperato in ambito visuale, soprattutto mediante collage o montaggi, esso consiste nel modificare, decontestualizzando e inserendo in una nuova, inconsueta relazione, il modo di vedere oggetti o immagini comunemente conosciuti.

Diffusori: soggetti che diffondono il messaggio ad altri destinatari, innescando dinamiche virali. Sono anche chiamati *sneezer*, *connector*, *e-influential*, soggetti *alpha* ecc.

Eco-marketing (o *enviromental marketing*, *green marketing*, *sustainable marketing*): tipologia di marketing adottata da un'impresa quando intraprende metodiche e tecniche di gestione attraverso le quali la domanda di beni e servizi viene stimolata e soddisfatta nel rispetto dei principi di uno sviluppo sostenibile.

Emotion marketing (o *marketing umorale*): complesso di attività che, agendo sugli stati d'animo del cliente, si pone l'obiettivo di indurre in esso sensazioni positive. Concerne sia l'esperienza di acquisto sia la fruizione del prodotto/servizio.

Empowerment marketing: processo strategico di costruzione di aiuto al consumatore in modo che questi prenda il controllo della sua esperienza di consumo. Il risultato finale è chiamato *consumer empowerment*, ovvero trasferimento di potere al consumatore, il quale può assumere il controllo su temi che lo riguardano (per esempio, esercitando il controllo sui processi decisionali e sull'esperienza del consumo).

Engagement: letteralmente "fidanzamento" oppure "partecipazione". Si tratta di un approccio al marketing che punta al coinvolgimento emotivo dei consumatori più che a quello razionale. Si basa sul dialogo, sull'interazione attiva e cooperativa fra azienda e consumatore.

Environmental marketing: vedi *eco-marketing*.

Ethic marketing: il marketing etico è da intendersi come lo sviluppo del marketing sociale. Impegna l'azienda non solo ad agire nel rispetto dei diritti dei consumatori ma a sviluppare, consolidare e rafforzare politiche esterne e procedure interne corrette (norme sul lavoro, la sicurezza, la salute e l'ambiente).

Ethnic marketing: insieme di strategie e di tecniche di marketing che assume come principale variabile l'etnia di provenienza del consumatore. Il marketing etnico manifesta i primi segni di sviluppo durante il secolo scorso negli Stati Uniti, coerentemente con la visione che lo vede nascere e implementarsi in quei Paesi maggiormente caratterizzati dal multiculturalismo.

Ethno-marketing: uso del metodo etnografico applicato al consumo. Seguendo le tracce indicate da Mead e Malinowski, gli ethno-marketer si integrano in un gruppo o in una famiglia, per il tempo di un'inchiesta, condividendone la quotidianità. Studiano i riti, individuali e collettivi, sia in modo diretto sia svolgendo indagini specifiche sul comportamento dei membri del gruppo.

Evangelist marketing: coltivare evangelisti, sostenitori, volontari e incoraggiarli ad avere un ruolo di leadership attiva nella diffusione e veicolazione del "verbo" connesso a un brand, prodotto o servizio.

Event marketing: sistematica attività di pianificazione e controllo di eventi da parte dell'impresa. Gli eventi sono strumenti di comunicazione in grado di creare un'esperienza unica, non mediata e face-to-face, basata sul coinvolgimento e sull'interazione con il pubblico.

Expeditionary marketing (*marketing da esploratore*): si fonda sul coinvolgimento del cliente nello sviluppo dei prodotti. Avviene attraverso una serie di test di mercato a basso costo a intervalli ravvicinati su clienti pilota, con l'obiettivo di moltiplicare la velocità di adattamento delle funzionalità dei prodotti.

Experience marketing: a differenza del marketing tradizionale che attribuisce importanza soprattutto alle caratteristiche di un prodotto o di un servizio, il marketing esperienziale, teorizzato da Bernd Schmitt, rivolge la sua attenzione al cliente e a migliorare, se non a rendere unica, quella che è la sua esperienza di fruizione o di consumo.

Exponential marketing: complesso di tecniche e di strategie attuate da un'azienda con lo scopo di generare la diffusione esponenziale di un messaggio, attraverso modalità di trasmissione online e offline, secondo un meccanismo virale di propagazione.

Fake e falsificazione: tecnica di guerriglia che consiste nella creazione di falsi. Tecniche per la creazione di un fake possono essere: imitazione, straniamento, invenzione e sovraidentificazione. Un buon fake per essere tale non deve essere riconoscibile ma la sua efficacia si esplica nel momento stesso in cui viene individuata la natura falsa dell'informazione con la conseguente rivelazione dello stesso fake. La formula di un fake è infatti: falsificazione + rivelazione/smentita/confessione.

Family marketing: complesso di strategie e di tecniche di promozione attuate da un'azienda per conquistare e fidelizzare un target composto da clienti-genitori e i loro figli con l'obiettivo principale di aumentare le vendite. La principale differenza con l'*individual marketing* è che, in questo caso, il decisore d'acquisto e il consumatore possono non coincidere. Nel family marketing ci possono essere uno o più decisori e uno o più consumatori.

Flash mob: grande numero di persone che si incontrano in una location predeterminata (*mobilization*) allo scopo di mettere in scena un'animazione prestabilita per poi dissolversi nel nulla (*flash*). Gli organizzatori di un flash mob reclutano i partecipanti via internet e attraverso il passaparola. Ai mobber viene comunicato solamente il luogo dell'evento e come individuare chi distribuirà le istruzioni stampate su cosa i partecipanti dovranno fare.

Folksonomia: in contrasto con la tassonomia, stile di categorizzazione collaborativa dei siti che utilizza parole chiave liberamente scelte dagli utenti, dette *tag*.

Free party: festa techno libera. Libera perché gratuita o a prezzo libero, e perché abusiva (organizzata in autogestione, al di fuori del controllo delle autorità e del sistema commerciale). Per una notte, si requisisce un campo, una zona industriale, una strada che si trasformano in zona di festa. Il primo step dell'organizzazione consiste nella distribuzione di migliaia di inviti che annunciano il free party, senza precisarne il luogo. Questi volantini segnalano una casella vocale (infoline), che fornisce indicazioni per trovare il luogo.

Gay marketing: complesso di tecniche e di strategie di mercato attraverso le quali le aziende intendono conquistare e fidelizzare un target omosessuale. Molte imprese hanno individuato in esso un numero considerevole di Dink (*dual income no kids*, "doppio reddito senza figli") la cui disponibilità economica è molto interessante per le aziende.

Geo-marketing: metodologia innovativa basata sull'analisi territoriale, che consente di conoscere a fondo i mercati locali di riferimento e di visualizzarne direttamente i fenomeni. Il geo-marketing consente di definire delle micro-aree territoriali che distinguono l'intero mercato per livelli quali-quantitativi di domanda e potenziali di assorbimento dei prodotti o servizi (Scott, 2001).

Graffiti: rappresentazioni pittoriche solitamente non autorizzate realizzate in spazi pubblici dai cosiddetti *writers*. Si tratta di un'espressione artistica visiva della cultura *hip-hop*, tipica subcultura metropolitana che si esprime anche attraverso il rap e la break dance. I graffiti metropolitani sono un modo di riappropriazione dello spazio urbano e, nello stesso tempo, una forma di disobbedienza alle regole dei guardiani dell'ordine.

Grassroot marketing (*grass* = erba, *root* = radice): si tratta di tecniche di marketing "da strada", vale a dire nate spontaneamente in contesti locali autorganizzati, come per esempio gli *street team* dei gruppi rap che distribuiscono materiale promozionale (flyer, sticker ecc.). Grassroot si riferisce anche ai media alternativi, autogestiti, definiti anche "radicali".

Green marketing: vedi *eco-marketing*.

Guerrilla marketing: complesso di tecniche di comunicazione non-convenzionali che mira a ottenere il massimo della visibilità con il minimo degli investimenti. Punto chiave di un'attività di guerrilla è l'effetto sorpresa. Un'attività di guerrilla marketing può avere una propagazione virale grazie a immagini o video strategicamente diffusi in rete.

Hacktivism: contrazione di *hacking* e *activism*: uso non convenzionale delle attività connesse agli strumenti informatici con lo scopo di migliorarne l'utilità sociale, politica e culturale. Un hacker disobbedisce ad alcune leggi, per esempio quelle sulla proprietà intellettuale, in virtù dell'imperativo della libera circolazione dell'informazione e di un'etica della condivisione del sapere.

Hoax: finti scoop costruiti appositamente per i media in grado di riverberarsi nelle reti sociali assieme alla comunicazione commerciale che veicolano.

Holistic marketing: il marketing olistico può essere considerato come lo sviluppo, il progetto e l'implementazione dei programmi, dei processi e delle attività che riconoscono l'ampiezza e le interdipendenze che sussistono nell'ambiente del marketing contemporaneo. Si compone di quattro dimensioni chiave: il marketing interno, il marketing integrato, il marketing relazionale e il marketing socialmente responsabile.

Ignorance marketing: l'insieme organizzato di strumenti di comunicazione attraverso cui una organizzazione (azienda, associazione, agenzia di consulenza ecc.), non potendo contare su proposition di valore, riesce a ottenere risultati, attraverso lo sfruttamento scientifico dell'ignoranza e dell'incompetenza altrui.

Interactive marketing: con questo termine ci si riferisce a un marketing che è passato dalla transazione di beni, alla creazione di relazioni con il consumatore e di conversazioni. L'interactive marketing tiene conto del feedback dato dal consumatore durante la relazione.

Junior marketing: il marketing junior riguarda quel complesso di tecniche e di strategie di mercato attraverso le quali le aziende intendono conquistare e fidelizzare un target di età compresa tra 0 e 24 anni.

Keyword advertising: detto anche *pay per click*, si intende la possibilità di acquistare, all'interno di motori di ricerca, alcuni spazi di visibilità (link sponsorizzati o riquadri sponsorizzati) per i quali si paga un corrispettivo legato al numero di ingressi al proprio sito web ottenuti attraverso tale presenza.

Knowledge marketing: in questo tipo di approccio i clienti diventano, nel corso delle esperienze di consumo, i co-creatori della conoscenza organizzativa. Quest'ultima nasce, in questo modo, dalla relazione tra clienti e impresa, divenendo per l'azienda uno strumento prezioso di pianificazione strategica.

Life event marketing: questo tipo di marketing si concentra su momenti chiave della vita del consumatore (matrimonio, acquisto della casa, cambiamento del lavoro) per creare particolari opportunità di relazione e vendita.

Long tail: identifica una teoria che descrive un nuovo modo di fruizione dei contenuti emerso grazie al Web, e quindi del relativo mercato. Il termine è stato coniato da Chris Anderson nel 2004, in un articolo pubblicato sulla rivista *Wired*. Secondo questa teoria, i prodotti a bassa richiesta o con ridotti volumi di vendita (*misses*) possono collettivamente occupare una quota di mercato equivalente o superiore a quella dei pochi best seller o blockbuster (*hits*) se il punto vendita o il canale di distribuzione sono abbastanza grandi, come nel caso di Internet.

Lovemarks: introdotto da Kevin Roberts, tale concetto si riferisce a marchi di prodotti a cui i consumatori sono legati da una relazione affettiva ed emozionale. "Il brand punta al cervello, i Lovemarks puntano al cuore". Vespa, Mini, Nutella possono essere considerati dei Lovemarks.

Loyalty marketing (marketing della fidelizzazione): complesso delle attività di marketing aventi come principale obiettivo la fidelizzazione del cliente. Le azioni di loyalty, infatti, hanno l'obiettivo di indurre nel consumatore un atteggiamento di fiducia nei confronti di un'azienda e di una marca tale da consolidarne nel tempo la relazione.

Macro marketing: studio delle attività aziendali e dei processi decisionali, secondo una più ampia prospettiva, come, per esempio, quella di una nazione o un dato settore economico. Il macro marketing acquista una maggiore importanza soprattutto in riferimento al settore pubblico.

Mainstream (corrente principale): corrente di tendenza conosciuta dalle masse. È usato in molteplici settori: nelle arti, nella musica, nel cinema, nella letteratura. Spesso il termine è usato in contrapposizione a *underground*, *subcultura* o *controcultura*.

Major marketing: riguarda quel complesso di tecniche e di strategie di mercato attraverso le quali le aziende intendono conquistare e fidelizzare un target di età compresa tra 25 e 50 anni. Questo segmento può essere a sua volta distinto in due sottosegmenti chiave: i nester, 25-34 anni (costruiscono il loro nido); i manager, 35-49 anni (amministrano ciò che sono riusciti ad acquisire).

Marketing laterale: formulato da Philip Kotler e da Ferdinando Trias de Bes, il marketing laterale non viene elaborato in sostituzione del marketing tradizionale ma per integrarne il sistema concettuale, tecnico e applicativo. Il principale obiettivo in proposito è quello di elaborare un nuovo paradigma di marketing più rispondente alle nuove realtà di mercato e alle sfide cui oggi devono far fronte le imprese.

Marketing mediterraneo: si tratta di una corrente di pensiero sostenuta da un gruppo di ricerca italo-francese che indaga su un modello di marketing basato su valori tipici del Mediterraneo.

Marketing tribale: strategia di marketing volta a creare comunità intorno a un prodotto o a un servizio. In particolare, analizza le tribù di consumatori, cioè di gruppi di individui eterogenei ma legati da passioni o emozioni comuni e punta alla creazione del valore di legame già presente in un marchio o in un prodotto.

Mashup: letteralmente "poltiglia". Di fatto, applicazione che utilizza contenuti da più fornitori per creare un servizio completamente nuovo. I mashup stanno rivoluzionando lo sviluppo del Web permettendo a chiunque di combinare dati da siti diversi in modi innovativi. La forza dei mashup consiste nel fatto che sono semplici da progettare e richiedono, di solito, minime conoscenze tecniche.

Maxi marketing: termine coniato da Stan Rapp e Tom Collins, fondatori dell'agenzia di relazioni pubbliche Rapp Collins, per definire un approccio che ha come principale obiettivo quello di ottimizzare ogni possibile punto di contatto con il cliente e di trasformare la relazione con esso in una rilevante one-to-one relationship.

Mega marketing: termine coniato da Philip Kotler per designare un tipo di attività di marketing preposta alla gestione di elementi della società esterni all'impresa (governi, media, gruppi di pressione). Per questo Kotler suggerisce l'introduzione di due nuove "P" al marketing mix: *Public relations* e *Power*.

Memetica: scienza del meme. Disciplina nata da un concetto elaborato da Richard Dawkins nel 1976 e approfondita da Richard Brodie negli anni Novanta. L'idea di base di questa teoria è che esistano delle unità di trasmissione della cultura detti *memi*. I memi sono le idee che, trasmesse da mente a mente, acquisiscono una sorta di vita autonoma e manifestano una loro caratteristica capacità di diffusione e replicazione.

Micromarketing: decentramento territoriale di alcune decisioni e attività al fine di cogliere le opportunità di mercato che si manifestano in aree geografiche particolari e che non possono essere valutate e sfruttate al meglio nella sede centrale. Si tratta di un'applicazione del principio di decentramento organizzativo, che consiste nel portare la sede delle decisioni fondamentali quanto più possibile vicino al luogo nel quale sorgono i problemi (Scott, 2001).

Multilevel marketing (MLM): modello commerciale che si basa su una combinazione di vendita diretta e franchising. I singoli individui, pagando una quota associativa, acquisiscono il diritto di svolgere attività di vendita indipendente per conto di un'azienda principale. I venditori ricevono compenso in base ai beni o servizi venduti direttamente o da terzi da loro reclutati come nuovi affiliati.

Multi-sensory marketing: complesso di tecniche di vendita e di comunicazione basate sulla sollecitazione strategica di tutti e cinque i sensi del consumatore. Compito della comunicazione polisensoriale sarà, dunque, estendere i propri contenuti e le proprie capacità espressive per ottenere un maggior coinvolgimento.

Netiquette: parola derivata dalla contrazione del vocabolo inglese *net* (rete) e del francese *étiquette* (buona educazione); è riferita al complesso di norme che regolano il comportamento degli utenti di Internet nel rapportarsi mediante risorse quali newsgroup, mailing list, forum o e-mail in genere.

Netstrike: "sciopero in rete". I cyberattivisti che sono all'origine del termine preferiscono definirlo una manifestazione telematica. Un netstrike produce il blocco di un sito web per qualche minuto o per qualche ora. Tecnicamente non si tratta di un atto di pirateria poiché non è commessa alcuna intrusione. Il sito diventa inaccessibile perché saturo di richieste di connessione, fatto possibile solo se migliaia di persone partecipano contemporaneamente: sta proprio nell'ampiezza della mobilitazione il vero e proprio scopo di un netstrike, al di là del blocco effettivo di un sito.

Network marketing: forma di imprenditorialità fortemente orientata alla vendita, caratterizzata dallo stretto rapporto distributore-cliente (che spesso si identificano) e dalla forte motivazione del gruppo che lo costituisce. In questo modello il cliente viene trasformato in distributore mediante il suo coinvolgimento nell'attività di vendita: dopo l'acquisto del prodotto egli entra infatti a far parte di un team, da cui riceve il materiale informativo e la comunicazione dell'esperienza acquisita dai distributori più anziani. Questa modalità di distribuzione consente la creazione, in tempi relativamente rapidi, di una rete di vendita tramite la quale i prodotti e i servizi vengono offerti direttamente alla clientela (Scott, 2001).

Neural marketing: il neuromarketing è una nuova tecnica che mira a registrare, tramite risonanza magnetica, le reazioni del cervello ad alcuni tipi di stimoli commerciali. Lo scopo del neuromarketing è quello di sviluppare strumenti più efficaci per attrarre i consumatori e aumentare la vendita dei prodotti commerciali ai quali si applica l'operazione.

Newsmaking: vedi *trojan marketing*.

Niche marketing (*concentrated marketing*): strategia di segmentazione in cui l'impresa si concentra su un segmento o su una parte di esso, mirando a raggiungere una quota elevata in un piccolo mercato.

Non business marketing (*non profit marketing)*: applicazione delle teorie e delle tecniche di marketing a organizzazioni Onlus: scuole, ospedali, università.

Nostalgia marketing: vedi *retro-marketing*.

Olfactory marketing: si inserisce all'interno delle nuove strategie/tecniche di marketing che si avvalgono del coinvolgimento olfattivo del consumatore per migliorarne l'esperienza globale.

One-to-one marketing (o *costumized marketing* o *marketing personalizzato* o *marketing su misura*): marketing finalizzato allo sviluppo di un'offerta corrispondente alle caratteristiche di segmenti di mercato sempre più definiti e omogenei (il massimo grado di specificazione di un segmento si ha quando lo stesso è costituito da un unico cliente). Il marketing one-to-one consiste pertanto nella realizzazione di prodotti e di programmi di marketing concepiti in funzione dei bisogni e delle preferenze dei singoli clienti.

Permalink: link permanenti, che puntano direttamente a una pagina, e quindi a uno specifico contenuto di un blog.

Permission marketing: al contrario dell'*interruption marketing*, basato sull'interruzione e sul bombardamento di messaggi non richiesti e spesso non rilevanti per il consumatore, il permission marketing consiste nello stabilire una relazione stabile e duratura tra il consumatore e l'azienda (segnatamente con la funzione marketing) tale da garantire al consumatore la ricezione di quelle informazioni che egli ha espressamente richiesto e, per questo, attentamente percepito.

Podcasting (Personal Option Digital Casting, per altri semplicemente contrazione di iPod broadcasting): sistema che permette di scaricare contenuti audio chiamati "podcast" dai blog e di raccoglierli in automatico per mezzo di aggregatori intelligenti (come il software iPodder), al fine di creare una sorta di radio personale, ascoltabile con un lettore Mp3 portatile, come per esempio l'iPod, ma anche su un cellulare moderno o sul proprio computer.

Post: si tratta sostanzialmente di un messaggio testuale inviato a uno spazio comune sul Web per essere pubblicato. Intendendo per spazio su Web: forum, blog, libri degli ospiti (guestbook) ecc. Ormai, il termine "postare" è diventato un neologismo con il significato di "affiggere un testo sulla rete".

Product placement: tecnica di comunicazione aziendale mediante la quale si progetta e si realizza, a fronte di specifici costi e nel rispetto di definiti contratti, il collocamento di un prodotto o di una marca all'interno di un contesto narrativo precostituito (pellicola cinematografica, programma televisivo, romanzo, video musicale, videogioco ecc.).

Prosuming: neologismo introdotto da Alvin Toffler nel 1980 che deriva dalla fusione dei termini *producing* e *consuming* e indica la stretta interazione tra chi produce e chi consuma. Il termine prosumer è oggi utilizzato per definire un consumatore divenuto attore attivo nonché produttore di contenuti, di significati e di nuove modalità di fruizione dei prodotti.

Proximity marketing (*marketing di prossimità*): strumento di marketing attraverso il quale è possibile veicolare messaggi e contenuti multimediali direttamente verso i terminali mobili degli utenti, presenti all'interno di una particolare area. Una soluzione di proximity marketing richiede l'utilizzo di una tecnologia wireless, per il trasferimento dati; *Bluetooth* è la tecnologia più utilizzata in questo ambito, principalmente perché non implica costi di utilizzo o di accesso al servizio e per l'ampia diffusione.

Radical marketing: con questo termine, nel libro *Radical Marketing*, Hill e Rifkin definiscono un approccio non ortodosso al marketing e alle vendite. Secondo gli autori i marketer radicali differiscono da quelli tradizionali sia nella visione del mercato sia negli approcci che utilizzano: sono scettici rispetto alle ricerche di mercato, è il CEO che dirige il marketing, hanno dipartimenti marketing formati da "missionari" appassionati e piani marketing basati principalmente su forme di comunicazione non-convenzionali. Utilizzano l'advertising in modo estremamente selettivo: per breve tempo, con messaggi altamente targetizzati e molto intensi.

Real life product placement: integrare beni e servizi nella vita reale delle persone in contesti coerenti con il brand, in modo che il consumatore possa farsi un'idea del prodotto basandosi sulla propria esperienza e sulle associazioni simboliche e valoriali create dal contesto in cui esso è inserito. Rientrano in una strategia di "real life product placement" la dislocazione/distribuzione di campioni di prodotto in circuiti di comunicazione quali hotel, fitness club, bar, università e la creazione di accordi di co-marketing con catene distributive, brand affini, endorser o sneezer appartenenti a subculture, con l'obiettivo di renderlo parte di un territorio reale e simbolico.

Real time marketing: un'azienda realizza attività di real time marketing quando elabora scelte tattiche e strategiche che si basano essenzialmente su informazioni costantemente aggiornate ("in tempo reale") circa i consumatori, le tendenze sociali e i comportamenti di consumo a essi relative. Secondo Regis McKenna, ideatore del real time marketing, il consumatore vuole tutto e subito e il marketing sarà sempre più automatizzato.

Relationship marketing: marketing riferito alle attività dirette a creare, mantenere e rafforzare le relazioni con i clienti e con le varie categorie di intermediari e di operatori in grado di influenzare direttamente o indirettamente la domanda dei prodotti e servizi dell'impresa. Il marketing relazionale sta assumendo un'importanza notevole in funzione del crescente orientamento alla clientela che si sta diffondendo fra le imprese. L'obiettivo è di fornire valore al cliente secondo una logica di lungo periodo: si ritiene infatti che la sua fedeltà costituisca uno degli elementi fondamentali del patrimonio aziendale e si punta di conseguenza a un arricchimento progressivo del rapporto impresa-cliente (Scott, 2001).

Retro-marketing: tipologia di marketing fondata sullo sviluppo di prodotti e servizi che mantengono legami nostalgici con il passato – reale o immaginario – del consumatore, della società, del marchio. Il presupposto del *retro-marketing* è che il consumatore sia alla ricerca di autenticità coerentemente a un ormai consolidato culto della nostalgia. Secondo Holbrook e Schindler il sentimento nostalgico, riferito al marketing, va inteso come un atteggiamento di preferenza verso oggetti generalmente incontrati durante la giovinezza e l'adolescenza. Esso, tuttavia, può manifestarsi anche verso qualcosa di cui non si è avuta esperienza diretta, ma la cui conoscenza si è acquisita mediante trasmissione personale o mediatica.

Reverse marketing: trasferimento di potere decisionale dai venditori agli acquirenti ai quali viene data la possibilità di influenzare scelte inerenti le leve di marketing (progettazione del prodotto, definizione del prezzo, promozioni e canali di distribuzione).

Rich media: si tratta di quei formati di advertising online che utilizzano una tecnologia avanzata. Il rich media utilizza elementi interattivi audio-video per dare un contenuto e un'esperienza più ricchi all'utente nel momento in cui interagisce con la pubblicità.

RSS (Really Simple Syndication o Rich Site Summary): si tratta di una struttura adatta a contenere un insieme di notizie, ciascuna delle quali è composta da vari campi (nome autore, titolo, testo, riassunto ecc.). Quando si pubblicano delle notizie in formato RSS, la struttura viene aggiornata con i nuovi dati; visto che il formato è predefinito, un qualunque lettore RSS potrà presentare in una maniera omogenea notizie provenienti dalle fonti più diverse. L'RSS è stato "inventato" originariamente da Netscape alla fine degli anni Novanta, al fine di creare uno standard per la condivisione di notizie e news provenienti da altri portali. Rimaneggiato nel tempo, oggi trova spazio e grande uso nel mondo dei blogger.

Scarcity marketing: tecnica che si propone di evitare la banalizzazione del prodotto creando artificialmente un fenomeno di rarità. Questa tecnica si traduce nella riedizione di modelli "faro" richiesti sull'onda del vintage; si realizza una "riappropriazione" dell'uso iniziale, si attua una distribuzione più selettiva attraverso l'edizione limitata di alcuni modelli specifici diretti a un mercato o a un punto vendita.

Seeding: nel viral marketing le attività di seeding corrispondono a quelle di media planning della comunicazione tradizionale. Si tratta di impollinare video, notizie, link, concetti, nei network sociali più sensibili alla propagazione del messaggio.

Senior marketing: riguarda quel complesso di tecniche e di strategie di mercato attraverso le quali le aziende intendono conquistare e fidelizzare un target di consumatori di 50 anni e oltre.

Sensory marketing: complesso di tecniche di comunicazione e di vendita attuate da un'impresa con l'obiettivo di conquistare e fidelizzare i clienti mediante un coinvolgimento emotivo legato all'esperienza d'acquisto. Rispetto all'approccio offerto dal marketing tradizionale, basato sullo schema: bisogno-acquisto-beneficio, il marketing sensoriale parte dal presupposto che la maggior parte degli acquisti sia legata a sensazioni soggettive non razionalizzabili scaturite da stimoli sensoriali attivati al momento della decisione d'acquisto.

SEO (Search Engine Optimization): insieme di attività svolte al fine di ottimizzare il posizionamento di una pagina web nei risultati forniti dai motori di ricerca.

Service Dominant Logic (S-D Logic): la *S-D Logic* evidenzia come fatto centrale l'attenzione al ruolo del consumatore non tanto come destinatario dell'offerta e delle politiche di marketing dell'impresa, quanto piuttosto come attore che prende direttamente parte, insieme all'impresa, ai processi di creazione e di realizzazione del valore. Questo concetto trova evidenza in particolare nell'affermazione del ruolo che il consumatore assume nei processi di co-creazione dell'offerta e della necessità di sviluppare un marketing con il consumatore anziché destinato al cliente: "Il cliente è sempre un co-creatore di valore" (Vargo e Lusch, 2004).

Servicescape: è l'ambiente fisico nel quale viene erogato il servizio: l'agenzia di una banca, l'ufficio postale, il negozio nel caso dell'impresa commerciale. È il luogo nel quale impresa e cliente interagiscono e ricomprende tutte le componenti tangibili e non, che facilitano la performance o la comunicazione del servizio offerto influenzando significativamente il comportamento di clienti e dipendenti.

Situational marketing: l'obiettivo primario che si intende raggiungere con questo approccio è quello di sviluppare flessibilità relazionale partendo dalla consapevolezza che non esiste un comportamento giusto o sbagliato in sé, un modo oggettivo e univoco di interpretazione della realtà e del comportamento di consumo. Esso, infatti, assume il principio secondo il quale si devono intraprendere attività tattiche e strategiche formulate *ad hoc*, idonee ed efficaci per ogni situazione specifica.

Slow marketing: baricentro di questa corrente di marketing è la lentezza, ritenuta fondamentale per recuperare l'essenza del tempo e della vita, contro l'imperversare del "fast". Senso della misura, consapevolezza della propria identità e delle proprie tradizioni e rivalutazione della calma le caratteristiche principali dello slow marketing.

Sneezer: letteralmente, coloro che "starnutiscono" attaccando il contagio, ossia coloro che raccontano ad amici, familiari e colleghi, pregi e difetti di un nuovo prodotto, di un servizio o di una marca. La loro opinione è tenuta in grande considerazione. In questo modo gli sneezer sono gli artefici della propagazione virale di idee positive o negative che influenzano l'acquisto. Per il successo di un prodotto, soprattutto in fase di lancio, data la loro influenza sul target di riferimento, è fondamentale riuscire a identificare i diffusori e adottare appropriate strategie per ottenerne l'appoggio. Ci sono due tipi di sneezer: i *promiscuous*, che agiscono in base a un compenso, e i *powerful*, i più forti, che "starnutiscono solo" per il piacere che deriva dall'essere leader di opinione.

Social marketing (o *societal marketing*): teorizzato negli anni Settanta da Philip Kotler, il marketing sociale si configura come filosofia di management secondo cui l'impresa ha il compito di individuare e soddisfare i bisogni e i desideri del mercato obiettivo (target) in modo da migliorare il benessere sia dei singoli sia della società. Secondo il marketing sociale le politiche di marketing delle imprese devono integrare tre elementi: profitto, soddisfazione del cliente, interesse collettivo.

Social network: gruppo di persone connesse tra loro da diversi legami sociali, dalla conoscenza casuale ai vincoli familiari. Internet e le nuove tecnologie della comunicazione hanno ampliato il panorama delle possibilità di un individuo di entrare a far parte di un social network.

Societal marketing: vedi *social marketing*

Societing: mentre alcuni autori propongono di riformare il marketing eliminando il suffisso "ing" e concentrandosi sul "market", altri autori, quelli che questo lavoro prende in considerazione, arrivano a concludere il contrario, e cioè che bisogna conservare il suffisso "ing" e sbarazzarsi della parola "market", poiché le sue logiche d'azione non vedono più il mercato come aspetto focale. Tali autori propongono, quindi, il termine societing, vale a dire un marketing consapevole di rivolgersi alla società nel suo complesso.

Solution marketing: nel "marketing delle soluzioni" i risultati per il cliente sono il punto di partenza per le attività di marketing e i prodotti sono visti come piattaforme per il compimento del *service-centric solutions*. La tradizionale visione del marketing *goods dominant* si focalizzava sui prodotti considerandoli il punto centrale delle attività di marketing. Con la nuova dominante logica di marketing *service-centric* il focus delle attività di marketing si sposta dai prodotti al *customer solution*, che consta di una combinazione integrata di prodotti e servizi mirante a risolvere completamente i problemi del cliente.

Sovraidentificazione: principio secondo il quale si cerca di sovvertire l'ordine dominante non prendendo le distanze da esso (come avviene con lo straniamento) ma identificandosi e incastonandosi nella sua stessa logica. La sovraidentificazione porta alle estreme conseguenze le norme e i valori dominanti prendendone sul serio le implicazioni e le conclusioni molto più di quanto venga fatto dal sistema stesso.

Stakeholder marketing: approccio con il quale l'azienda si propone di intraprendere azioni tattiche e strategiche volte a comprendere e a soddisfare i bisogni di tutti i suoi stakeholder ovvero di tutti coloro che hanno interesse nei confronti dell'azienda (clienti, dipendenti, distributori, rivenditori, fornitori ecc.) e che possono influenzarne l'attività.

Stealth marketing (o *undercover marketing*): letteralmente, marketing nascosto. Attività di marketing in cui la pubblicità di un prodotto, servizio o di un brand non è mai esplicita. Lo stealth marketing si avvale di tecniche e di strategie di comunicazione atte a creare situazioni non immediatamente riconoscibili come attività pubblicitaria. Esse mirano a generare l'effetto sorpresa nel consumatore suscitando attenzione e curiosità intorno al prodotto o al brand.

Straniamento: procedimento atto a comunicare una percezione della realtà diversa, inusuale, "straniata" appunto. Questa tecnica ha l'obiettivo di sovvertire la naturale percezione di forme, idee, concetti e immagini esistenti, coerenti con gli schemi mentali propri dei soggetti, producendo significati imprevisti e aprendo la strada a interpretazioni diverse di avvenimenti abituali. Esso consente di rendere percepibili, attraverso un approccio critico, quegli aspetti, quelle contraddizioni intrinseche di una realtà (un oggetto, una situazione, un evento) che prima passavano inosservati. Oggetto di azioni di straniamento possono essere manifesti politici, locandine pubblicitarie, su cui si può intervenire modificandone parole, immagini, percorsi cognitivi.

Street marketing: termine che indica l'attività di promozione e comunicazione realizzata per strada attraverso hostess o steward, veicoli brandizzati e distribuzione di campioni di prodotto (sampling).

Street team: si tratta di "bande" di persone, spesso fan di un gruppo musicale, che spontaneamente o su commissione si adoperano per diffondere materiale promozionale di un brand (flyer, sticker ecc.). Con il termine si definiscono anche i gruppi di steward e hostess organizzati dalle agenzie per promuovere un brand e i suoi prodotti in contesti face-to-face.

Sustainable marketing: vedi *eco-marketing*.

Symbiotic marketing: alleanza di risorse o programmi tra due o più organizzazioni indipendenti per aumentare il potenziale di mercato di ciascuno. L'essenza di tale tipo di collaborazione tra imprese consiste nella collaborazione su competenze di marketing complementari che possa essere di beneficio per entrambe.

Tagging: l'attività di tagging consiste nell'attribuzione di una o più parole chiave (*tag*), che individuano l'argomento di cui si sta trattando, a documenti o più in generale a file su Internet. Consente di ottenere quel tipo di associazione multipla e in sovrapposizione che utilizza il cervello stesso, anziché delle categorie rigide. Nell'esempio canonico, una foto Flickr di un cucciolo può essere "taggata" sia come "cucciolo", sia come "carino", consentendo il suo reperimento lungo gli assi naturali generati dall'attività degli utenti.

TAZ (zona temporaneamente autonoma): si tratta di aree di società temporaneamente liberate dal capitalismo globalista. Il concetto, ideato da Hakim Bey, maestro di sufi ed esponente delle controculture americane degli anni Ottanta, ha influito sia sulla riflessione dei centri sociali sia sulla scena della telematica alternativa. Una TAZ può essere creata grazie a un'operazione di guerrilla che libera temporaneamente una zona (fisica, temporale, immaginativa). Un esempio di questo concetto è rappresentato dai flash mob (vedi).

Teaser: letteralmente "stuzzicare". Fase di una campagna pubblicitaria che ha come scopo quello di incuriosire il pubblico o quantomeno di creare un'attesa, ragione per cui non deve svelare il prodotto. È una fase preparatoria alla campagna vera e propria.

Tracking: consiste nel tracciare l'andamento di una campagna attraverso strumenti tecnologici. Per esempio è possibile analizzare le statistiche di accesso a un sito web, ma anche fare il tracking delle "visioni" di un video virale, nonché delle conversazioni generate da una campagna di marketing non-convenzionale.

Trade marketing: attività che un'impresa manifatturiera svolge nei confronti degli intermediari distributivi allo scopo di assicurarsene la più ampia collaborazione nella realizzazione dei propri piani di marketing. Nel complesso, il trade marketing si propone di instaurare un sistema di relazioni di cooperazione all'interno del canale distributivo finalizzato allo sviluppo del valore reso all'acquirente finale (Scott, 2001).

Trend marketing: complesso di attività svolte dalle aziende allo scopo di soddisfare gusti ed esigenze dei consumatori individuando e analizzando mode e tendenze emergenti nella società e nei comportamenti di consumo e di acquisto. È cruciale che le imprese comprendano la chiave dei valori emergenti, delle credenza e dei bisogni della società se esse vogliono creare brand culturalmente rilevanti e che sappiano stare al passo con i tempi. Il trend marketing, quindi, si focalizza su previsioni di espressioni culturali e provvede a penetrare nei trend sociali.

Trojan marketing: in gergo informatico un trojan è un virus che riesce a dissimulare se stesso all'interno di un programma, esplodere una volta giunto a destinazione e quindi autoreplicarsi al di fuori del sistema infettato in origine. Allo stesso modo il trojan marketing nasconde l'idea, il prodotto o il marchio all'interno di un vero e proprio cavallo di Troia in grado di superare le barriere protettive del sistema. Secondo questo principio è possibile realizzare attività di *newsmaking* che confezionano un evento (reale o simulato) in grado di superare i filtri del sistema media e ottenere in questo modo visibilità.

Tribù (o *neotribù* o *tribù postmoderna*): insieme di individui non necessariamente omogeneo (in termini di caratteristiche sociali obiettive), ma interrelato da un'unica soggettività, una pulsione affettiva o un ethos comune. Tali individui possono svolgere azioni correttive intensamente vissute, benché effimere. Una tribù postmoderna (o neotribù) si fonda, dunque, sull'interrelazione di membri uniti da emozioni e passioni condivise; ciò che ne costituisce la logica sotterranea è un medesimo tipo di affettività, un'esperienza comune, un'identica emozione, una passione condivisa tra individui diversi a priori in termini di caratteristiche obiettive e di appartenenza primaria: origine, tratti fisici, posizioni professionali ecc.

Turbo marketing: termine coniato da Philip Kotler per indicare l'esistenza di segmenti di mercato che evidenziano una particolare sensibilità alla variabile tempo. Si applica in risposta a settori per i quali un importante fattore di competitività risulta essere, appunto, la velocità di azione. Turbo marketing è un marketing "pratico", è applicare ciò che serve nel giusto momento il più rapidamente possibile. Esso non significa "agire senza riflettere" ma valutare e rispondere con velocità alle situazioni contingenti.

Undercover marketing: vedi *stealth marketing*.

User generated content (UGC): la dizione "contenuto generato dagli utenti" è nata nel 2005 negli ambienti del web publishing e dei new media per indicare il materiale disponibile sul Web prodotto da utenti invece che da società specializzate. Essa è un sintomo della democratizzazione della produzione di contenuti multimediali reso possibile dalla diffusione di soluzioni hardware e software semplici e a basso costo.

Value marketing: complesso di attività messe in atto dalle imprese al fine di offrire un beneficio differenziale ai clienti, di garantire cioè un valore aggiunto che deriva dal rapporto tra il valore d'uso differenziale del prodotto offerto (che deve essere adeguatamente percepito) e il sacrificio percepito derivante dal suo costo. Questo approccio prevede che l'azienda proponga una "value proposition" e che il suo valore sia generato attraverso un processo continuo, che avviene nel corso del tempo, in cui i consumatori prendono parte al processo di creazione del valore.

Viral marketing: il marketing virale è finalizzato alla realizzazione di prodotti, servizi o comunicazioni commerciali che abbiano in sé la propensione a diffondersi spontaneamente fra le persone come virus.

VoIP (Voice over Internet Protocol): tecnologia che permette di usare una connessione internet a banda larga per effettuare telefonate.

Web 2.0: si riferisce alla seconda generazione di comunità e servizi sul Web, come per esempio il social network come MySpace, i wiki e le folksonomy – che permettono la collaborazione e la condivisione di informazioni fra gli utenti. Il termine è diventato popolare in seguito alla prima conferenza organizzata da O'Reilly Media, casa editrice dedicata all'informatica fondata da Tim O'Reilly.

Widget: sono piccole applicazioni web che permettono ai publisher online di distribuire in maniera semplice i loro contenuti integrandoli in blog e altri siti.

Wiki: tipo di sito web che permette ai visitatori di aggiungere, rimuovere, gestire e cambiare parti del contenuto, a volte senza richiedere la registrazione.

Word-of-mouth: il passaparola è la trasmissione di informazioni, considerazioni, opinioni su un prodotto o su un brand che avviene da persona a persona in modo informale. Tipicamente considerata una forma di comunicazione verbale, il passaparola è oggi potenziato dal Web (blog, forum ed e-mail) e in questo caso è anche definito *word-of-mouse*. Un'operazione di word-of-mouth ben riuscita genera l'effetto buzz (ronzio), una forma altamente intensa e interattiva di passaparola.

ShotCode

ShotCode (www.shotcode.com) è un codice a barre "intelligente" che permette di collegarsi a un sito internet senza digitare l'indirizzo URL sul proprio cellulare. Basta fotografare il logo bar code qui riprodotto e sarete collegati automaticamente al sito in cui troverete i video delle campagne di cui si parla nel libro e che ritrovate nella videografia, alla fine delle istruzioni.

Per utilizzare la tecnologia ShotCode è necessario possedere alcuni *requisiti minimi*: telefono cellulare con fotocamera, supporto Java, Symbian o Windows mobile. Va da sé che l'operatore potrebbe prevedere eventuali tariffe di navigazione rispetto al piano tariffario scelto.

Quindi:

Dal telefono cellulare:

- inserite direttamente nel vostro cellulare questo URL: http://mob.shotcode.com
- selezionate la marca e il modello del vostro cellulare, scaricate e installate automaticamente il lettore ShotCode per il vostro telefonino. Ora siete pronti per scattare e collegarvi; quindi
- attivate il lettore ShotCode dalla lista delle applicazioni del vostro cellulare. Scattate una foto sul logo bar code sopra riprodotto per collegarvi alla lista dei video.

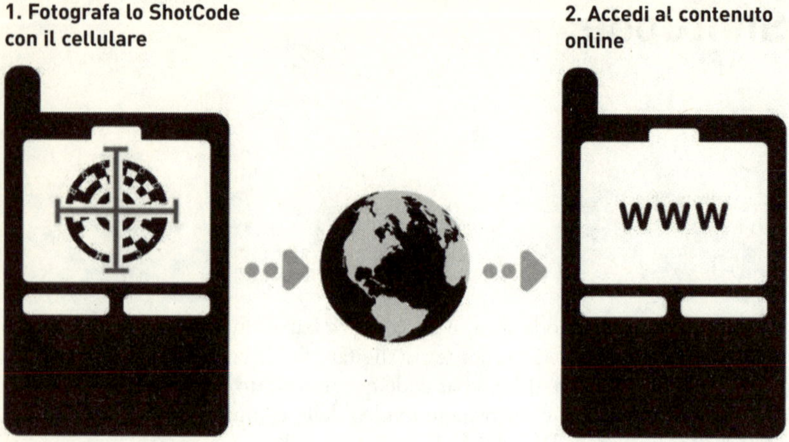

Dal pc:

a) download del lettore ShotCode su pc e invio via Bluetooth al cellulare:

- scaricate il lettore ShotCode da Internet (http://www.shotcode.com/download) sul vostro pc;
- trasferite il file di installazione al vostro cellulare con la connessione Bluetooth, infrarossi o con il cavetto e installate il lettore sul vostro telefono;
- attivate il lettore ShotCode dalla lista delle applicazioni del vostro cellulare. Scattate una foto sul logo bar code (vedi illustrazione nella pagina precedente) per collegarvi alla lista dei video;

b) download con installazione via e-mail:

- scaricate lo ShotCode da Internet (http://www.shotcode.com/download) sul vostro pc e speditelo via e-mail al vostro cellulare. *Requisito*: avere un account di posta configurato sul proprio cellulare. Quindi installate il lettore sul telefono cellulare;
- attivate il lettore ShotCode dalla lista delle applicazioni del vostro cellulare. Scattate una foto sul logo bar code (vedi illustrazione nella pagina precedente) per collegarvi alla lista dei video.

Per vedere i video, oltre che dal cellulare, secondo le istruzioni che vi abbiamo dato, potete andare sul sito www.marketingnonconvenzionale.tv

Videografia

I video sono in ordine alfabetico secondo il nome dell'azienda, seguito dal titolo della campagna.

3M, Scotchshield, guerrilla
Appealnow, viral video
Ariel, Airport, guerrilla
Brico IO, The Worker's Beat, youtube video
Burger King, Coq Roq, spot tv
Burger King, Dott. Angus, spot tv
Burger King, Subservient Chicken, spot tv
Burger King, X-Box 360, product placement
Camper, promotional video
Chemical Brothers, Push the Button, spot interattivo
Dove, Evolution, viral video
Eastpack, Bill2.org, flashmob
Firefox, viral video
Ikea, Everyday Fabulous, guerrilla
Mentos+Diet Coke, viral video
Microsoft, Xbox Origen, viral site
Pirelli Film, The Call, branded entertainment
Red Bull, Air Race, branded entertainment
Wrangler, Wanted, guerrilla

Suggeriamo inoltre di vedere:

Axe, Ravenstoke, viral video
Banco Gallego, integrated
Carlton Draught, Big Ad, viral video
Danish Road, guerrilla/viral
Hydro, viral video
K-Fee, viral video
Kosiuko, integrated
Lynx, Lynx Jet, integrated
McDonald's, creative outdoor
Trojan, viral video
X-Bam, viral video

Bibliografia

Agamben G. (1990), *La comunità che viene*, Einaudi, Torino

Alexander C. (1977), *A Pattern Language*, Oxford University Press, New York

Algesheimer R., Dholakia U.M., Hermann A. (2005), "The Social Influence of Brand Community: Evidence from European Car Clubs", *Journal of Marketing*, 69(3), pp. 19-34

Anderson C. (2006), *The Long Tail: Why the Future of Business Is Selling Less of More*, Hyperion, New York [trad. it. *La coda lunga. Da un mercato di massa a una massa di mercati*, Codice Edizioni, Milano, 2007]

Arnould E.J., Thompson C.J. (2005), "Consumer Culture Theory (CCT): Twenty Years of Research", *Journal of Consumer Research*, vol. 31, March, pp. 868-82

Augè M. (1993), *Nonluoghi. Introduzione a una antropologia della surmodernità*, Elèuthera, Milano

Baba M. (2005), *Guerrilla Kit*, Il Saggiatore, Milano

Badot O., Bucci A., Cova B. (1993), "Societing: Managerial Response to European Aestheticization", *European Management Journal*, Special Issue EAP 20th Anniversary, pp. 48-55

Badot O., Bucci A., Cova B. (2007), "Beyond Marketing Panaceas: In Praise of Societing", in M. Saren, P. MacLaran, C. Goulding, R. Elliott, A. Shankar, M. Catterall, a cura di, *Critical Marketing: Designing the Field*, Butterworth-Heinemann, Oxford

Badot O., Cova B. (2003), "Néo-marketing 10 ans après: pour une théorie critique de la consommation et du marketing réenchantés", *Revue Française du Marketing*, n. 195, pp. 79-94

Ballardini B. (2006), *Gesù lava più bianco. Ovvero come la Chiesa inventò il marketing*, seconda edizione, minimum fax, Roma

Bataille G. (1949), *La part maudite: Essai d'économie générale*, Minuit, Paris [trad. it. *La parte maledetta. La società di impresa militare/religiosa, il capitalismo, lo stalinismo*, Bertani, Verona, 1972]

Battaglia S. (1972), *Grande dizionario della lingua italiana*, vol. VII, UTET, Torino

Baudrillard J. (1997), *Le paroxyste indifférent*, Grasset, Paris [trad. it. *Il parossista indifferente. Conversazioni con Philippe Petit*, King Kamehameha Press, Cantù, 1998]

Bauman Z. (2007), *Modernità liquida*, Laterza, Roma-Bari

Bazzichelli T. (2001), "L'arte come pratica reale dalle avanguardie agli hackmeeting", www.strano.net/bazzichelli

Bazzichelli T. (2006), *Networking. La rete come arte*, Costa & Nolan, Milano

Belk R.W. (2001²), *Collecting in a Consumer Society*, Routledge, London

Bourdieu P. (1983), *La distinzione. Critica sociale del gusto*, Il Mulino, Bologna

Brodie R. (2000), *Virus della mente*, Ecomind, Milano

Bromberger C., a cura di (1998), *Passions ordinaries: du match de football au concours de dictée*, Bayard, Paris

Brown S. (1993), "Postmodern Marketing?", *European Journal of Marketing*, 27(4), pp. 19-34

Brown S. (1995), *Postmodern Marketing*, Routledge, London

Brown S. (2001), "Torment Your Customers (They'll Love It)", *Harvard Business Review*, October, pp. 83-88

Brown S. (2003), *Free Gift Inside: Forget the Customer. Develop Marketease*, Capstone, Chichester (UK)

Brown S. (2005), *Wizard! Harry Potter's Brand Magic*, Cyan, London

Bucci A. (2006), "Appunti per un Marketing Mediterraneo", in A. Carù, B. Cova, a cura di, *Marketing mediterraneo. Tra metafora e territorio*, EGEA, Milano

Busacca B. (1992), "Complessità e comportamenti di consumo. Un approccio semiotico", *Micro & Macro Marketing*, n. 2

Carù A., Cova B., a cura di (2007), *Consuming Experience*, Routledge, London

Cassano F. (1996), *Il pensiero meridiano*, Laterza, Roma-Bari

Cassano F. (1998), *Paeninsula. L'Italia da ritrovare*, Laterza, Roma-Bari

Cassano F. (2006), "Contro tutti i fondamentalismi", in A. Carù, B. Cova, a cura di, *Marketing Mediterraneo. Tra Metafora e Territorio*, EGEA, Milano

Cesareo V. (1987), *La società flessibile*, Franco Angeli, Milano

Codeluppi V. (2001a), "Shoptainment: verso il marketing dell'esperienza", *Micro & Macro Marketing*, 3 dicembre, pp. 403-12

Codeluppi V. (2001b), *Il potere alla marca. Disney, McDonald's, Nike e le altre*, Bollati Boringheri, Torino

Codeluppi V. (2002), *Che cos'è la moda*, Carocci, Roma

Cova B. (2003), *Il marketing tribale*, Il Sole 24 Ore, Milano

Cova B. (2007), "Customer Made", *L'Impresa*, n. 1, marzo, pp. 50-57

Cova B., Kozinets R.V., Shankar A. (2007), "Tribes Inc.: The New World of Tribalism", in B. Cova, R.V. Kozinets, A. Shankar, a cura di, *Consumer Tribes*, Butterworth-Heinemann, Oxford

Cova B., Louyot-Gallicher M.C. (2006), *Innover en Marketing*, Lavoisier, Paris

Cova B., Pace S. (2006), "Brand Community of Convenience Products: New Forms of Customer Empowerment. The Case of the My Nutella Community", *European Journal of Marketing*, 40(9/10), pp. 1087-1105

Cova B., Pace S., Park D. (2007), "Global Brand Communities across Borders: The Warhammer Case", *International Marketring Review*, 24(3), pp. 313-29

Dall'Ara G. (2002), *Le nuove frontiere del marketing applicato al turismo*, Franco Angeli, Milano

Dalli D., Romani S. (2007), "Consumption Experiences Product Meanings", in A. Carù, B. Cova, a cura di, *Consuming Experiences*, Routledge, London

Dawkins R. (1976), *The Selfish Gene*, Oxford University Press, New York

De Biase L. (2008), "Pubblicità sperimentale. L'intero è il messaggio", *Nòva24*, 8 maggio

De Carolis P. (2008), "Londra svela l'enigma Banksy", *Corriere della Sera*, 14 luglio

De Rosnay J. (1995), *L'Homme symbiotique. Regards sur le trisième millénaire*, Editions du Seuil, Paris

Desjeux D. (1996), "Scale of Observation: A Micro-Sociological Epistemology of Social Science Practice", *Visual Sociology*, 11(2), pp. 45-55

Di Bernardo B. (1987), "Catena del valore e surplus strategico: cosa c'è di nuovo sul fronte della teoria della complessità industriale", *Economia e Politica Industriale*, n. 54

Di Nallo E. (1998), *Quale marketing per la società complessa?*, Franco Angeli, Milano

Dizionario di marketing (2001), a cura di W. Scott e R. Sebastiani, Il Sole 24 Ore, Milano

Eco U. (1973), *Il costume di casa*, Bompiani, Milano

Eco U. (1978), *Il superuomo di massa*, Bompiani, Milano

Eliade M. (1961), *The Sacred and the Profane: The Nature of Religion*, Harper Torchbooks, New York [trad. it. *Il sacro e il profano*, Boringhieri, Torino, 1967]

Fabris G. (2003), *Il nuovo consumatore. Verso il postmoderno*, Franco Angeli, Milano

Fait S. (2008), "Le guerrille intelligenti", giugno, http://stefanofait.wordpress.com

Ferrero G. (1990), *Marketing progetto 2000: la gestione della complessità*, Franco Angeli, Milano

Firat A.F., Venkatesh A. (1995), "Liberatory Postmodernism and the Reenchantment of Consumption", *Journal of Consumer Research*, December 22, pp. 239-67

Gambetti R. (2003), *Il marketing degli eventi: tendenze, caratteri e applicazioni*, dagli atti del Congresso internazionale "Le tendenze del marketing", Università Cà Foscari di Venezia, 28-29 novembre (etd.adm.unipi.it/theses/available/etd-04042007-143213/unrestricted/03_Cap_2.pdf)

Gerken G. (1994), *Addio al Marketing*, ISEDI, Torino

Gladwell M. (2000), *Il punto critico. I grandi effetti dei piccoli cambiamenti*, Rizzoli, Milano

Godbout J.T., Caillé A. (1992), *L'esprit du don*, La Découverte, Paris [trad. it. *Lo spirito del dono*, Bollati Boringhieri, Torino, 1993]

Godin S. (1999), *Permission Marketing: Turning Strangers into Friends and Friends into Customers*, Simon & Schuster, New York [trad. it. *Permission marketing*, Alchera Words, Milano, 2001]

Godin S. (2000), *Unleashing the Ideavirus*, Do You Zoom, New York [trad. it. *Propagare l'ideavirus*, Alchera Words, Milano, 2001]

Godin S. (2003), *Purple Cow: Transform Your Business by Being Remarkable*, Portfolio-Penguin Group, New York [trad. it. *La mucca viola. Farsi notare (e fare fortuna) in un mondo tutto marrone*, Sperling & Kupfer, Milano, 2004]

Granovetter M. (1973), "The Strength of Weak Ties", *American Journal of Sociology*, 78(6), 1973, pp. 1360-80

Habermas J. (1986), *Teoria dell'agire comunicativo*, Il Mulino, Bologna

Hadjikhani A., Thilenius P. (2005), *Non Business Actors in a Business Network*, Elsevier, Amsterdam

Holbrook M.B., Hirschman E.C. (1982), "The Experiential Aspects of Consumption: Consumer Fantasies, Feelings and Fun", *Journal of Consumer Research*, 9(2), pp. 132-40

Holt D.B. (2002), "Why Do Brands Cause Trouble? A Dialectical Theory of Consumer Culture and Branding", *Journal of Consumer Research*, 29(1), pp. 70-79

Johansson J.K. (2004), *In Your Face: How American Marketing Excess Fuels Anti-Americanism*, Financial Times Prentice-Hall, London

Kuhn T. (1962), *The Structure of Scientific Revolutions*, Chicago University Press, Chicago [trad. it. *La struttura delle rivoluzioni scientifiche*, Einaudi, Torino, 1969]

Kotler P. (2004), *Marketing Management*, Pearson, Milano

Kotler P., Keller K. (2007), *Il marketing del nuovo millennio*, Addison Wesley Longman Italia, Milano

Kotler P., Levy S.J. (1969), "Broadening the Concept of Marketing", *Journal of Marketing*, 33(1), pp. 10-15

Kotler P., Trias de Bes F. (2004), *Marketing laterale*, Il Sole 24 Ore, Milano

Kozinets R.V. (2002), "Can Consumers Escape the Market? Emancipatory Illuminations from Burning Man", *Journal of Consumer Research*, 29(1), pp. 20-38

Lambin J.J. (2000), *Marketing strategico e operativo*, McGraw-Hill, Milano
Leigh T.W., Peters C., Shelton J. (2006), "The Consumer Quest for Authenticity: The Multiplicity of Meanings Within the MG Subculture of Consumption", *Journal of the Academy of Marketing Science*, 31(4), pp. 1-13
Lévi-Strauss C. (1980), *Mito e significato*, Il Saggiatore, Milano
Locke C., Levine R., Searls D., Weinberger D. (2001), *The Cluetrain Manifesto: The End of Business as Usual*, Perseus Books Group, New York
Lombardi M. (2006), *Il nuovo manuale di tecniche pubblicitarie. Il senso e il valore della pubblicità*, Franco Angeli, Milano
Lori M., Volpi F. (2007), *Scegliere il bene. Indagine sul consumo responsabile*, Franco Angeli, Milano
Lusch R.F., Vargo S.L. (2006), *The Service-Dominant Logic of Marketing: Dialog, Debate, and Directions*, M.E. Sharpe, Armonk (NY)
Maffesoli M. (2000a), *L'instant éternel. Le retour du tragique dans les sociétés postmodernes*, Denoël, Paris [trad. it. *L'istante eterno. Ritorno del tragico nel postmoderno*, Sossella, Roma, 2003]
Maffesoli M. (2000b), *Le temps des tribus*, La Table Ronde, Paris [trad. it. *Il tempo delle tribù*, Guerini e Associati, Milano, 2004]
Maffesoli M. (2002), *La part du diable*, Flammarion, Paris [trad. it. *La parte del diavolo: Elementi di sovversione postmoderna*, Sossella, Roma, 2003]
Maffesoli M. (2007), *Le réenchantement du monde. Une éthique pour notre temps*, La Table Ronde, Paris
Miller D. (1998), *A Theory of Shopping*, Cornell University Press, Ithaca (NY)
Morace F. e al. (2002), *Asimmetrie europee. Le sei tendenze di consumo che stanno plasmando la Nuova Europa*, Scheiwiller, Milano
Morris M.H., Schindehutte M., LaForge R.W. (2002), "Entrepreneurial Marketing: A Construction Integrating Entrepreneurship and Marketing Perspectives", *Journal of Marketing Theory and Practice*, Fall, pp. 1-18
Natella A. (2008), "Guerriglia marketing, una definizione convenzionale", *Guerriglia marketing.it*, www.guerrigliamarketing.it/pdf/guerriglia_marketing.pdf
O'Guinn T.C., Muniz A.M. Jr. (2005), "Communal Consumption and the Brand", in S. Ratneshwar, D.G. Mick, a cura di, *Inside Consumption: Frontiers of Research on Consumer Motives*, Routledge, London
O'Reilly T. (2005), *What Is Web 2.0: Design Patterns and Business Models for the Next Generation of Software*, www.oreillynet.com
Pallera M. (2004), "Quando l'ambiente è il messaggio", *Mirata News*, anno 1, n. 3
Palmer A., Ponsonby S. (2002), "The Social Construction of New Marketing Paradigms: The Influence of Personal Perspectives", *Journal of Marketing Management*, vol. 18, pp. 173-192
Petrini C., Padovani G. (2005), *Slow Food Revolution*, Rizzoli, Milano
Phels J.E. (2004), "Viral Marketing or Electronic Word of Mouth Advertisng: Examing Consumer Responses and Motivations to Pass Along Email", *Journal of Advertising Research*, December, pp. 333-48

Polonsky M.J. (1997), *Environmental Marketing*, Haworth Press, Binghamton (NY)

Prahalad C.K., Ramaswamy V. (2004), *The Future of Competition: Co-Creating Unique Value with Customers*, Harvard Business Press, Harvard [trad. it. *Il futuro della competizione. Co-creare valore con i clienti*, Il Sole 24 Ore, Milano, 2004]

Rapp S., Collins T. (1996), *La grande svolta del marketing. Aziende e clienti nell'era dell'individualismo*, Il Sole 24 Ore, Milano

Rita J. (2005-2006), *Dal marketing della società alla società del marketing?*, tesi di laurea, Università degli Studi di Roma "La Sapienza"

Ritzer G. (1999), *Enchanting a Disenchanted World. Revolutionizing the Means of Consumption*, Pine Forge Press, Thousand Oaks (CA) [trad. it. *La religione dei consumi. Cattedrali, pellegrinaggi e riti dell'iperconsumismo*, Il Mulino, Bologna, 2000]

Rosen E. (2001), *The Anatomy of Buzz: How to Create Word of Mouth Marketing*, Doublay, New York

Rossi F. (2008), "This is not a game", *Subvertising*, n. 9, luglio-agosto, www.subvertising.it

Sabatini M. (2007), "In viaggio. Per una via italiana al Guerrilla Marketing", appendice italiana a J.C. Levinson, P.R.J. Hanley, *Guerrilla marketing. Mente, persuasione, mercato*, Castelvecchi Editore, Roma

Salzman M., Mathaia I., O'Reilly A. (2003), *Buzz: Harness the Power of Influence and Create Demand*, Wiley, New York

Scott W.G. (2005), "Introduzione al concetto di marketing sostenibile", in AA.VV., *Etica pubblica, finanza, globalizzazione*, Medusa, Milano

Semprini A. (2002), *Marche e mondi possibili. Un approccio semiotico al marketing della marca*, Franco Angeli, Milano

Semprini A. (2006), *La marca postmoderna*, Franco Angeli, Milano

Sennett R. (2006), *La culture du nouveau capitalisme*, Albin Michel, Paris [trad. it. *La cultura del nuovo capitalismo*, Il Mulino, Bologna, 2006]

Severino E. (2007), *L'identità della follia*, Rizzoli, Milano

Steortz E.M. (1987), *The Cost Efficiency and Communication Effect Associated with Brand Name Exposure within Motion Pictures*, Unpublished master's thesis, West Virginia University, Morgantown (WV)

Thompson J.B. (2000), *Mezzi di comunicazione e modernità. Una teoria sociale dei media*, Il Mulino, Bologna

Treguer J.P., Segati J.M. (2004), *I nuovi marketing*, Il Sole 24 Ore, Milano

Trevisani D. (2001), *Psicologia di Marketing e Comunicazione: Pulsioni d'acquisto, leve persuasive, nuove strategie di comunicazione e management*, Franco Angeli, Milano

Vargo S.L., Lusch R.F. (2004), "Evolving to a New Dominant Logic for Marketing", *Journal of Marketing*, 68(1), pp. 1-18

Venkatesh A., Penaloza L. (2006), "From Marketing to Markets: A Call for

Paradigm Shift", in J.N. Sheth e R.S. Sisodia, a cura di, *Does Marketing Need Reform? Fresh Perspectives on the Future*, M.E. Sharpe, Armonk (NY)

Von Hippel E. (2005), *Democratizing Innovation*, MIT Press, Cambridge (MA)

Wipperfürth A. (2005), *Brand Hijack: Marketing Without Marketing*, Penguin Group, New York

Zizek S. (2004), *La subjectivité à venir: Essais critiques sur la voix obscène*, Climats, Castelnau-le-Lez

Sitografia

www.ad.splinder.com
adarena.blogspot.com
adhunt.blogspot.com
admaiora.blogs.com/maurolupi
www.adrants.com
www.adverblog.com
www.adverbox.com
adverlab.blogspot.com
advertisingforpeanuts.blogspot.com
www.advmagazine.net
adweek.blogs.com
www.aghenorblog.com
www.andreabelardi.it
www.angryalien.com
bajolalinea.duplexmarketing.com
www.bannerblog.com.au
www.bibliotecamarxista.org
www.blissblog.de
blog.adci.it
blog.coolz0r.com
blog.debiase.com
blog.industrialbrand.com
www.blogdeguerrilha.com.br
www.blogeko.info
www.blogg.org
www.blognews24.it
www.blogosfere.it
www.blogpulse.com
www.blogyourmind.info
boingboing.net
brandautopsy.typepad.com
www.brandweek.com
www.briefblog.com.mx
www.businessweek.com
www.buzzparadise.com
www.caymag.com
www.cineblog.it
www.cliptip.blogspot.com
www.cluetrain.com
www.coloribus.com
commercial-archive.com
www.contagiousmagazine.com
copyandwriter.blogspot.com
www.cpbgroup.com
creativeclassics.blogspot.com
www.creativecommons.it
www.culture-buzz.com
darmano.typepad.com
www.daveblog.net
del.icio.us
www.dotcoma.it
doublebblog.splinder.com
www.downloadblog.it
www.dropspots.org
www.ducati.com
www.ebolablog.com
www.ebolaindustries.com
www.econ.uniurb.it
www.elmanco.com
www.emarketer.com
www.engadget.com
etc.territoriocreativo.es
fluido.wordpress.com
www.freetown.it
www.frederiksamuel.com
www.fullo.net
www.g-com.it
www.gadgetblog.it

www.gnuvox.info
www.guerrigliamarketing.it
www.guerrilla-innovation.com
www.habbo.it
www.harley-davidson.com
hel-looks.com
www.housingmaps.com
www.iab.it
www.ibelieveinadv.com
www.icecards.it
www.ikea.it
www.imediaconnection.com
www.imli.com
www.influxinsights.com
invad.blogspot.com
www.kawakumi.com
www.kleshamusic.com
www.lacasalingadivoghera.it
laylapavone.blogspot.com
www.leledainesi.com
www.macchianera.net
www.maestrinipercaso.it
www.mantellini.it
www.marketing-alternatif.com
marketing-crazy.blogspot.com
www.marketingjournal.com
www.marketingmediterraneo.org
www.marketingroutes.com
marketingusabile.blogspot.com
www.marketingvox.com
www.marktd.com
www.masternewmedia.org/it
www.mcc.net.cn
www.mediabuyerplanner.com
www.meet2bizshop.com
www.mestierediscrivere.com
www.minimarketing.it
www.molleindustria.org
ww.mymarketing.it
www.mymarketing.net
www.myspace.com
www.netzkobold.com
news.agendainc.com
www.ninjamarketing.it
www.nomads.it
www.notadisciplinare.it
nova.ilsole24ore.com
www.onemarketing.it
www.osservatorioconsumodigitale.it
www.pandemia.info
www.pingmag.jp
qix.it
sandeepmakam.blogspot.com
www.searchadvertising.it
www.secondlife.com
www.seonews.it
www.signsofthetime.nl
www.skype.com
www.slapyouinpublic.com
www.slowfood.it
sottorete.typepad.com
www.spotanatomy.info
www.stereogum.com
www.strawberryfrog.com
www.supercazzola.it
www.takecareblog.info
www.technorati.com
www.thecoolhunter.net
www.thelongtail.com
www.trendwatching.com
www.drwho.it
www.vbma.net
www.veryweb.it
www.viralbeat.com
www.viralchart.com
www.viralmanager.com
www.wikipedia.org
www.wittgenstein.it
www.womma.com
www.woostercollective.com
www.yankelowich.com
www.youtube.com
www.zooppa.com
2puntozeropertutti.wordpress.com
www.20jazzfunkgreats.co.uk
www.xyz.reply.it/web20